Inhalt

KU-571-919

Revolution der Litteratur

von

Carl Bleibtreu.

Neue verbesserte und vermehrte Auflage.

Motto:
Was hör' ich? Sollen Stümper
denn allein
Sich ungehindert des Erfolges
freun?
Byron.

Leipzig.

Verlag von Wilhelm Friedrich,

K. R. Hofbuchhändler.

M. G. Conrad,

dem ritterlichen Hutten der litterarischen Revolution,

brüderlich zugeeignet.

Vorwort zur dritten Auflage.

Diese Auflage blieb unverändert, mit all ihren Fremdwörtern, Flüchtigkeiten und Ungelenkheiten. Nicht ohne tiefere Absicht. Ihren Zweck hat sie erfüllt; daran zu modeln, kann nur neue Verwirrung stiften. Die Brochüre hat die Wogen tiefer aufgewühlt, eine weitgehendere Bewegung verursacht, als ich zu erwarten wagte. Zweifellos wird sie der künftigen Litterarhistorie als eine Art Markstein unserer Entwickelung gelten. Und doch beschleicht mich bei nochmaliger Lectüre, angesichts des Erfolges, ein seltsam wehmüthiges Gefühl. Die passive Begabung erzwingt trotz rastlosen Schaffens nicht die huldvolle Aufmerksamkeit unsrer Litteratur - Zaunkönige. Jetzt aber jammern und zetern sie über die schreckbare Grossmacht der realistischen Schule. Nachdem man alles versucht, die Wahrheit und das Verdienst zu verleugnen und niederzuducken, singt man jetzo den schönen französischen Chanson: „Dies Thier ist gar zu bös — es beisst, wenn man's tritt". Mit stiller Rührung nahm ich die Salutirung des grossen Spielhagen entgegen, der kürzlich in der

„Nationalzeitung" sich über unsre Macht beklagte.
Ich constatire jedoch zugleich, dass Karl Frenzel
einen vornehmen unparteilichen Sinn seither bewährte
und sich übrigens ganz auf unsre Seite geschlagen hat.
Die hier entworfenen Grundlinien im Allgemeinen stehn unerschütterlich fest; daran werde ich
so wenig rütteln, wie es die schmutzigen Finger der
Herren Gegner vermochten. Im Einzelnen muss
Lob und Tadel in einer solchen Streitschrift ein übertreibendes Gepräge tragen, das vielleicht nicht immer
dem rein objectiven Urtheil des Autors selbst entspricht. Und wie soll er erst sich selber gerecht
werden! Allein, das schadet nichts, kann sogar als
ein taktischer Vorzug gelten, obschon man dem un-
reifen Genörgele kleinlicher Neidhämmel damit eine
scheinbare Blösse giebt. Nützlicher als das spinti-
sirende Herumgetüftele dünkt es mich, wenn ein Kritiker die Dinge im Ganzen erfasst. Mag er sich mal
verhauen, wenn er nur im Hieb noch seine Muskulatur
zeigt. Uebrigens würden kleine Retouchen ja am
eigentlichen Inhalt nichts ändern. Zu widerrufen
habe ich die kurze Randglosse über Martin Greif,
dessen Bedeutung als Lyriker ich früher unterschätzte.
Ferner habe ich anzumerken, dass Ibsen seither
„Rosmersholm" und „Wildente" schuf, worin sich
trotz des coloritlosen Grau in Grau eine rauhe nordische Kraft entfaltet, die rücksichtslos in die Tiefen
des Lebens dringt. Allerdings fehlt diesem Pessimismus, dessen masslose Welt- und Menschenverach-
tung den Hass gegen die Lüge bis zum Ueberspannen
und Verzerren der Wahrheit führt, immer noch die

letzte abschliessende Weihe des Kunstwerks, die wir
in Shakespeare's schroffsten Herbheiten nie vermissen:
Die innere Versöhnung, trotz äusserem Sieg des
Schlechten, wenn auch die Hochzeittorten der „poetischen Gerechtigkeit" in die Rumpelkammer des sogenannten Idealismus und seiner akademischen Schul-
meister-Aesthetik gehören.

Gegen den Ibsen-Schwindel aber, wie er bei
uns inscenirt wird, mache ich entschieden Front und
erkenne darin nur die liebe alte Fremdthümelei der
Deutschen. Diese Krankenstuben-Bulletins, diese dia-
lektischen Abhandlungen über Pathologie können nur
unreife Köpfe überschätzen.

Betreffs meiner Aeusserung über Dostojewski
habe ich hinzuzufügen, dass ich „Raskolnikow", den
Roman des Gewissens, sehr hochstelle. Niemals
ist das Weltproblem, um das sich das Menschenleben
seit Adam und Eva dreht: Die allbeherrschende Gewalt des unbekannten Gottes, der uns eingeboren
und den wir „Gewissen" nennen, so erschöpfend dargethan — niemals, Shakespeare und Byron ausgenommen. Während aber der russische Roman mit
seinem englischen Vorbild „Eugen Aram" um so mehr
an Werth steigt, wird der Vergleich mit „Macbeth",
„Lear", „Hamlet", „Othello" am besten lehren, was
dem modernen Realismus bisher noch fehlt, um die
höchsten Stufen der Kunst zu erklimmen. Wenn wir
hingegen ein Werk wie „Germinal" mit „Raskolnikow" vergleichen, so müssen wir letzterem eine feinere
Virtuosität der Technik, ersterem aber eine höhere
ethisch-soziale Bedeutung zusprechen. Denn nicht

das Wie und das Können entscheidet allein, sondern
auch das Was und das Wollen. Entkleiden wir den
russischen Roman der wundervollen psychologischen
Ausführung, so bleibt eine Kriminalgeschichte à la
5 Gaboriau. Nehmen wir hingegen „Germinal" seine
herrlichen Einzelheiten, so bleibt noch die gewaltige
Anschauung, die Idee — obschon ich das Ballet-
mässige und Rhetorische der Vortragsweise keineswegs verkenne.

10 Aus der Mischung der Elemente von „Germinal"
und „Raskolnikow" wird der grosse eigentliche Roman des Realismus hervorgehen.

Es ist an der Zeit, nochmals ausdrücklich zu
betonen, was denn der neudeutsche Realismus eigent-
15 lich will: Der landläufigen Zucker-Erotik den Garaus
machen und in erster Linie politische und soziale
Conflikte der Gegenwartshistorie betonen. Dass der
Realismus auch das Erotische als glühenden schäumen-
den Wein kredenzt, neben den matten Limonaden
20 der Afterpoetlein, ist ja begreiflich. Dringt er doch
überall tief in das Innerste der Dinge, während das
Geschwätz der Pseudo-Idealisten stets an der Ober-
fläche haften bleibt, ohne von dem wahren Wesen
der Dichtung eine Ahnung zu haben.

25 Was segelt heut nicht alles unter der Flagge des
Realismus — dass Gott erbarm! Genie und Form-
talentchen, Original und Nachäffungsepigone, Kraft-
meierei und Salonsäuselei — alles wird von dem
unwissenden Urtheil, dem jeder klare Ueberblick
30 mangelt, in einen Topf geworfen. Man möchte mit
Lear rufen „Narr, ich werde rasend", wenn man das

Durcheinanderplappern der verschiedenen unklaren Richtungen hört. Hat doch das Erlöschen jeder unabhängigen Gesinnung ohnehin die Zunftkritik zu einem Sinnbild der Unanständigkeit erhoben. Es giebt keine Kritik mehr! Bestochenes Lob, bestochener Tadel. Wer bei jeder Recension den Grund kennt, mag vor Ekel keine mehr lesen. Mit der Diogeneslaterne muss man suchen, um einen Mann von Ehre unter den Schriftstellern und eine Zeitung von nicht allzugrosser Schmutzigkeit zu entdecken. Vor allem fehlt der weite, geschulte Blick, der nicht am Aeusserlichen kleben bleibt. Ueberall ein Wiederkäuen der Cliché-Phrasen eines seichten und nüchternen Formalismus.

Es fehlt leider nicht an Anzeichen, dass die Schulmeister-Pedanterie, die immer mit dem Strome schwimmt, sich des siegreichen Realismus zu bemächtigen denkt, obschon mit einer „realistischen" Aesthetik ebensowenig auszurichten wäre, wie mit der „idealen". Die guten Rathschläge und Empfehlungen naturwissenschaftlicher Studien und gelehrter Experimentalmethode wirken in hohem Grade unwissenschaftlich d. h. unwissend über den psychologischen Prozess der wahren Dichtung, dieses nur dem Dichterdenker erschlossenen Räthsels.

Ein wahrer Dichter ist realistisch, weil er ein Dichter ist. Aber nicht jeder Realist ist ein Dichter und „Realismus" kein Zauberwort, das feuilletonistisch-schriftstellerische Anlagen zu dichterischer Anschauung ummodeln könnte. Ueberhaupt kommt das „Realistische" immer in zweiter Linie — die Hauptsache bleibt, dass etwas bedeutend sei. Jeder, der sich berufen fühlt zu dem grossen Werk der Erneuerung, möge sich Carlyle's Wort zurufen: „Haltet den Mund und arbeitet!"

5 . . . . Betreffs meines Kapitels über das soge- nannte „Jüngste Deutschland" dürfte wohl zu erwäh- nen sein, dass seither recht tüchtige neue Leistungen aus dessen Mitte hervorgingen. Ich erinnere an die mannigfache Wirksamkeit Conradi's, welcher meine 10 dort ausgesprochenen Hoffnungen nicht enttäuscht hat, ich weise auf die energischen Arbeiten Conrad Alberti's hin, dessen Novellen „Riesen und Zwerge" trotz einer gewissen Trockenheit des Tons zu den reifsten und bedeutsamsten Realismen der neuen Schule 15 zählen.*) Die Cohorte der lyrischen Drängler aber hat leider seither all meine Befürchtungen bestätigt.

Ach, wir wissen es ja alle, dass nur faule, feile, feige Scheerenschleifer und Kleisterpötte ohne alle Beglaubigungsatteste auf dem curulischen Sessel 20 thronen, als wären sie beim Verwaltungscomité der Unsterblichkeit angestellt. Ach, wir wissen es ja alle, dass man Meisterateliers für gegenseitiges Hände- waschen nur für solche Gottbegnadeten gründet, welche eine liebenswürdige Schwerenötherei oder 25 eine volle Börse oder eine reklameuse Frau besitzen. War doch das litterarische Leben zu allen Zeiten eine Verschwörung der Talentlosen gegen die Talente,

---

*) Hierbei sei noch ein Werk hervorgehoben, dessen social-psychologische Stände-Charakteristik meinen eigenen 30 Auffassungen vom Realismus am nächsten kommt: „Die Reichs- grafen von Walbek" von Emil Peschkau.

der Talente gegen die Genies. Zu allen, Zeiten empfahl es sich, auf offenem Markte zu strebern, statt stiller Versenkung in die Kunst zu leben. Gieb nur eine Champagnerfête und der Ruhm wird sich schon finden. Die Presse unterscheidet sich gar sehr von der Strassenprostitution: Letztere ist für Geld feil, erstere aus — Passion. Doch unsere sittlichen Begriffe sind ja so abgestumpft, dass wir die Clique-Assekuranzen als etwas Selbstverständliches hinnehmen. Es lebe das Mittelmässige, nieder mit dem Bedeutenden! Heute roth, morgen todt — so flattern die Schmeissfliegen des Tages vergnügt dahin, indem sie von Verunglimpfung der wahren Grösse zehren und gemüthlich die Athmosphäre verpesten.

Mein Gott, wo bin ich hingerathen! Ich schimpfe ja beinah wie ein „Idealist". Lachen wir lieber! Was ich mit Zorn und Hohn, der Welt zum Trotze, schrieb, sieht hinterher einer gelungenen Spekulation nicht unähnlich. Ja, Brochüren muss man in Deutschland schreiben, um ein grausser Mann zu werden! Hundert Meisterwerke ohne Reklame können uns kaum so erhöhen in Israel, wie eine Brochüre, die man in wenigen Tagen hinschleuderte und durch die Presse jagte!

Fassen wir zum Schluss das deutsche Litteraturelend in folgendes Schema zusammen.

a) Lyrik (und lyrische Epik): Völlig unverkäuflich. Daher den Dilettanten überlassen, die Geld genug besitzen, Gedichte auf eigene Kosten zu verlegen. Heut könnte ein Heine untergehn. Doch richtig, es giebt Verse, die man liest und kauft —

als Weihnachts- und Geburtstagsgeschenk für Back-
fische. Brave Butzenscheiben - Minne, du derbster
Nagel am Sarge der deutschen Muse!

b) Roman (und Novelle): Unverkäuflich, so lange
kein Mode-Geschmier à la Ebers und Consorten. Nur
als Feuilleton - Roman für die werthe deutsche Familie nicht hoch genug zu bezahlen! Zwar scheint
das Interesse für das Bessere hier wenigstens etwas
mehr zu wecken, als bei der eigentlichen Poesie,
doch hält es immerhin unendlich schwer, das Verständniss des Höheren zu verbreiten. Wer nicht
einiges Vermögen besitzt, ist unentrinnbar dem Ver-
derben verfallen: Wie soll er Weib und Kind mit
anderen als Salon-Romanen ernähren! Freilich wird
ihm ein strenger Cato auf solche Entschuldigung hin,
nachdem er Geld und Ruhm auf die alte Marlitt-
Weise erschrieben, antworten: „Ich sehe die Nothwendigkeit nicht ein. Stirb oder verdiene dir ehrlich dein Brot mit praktischem Geschäft — statt als
litterarischer Geschäftsmann neue elegante Bausteine
zum Venustempel der seichten Lüge zusammenzu-
schleppen".

c) Drama. Als sogenanntes „Buchdrama" or-
dentlich in Verruf gekommen, sobald nur ein Funke
Poesie darin steckt. Heut würde man sicher Shakespeare's und Calderon's meisterliche Quintessenz-
Abbreviaturen vereinfachter Lebensconflicte als „Buch-
dramen" bezeichnen. Nur die ödeste, geistloseste
Mache gilt als „Bühnenstück". Es ist zum Todt-
lachen. Zwar, wenn der Epigonen-Zopf der Jambentheatraliker (über die ich ja in der Brochüre an sich

gerecht und freundlich urtheile) nicht weiter herum-
baumeln dürfte, so wäre dieser Untergang des
„höheren Stils" an sich kein Unglück. Leider bau-
melt dieser „classische" Zopf noch lang genug und
5 lässt sich unter Umständen auch als grosse Glocke
läuten. Doch da ich meine Werke ja mit affek-
tirter Zurückhaltung besprach*) (es fehlt mir an
Worten, um die schamlose Frechheit zu züchtigen,
mit welcher man mir Selbst-Lobhudelei vorwarf —
10 soll ich mich selber etwa ebenso todtschweigen, wie
die bestochenen Press-Schurken dies belieben?); da
ich ferner meiner Lyrik durchaus nicht einen so
massgebenden Werth zuspreche, wie dies von mancher Seite geschah (geblendet durch die darin aus-
15 gedrückte umfassende Weltanschauung, gluthvolle
Leidenschaft, Formbeherrschung und vor allem: Originalität); da ferner der seichte nüchterne Formalismus an all meinen epischen Werken allerlei zu
nörgeln finden wird, was ich ihm theilweise gern
20 zugestehen will (immer im Stillen berechnend, dass
es natürlich leichter ist, etwa die ideeen- und ge-

---

*) Die Novellen-Epen „Wer weiss es?" dessen symbo-
lische Bedeutung mit wenigen Worten gar nicht zu erschöpfen
ist, und „Deutsche Waffen in Spanien" (worin der Passus
25 „Vittoria" das technisch Reifste unter all meinen Militair-
schilderungen) erwähnte ich gar nicht. Die Bedeutung von
„Der Nibelunge Noth", „Dies Irae", „Norwegische Novellen",
„Schlechte Gesellschaft" habe ich ja nur angedeutet und
gestreift. Was wollen diese anonymen Nörgeler also
30 eigentlich von mir? Ich habe es satt, wie die Katze bäng-
lich um den heissen Brei herumzugehn. Die Feinde stimmt
man doch nicht gerechter durch seine falsche Demuth und
die Freunde danken einem nicht dafür.

haltlosen Nippsächelchen eines Storm auszufeilen)*)
— so will ich in Anbetracht dieser Zugeständnisse
um so deutlicher erklären, dass eine Renaissance des
Dramas bisher nur in meinen Versuchen erstand.
5 Grade hier grenzt die trostlose Unreife und Unwissen-
heit unsrer Kritik an's Wahnwitzige. Wenn Wildenbruch, unser kernigster Bühnendonnerer seit Schiller,
eintönig in Ritterstücken die grässliche „schöne
Sprache" fortwälzt und sogar Stücke aus den Be-
10 freiungskriegen in Jamben schreibt, so findet
man das „poetisch". Aehnlich die schillernde Co-
lorit-Sprache und die theatralischen Kinkerlitzchen
mancher Pseudo-Realisten, die ich allzu milde und
wohlwollend mit meinem Schild bedeckte, wie ich
15 denn überhaupt weit eher in meiner neidlosen Her-
zenswärme, als in meiner schneidenden Kritik, zu
übertreiben pflege. Bei dem Tadel habe ich nur
nachzuholen, dass Richard Voss seither ein theatralisch
geschicktes Bühnendrama „Alexandra" voll dichte-
20 rischer Momente verfasste, was ich hiermit gebührend
anerkenne. Mit unfreiwilliger Komik hat hingegen
unser Salomo Paul Heyse eine anmuthige kleine
Schäkerei „Die Weisheit Salomos" voll didaktischer
Gemeinplätze vom Stapel gelassen. „Alles ist eitel"
25 spricht der Prediger. Weg mit all dem Epigonen-
thum, dem ästhetischen Schönheitscultus!

Mit wabernder Salonbegeisterung wird kein Verhältniss zum Geist der Zeit gewonnen.

Selbst Schiller hat die Aufgabe nur theilweis

30   *) Mein grosser Roman „Grössenwahn" wird freilich das
Stadium meiner Reife als Epiker bezeichnen.

gelöst, grosse Ideeen in spannende dramatische Conflikte zu kleiden. Platen's Zuruf „Etwas weniger,
Freund, Liebschaften!" scheint gerechtfertigt, da nur
zu oft in Schiller's Dramen eine Theilung des Interesses zwischen der historischen Grundidee und der
sentimentalen, damit verflochtenen Liebesaffaire bemerkbar wird. Auch ich strebe danach, die höhere
Idee durch ein damit verschmolzenes erotisches Motiv
zu veranschaulichen. So besonders in „Schicksal"
— wohl dem ersten Versuch des politischen Dramas seit „Fiesco" — so in den Dramen „Byrons
letzte Liebe", „Seine Tochter", „Harold der Sachse",
„Der Dämon". Die erotische Leidenschaft wird als
Lenkerin grosser Weltschicksale dargestellt, indem
sie die Motive eines Helden bestimmt. In „Volk
und Vaterland" aber gelang mir zweifelsohne das
erste sociale Drama höheren Stils, — wenn wir
die Bearbeitungen Zola'scher Romane (wo von „höhe-
rem Stil" in diesem Sinne mit Ausnahme von „Germinal" ja ohnehin keine Rede ist) etwa ausnehmen.
Das Stück wird demnächst in Scene gehn — nun,
wir werden ja sehn, ob der akademische Singsang
und die jüdische Franzosen-Nachäfferei das Feld behaupten oder ob endlich das Wahre den Sieg behalten wird. Das Wahre! Die letzte Wahrheit darf ich
ja doch nicht sagen; die werden einst andere aus-
sprechen. Denn so gewiss die Sonne am Himmel
leuchtet, so gewiss bricht die Wahrheit sich Bahn,
so schwer es der Welt auch fällt, mit sehenden
Augen zu sehen, und so unmöglich bei der allgemeinen Verdummung und frivolen Verkommenheit

das Reifen eines **Volldichters** (wir haben ja im besten Fall nur **episodische!**) heute scheint.

Das Leben ist schon schmutzig genug. Aber dass es in den „idealen" Regionen, in Kunst und
5 Litteratur, hinter den Coulissen **noch** schmutziger aussieht als im praktischen Berufsleben, — darauf ist wohl kein Neuling vorbereitet. Und diese abgründige Verlogenheit! Da werden den edelsten Menschen unlautere Motive angedichtet und den
10 grössten Schurken seidene Biedermannsmäntelchen umgehängt. Nein, man soll nicht splitterrichten, aber ebensowenig dem gerechten Tadler einen Balken anlügen, um sich selbst zu decken. Wer nicht als falsche Molluske aus Politik in oberfauler „Humani-
15 tät" macht und aus Klugheit „nachsichtig" urtheilt (so lange die eigene Eitelkeit oder Selbstsucht nicht in's Spiel kommt, denn dann wird drauflos verläumdet und geschimpft mit unnachsichtlicher Härte!), der läuft Gefahr, dass man ihm von allen Seiten
20 seine verborgenen menschlichen Schwächen abzulauern sucht. Je unantastbarer er dann erscheint, um so grösser der Hass. — Wie unsäglich oft habe ich nicht die, eines Weibes oder eines Knaben würdige, Auffassung von ernstzunehmenden Männern gehört
25 (z. B. betreffs eines von mir gefeierten socialen Romanciers): „Der Mensch ist mir so unsympathisch u. s. w., dass ich **seine Bücher darum nicht lese!!"** Wie oft habe ich nicht Bücher warm empfehlen hören, weil z. B. die Verfasserin eine so brave Per-
30 son sei!! Als ahnte Niemand, welche schamlose **Unsittlichkeit** in diesem Hineinzerren **moralischer**

Gesichtspunkte liegt! (Als ob übrigens, ihr Lieben, euch die Moral selbst am Herzen läge! Die Immoralität eurer Freunde kümmert euch nicht und ihr rühmt stets die Moral nur dann, wenn ihr euch zufällig mit ihr die Hände wascht!). Wenn Shakespeare der grösste Schurke gewesen wäre (nun, Bacon, den Einige für Shakespeare ausgeben, war ja effectiv ein Schurke), — wären wir minder verpflichtet, ihn zu bewundern? Beim Himmel! Wenn Jesus Christus mir schlechte Gedichte vorlegte, ich würde ihn erbarmungslos vermöbeln, all meiner Ehrfurcht und moralischen Anbetung unbeschadet.

Versteht sich Alles von selbst, nicht wahr? Wenn man's so klar und bündig Schwarz auf Weiss liest, ja! Aber im Leben! — Und ebensowenig wie der Charakter eines Autors, kümmern mich seine sonstigen Privatverhältnisse, in denen ihr kleinen Schindluderchen mit euren schmutzigen Fingern ewig herumstochert, da euch die Litteratur ja ohnehin nichts als ein Modewaaren-Geschäftchen bedeutet. Ob ein Autor arm oder reich ist, interessirt mich nicht entfernt bei Beurtheilung seiner Erzeugnisse. Ist er arm und talentlos — welch ein Verbrechen, ihn noch aufzumuntern! Ist er arm und talentvoll, — na, ich glaube, man kennt mich dann! Ist er reich, talentlos und erfolggekrönt, — rücksichtslos nieder mit ihm! Ist er reich und talentvoll, — so spanne ich meine Ansprüche als gerechter Mensch höher als bei dem Armen, der nebenbei mit Noth zu ringen hat, aber gerecht gegen das Talent sei man auch hier. Doch was helfen solche Prinzipien

*

im Sumpf unsres litterarischen Lebens! Die Leute,
die ums tägliche Brot schreiben müssen, und die
Leute, die es „nicht nöthig haben", arbeiten sich
in die Hände, um jede gerechte Würdigung der
5 Kunst zu ersticken. Ich kann es mir am Schlusse
nicht versagen, aus der im Aprilheft des „Livre" erschienenen interessanten Studie von Louis de Hessem
„Les grands éditeurs d'Allemagne" den Theil, welcher
der Betrachtung der neuen litterarischen Richtung
10 Deutschlands gewidmet ist, hier folgen zu lassen. Es
heisst da u. a.:

„C'est à Leipzig également que nous rencontrons
un jeune éditeur, très audacieux et très intelligent,
qui n'a pas craint de suivre et de soutenir la nou-
15 velle génération littéraire dans sa rupture violente
avec la tradition religieusement respectée par la plupart des grands écrivains d'Allemagne eux-mêmes.
Cet éditeur a nom Wilhelm Friedrich.

Ce même éditeur publiait, il y a un an, la se-
20 conde édition, revue et augmentée, d'une sorte de
pamphlet intitulé: Une Révolution dans la littérature. Cet opuscule ne manquait ni de verve ni
de justesse; son auteur, Carl Bleibtreu, un tout jeune
homme — né en 1859 — y faisait montre d'un juge-
25 ment littéraire très droit, d'un talent remarquable et,
ajoutons-le, d'une inébranlable confiance en ses propres
mérites. Donc cette plaquette débute ainsi: „Cette
édition a été soigneusement revue, remaniée, augmentée. Des expressions ont été atténuées, des la-
30 cunes ont été comblées, mais en somme je ne vois
rien et ne verrai rien d'ici longtemps qui soit de

nature à modifier ma manière de voir. En outre,
mon intention n'était pas de donner un panorama
de la littérature contemporaine, mais d'en relever
tout simplement les points les plus saillants.“

5   Or cette manière de voir ne peut être du goût,
nous le supposons, de la plupart des sommités for-
mant les points les plus saillants de cette littérature.
Après avoir reproché amèrement à l'Allemagne de
n'être „qu'une nation assimilante, dépourvue de toute
10 initiative, ayant, depuis le moyen âge, laissé l'in-
fluence étrangère s'exercer sur chacune de ses propres
conceptions intellectuelles“, Bleibtreu passe rapidement en revue chacun des genres où ses compatriotes
se sont exercés en ces temps derniers, et ceux-là
15 que le succès a déclarés comme les maîtres du genre.
Bleibtreu s'en donne alors à cœur joie: tudieu, quel
massacre! Reste-t-il un seul homme debout après
semblable exécution? Les moins maltraités n'en sor-
tent point avec tous leurs membres, tant s'en faut;
20 quant aux autres, hélas! les plus cléments font preuve
d'une incroyable générosité en pardonnant à l'auteur
de cette Révolution, en se disant qu'à la jeunesse
tout est permis. C'est ainsi que dans le roman,
Gustave Freytag lui-même n'est pas un écrivain, dans
25 le sens élevé du mot; les ouvrages de George Ebers
n'ont du roman historique que les prétentions outre-
cuidantes, Félix Dahn est déclamatoire et faux; les
poètes sont tout au plus des poétereaux rimaillant
tant bien mal; le drame actuel n'existe pas. Il faut
30 bien cependant que quelques personnes surnagent
dans cet océan de nullités: ce sont Shakespeare,

Byron, Zola et ... Bleibtreu. La bouée qui les main-
tient à flot, c'est le réalisme: ceci indique suffisamment
les tendances de la „jeune Allemagne" dont Carl
Bleibtreu est le champion le plus militant et Friedrich
5 l'éditeur très-vaillant et très-intelligent. Cette jeune
école et son libraire bravaient tous deux l'opinion
publique, cette opinion formée de toutes les familles
allemandes et de tous les „journaux de la famille";
ces jeunes écrivains affichaient la prétention de vou-
10 loir tout dire, l'éditeur la prétention de vouloir tout
imprimer. Ceci était excessivement grave dans un
milieu où la presse est omnipotente et la librairie
peu influente, à cause des entraves nombreuses
qui restreignent son action. Les écrivains les
15 plus célèbres n'avaient point jusqu'alors osé aller
aussi loin: ils obéissaient aux ordres des journaux
donnant la recette pour un roman à leur convenance
et payant grassement, en guise de compensation.
Les choses s'accentuaient plus encore parfois; il ne
20 fallait pas introduire de scènes de tel ou tel genre,
ni s'aviser de faire finir mal, sur une conclusion
qui ne fût pas consolante pour le lecteur. Nous
pourrions citer des cas où les auteurs terminèrent
une œuvre de telle façon, dans la publication en
25 feuilleton, et de façon diamétralement opposée dans
la publication en volume. La jeune école affirma
son intention de vouloir s'affranchir de cette tutelle
humiliante qui remplaçait l'initiative individuelle par
un règle uniforme; elle fut puissamment secondée
30 par Wilhelm Friedrich, et c'est à lui certainement
qu'elle doit de vivre encore et de former un corps

compact assez résistant pour tenir tête à l'ennemi infiniment plus nombreux.

Wilhelm Friedrich est né en 1851: c'est donc un jeune éditeur à tous points de vue. Après avoir
5 commencé son apprentissage de la librairie à Elbing, il le compléta dans les plus importantes maisons d'Italie, de Lyon, de Tiflis, de Kiew et d'Agram. Plus tard il fonda, pour le compte d'une maison de Pola, la première librairie franco-allemande de
10 la Dalmatie, à Zara. Puis il rentra en Allemagne, où il s'établit à Leipzig, en 1878.

Dès son installation, Friedrich semble avoir tracé la ligne de conduite dont il ne devra plus se dé-partir. Peu de temps après, il achète et met à la
15 disposition de l'école réaliste l'organe critique le plus important de l'Allemagne, le „Magazin für Lit-teratur". Ce journal date de 1832; il paraît toutes les semaines par numéros de seize pages in-quarto. Très répandu en Allemagne et à l'étranger, le Ma-
20 gazin et sa publicité rendirent de grands services à l'éditeur et aux auteurs publiés par celui-ci. En 1882, Friedrich passa à l'exécution d'une idée qui avait vraiment une allure peu commune: il lança les premiers volumes d'une Histoire universelle des
25 littératures, en monographies distinctes. La série s'ouvrit par l'Histoire de la littérature française, ce volume, qui est on ne peut plus méritant et on ne peut plus consciencieux, fut suivi rapidement de l'Histoire de la littérature polonaise, de la littérature
30 anglaise, de la littérature allemande, de la littérature russe, de la littérature italienne, de la littérature

grecque, etc. Actuellement onze volumes ont paru,
de superbes volumes in-octavo imprimés en caractères
elzéviriens et reliés à l'antique d'une façon sobre et
élégante. Friedrich crut devoir donner un complé-
5 ment à ce tableau historique des littératures: il publia
trois séries de traductions destinées à faire connaître
les œuvres remarquables de ces mêmes littératures.
Une série fut donnée au roman, elle comprend des
ouvrages du Danois Drachmann, du Russe Dostoïevski,
10 de l'Italien Bernardini, etc.; une seconde à la poésie
et une troisième aux contes populaires nationaux.

Entre temps, Wilhelm Friedrich avait continué
à prêter son appui aux jeunes, tout en ne publiant
pas cependant le premier venu. Beaucoup de noms
15 nouveaux parvinrent jusqu'au public par son inter-
médiaire; beaucoup n'obtinrent qu'un succès d'estime,
insuffisant pour valoir de gros bénéfices à l'éditeur,
mais cependant la plupart des jeunes édités par
lui ont une réelle valeur littéraire. Nous citerons
20 parmi eux Hermann Heiberg, l'aimable conteur, l'élé-
gant écrivain, l'observateur judicieux dont la répu-
tation s'est faite comme par une sorte de révélation
en moins de quelques années, le belliqueux Carl Bleibtreu, plein de sève, de talent et d'impétuosité, M. G.
25 Conrad, fort remarqué à propos de ses cinq ou six
volumes d'études sur Paris, le monde parisien et les
lettres françaises, B. de Suttner, dont l'originalité, la
science du style et les hautes visées philosophiques
s'affirmèrent d'une façon éclatante dès son premier
30 volume: l'Inventaire d'une âme, puis encore Max
Kretzer, Liliencron, H. Conradi, W. Walloth. N'ou-

blions point Carmen Sylva, la reine de Roumanie,
qui fut introduite par Friedrich dans le monde des
lettres. Depuis quelques années, Friedrich a édité
aussi nombre d'ouvrages scientifiques ou philoso-
5 phiques dus aux savants et aux philosophes les plus
célèbres du pays. Enfin, en janvier dernier, il
reprit la publication d'une revue mensuelle, „die Gesellschaft" (la Société), dirigée par M. G. Conrad
et toute dévouée aux intérêts de la „Jeune Alle-
10 magne".

Comme nous le disions plus haut, Wilhelm
Friedrich a cet avantage d'avoir adopté dès ses com-
mencements un plan d'action dont il ne s'écarte pas
et qu'il met à exécution avec une rare énergie. L'en-
15 semble de ses publications garde la griffe de l'éditeur et chaque nouveau volume forme pour ainsi
dire un complément de l'œuvre commune. Cette façon d'agir a imprimé un caractére nettement défini
à la maison et lui a assuré, en moins de dix années,
20 une place spéciale et une importance d'un ordre par-
ticulier qu'il nous a paru bon de signaler."

Historische Entwickelung.

Die deutsche Literatur zeigt den Vorzug einer älteren Cultur vor der englischen und französischen, indem sie schon im Mittelalter eine erste Blütheperiode zeitigte. Wir haben dort bereits den ewig alten Gegensatz von Goethe und Schiller, d. h. von realistischer Lebensabspiegelung zu reiner Idealität der Anschauung, in Gottfried von Strassburg und Wolfram von Eschenbach. Wir haben einen über Seelenprobleme gewagtester und bizarrster Art grübelnden Kleist in Hartmann v. d. Aue. Wir besitzen endlich eine Lyrik höchsten Ranges von einer Fülle und Pracht sondergleichen in jener Gruppe von Minnesängern, die in Walther v. d. Vogelweide ihre Spitze erreicht, und unsern späteren Romantikern, den Novalis, Uhland, Eichendorf, die Bahnen vorgezeichnet hat.

Es wird daher die Aufgabe der modernen nationalen Dichtung sein, die tiefsten Quellen des Deutschthums in jenen fernen Zeiten als urkräftigen Born neuer Stärkung zu erkennen. Goethe knüpft denn auch — ich habe hier natürlich hauptsächlich seine Lyrik und den Faust im Auge — direkt an die mittelhochdeutsche Art an, wie es andrerseits als ein wichtiges literatur-psychologisches Symbol erscheint, dass in der markigen Reckendichtung des „Heliand" das Altsächsische seinen klassischen Ausdruck fand und die Schöpfung des Neuhochdeutschen aus dem Sächsischen Idiom in Luther's Bibelübersetzung sich

1

wiederum den Evangelien anlehnte, Germanen- und
Christenthum in steter Verschmelzung zeigend.

Lessing, ein neuer Hutten, leitet die zweite
Blütheperiode ein. Es ist ein prächtiger Griff in die
Psychologie des Literaturgeistes, in seinem steten
Zusammenhang mit socialer und historischer Entwickelung, wenn Hirsch in seiner Literaturgeschichte
die Trennung der neuen von der alten Literatur dadurch markirt, dass er die schiefe Beurtheilung
Werther's durch Lessing als Scheideweg der literarischen Epochen hervorhebt.

Wenn wir den geweihten Namen Goethe's aus-
sprechen, wird uns Carlyle's Wort stets Richtschnur
bleiben, dass es noch immer nicht an der Zeit sei,
über diese einzige Erscheinung ein abschliessendes
Urtheil zu bieten. Dieser kosmische Geist ist in
erster Linie als Universalmensch zu betrachten. Niemand hat dem Goetheverständniss mehr geschadet,
als die Goethepfaffen. Denn diesen fehlt grade das
auszeichnendste Merkmal, welches jenen Allgeist über
die grössten Genien erhebt: die milde, jede Eigenart
mit gleicher liebevoller Ruhe würdigende Objectivität.
So war er sich sicher klarer über seine Schranken
und Schwächen, als seine corybantischen Verehrer.
Wir zweifeln, dass Napoleon's Vorschlag, Goethe möge
nach Paris kommen, um einen Cäsar zu schreiben,
erfreuliche Früchte gezeitigt hätte. Damit soll auch
Goethe's Beschränkung angedeutet sein. Er war eine
durchaus lyrische Natur (lyrisch auch in Epik und
Dramatik), auch von der logischen Entwickelung
aus Götz und Werther durch äussere Lebenseinflüsse
und nicht normal begründeten Cultus der Form
abgeirrt.

Schiller der Dramatiker bildet seine Ergänzung.
Dieser war allerdings keine naiv-geniale Natur. Seine
Stoffe sah er nicht — er reflectirte sie sich zusammen. Seine Sprache ist rhetorisch. Dennoch
aber hat er mit unwiderstehlicher Gewalt die Massen

fortgerissen und ihnen den Begriff des Ideals verständlich gemacht, während Goethe's Genius sich verhältnissmässig Wenigen vermittelt. Hier zeigt sich eben die Macht der Idee, die das Wirkliche mit dem Ewigen zu verbinden strebt. Nur einmal hat Goethe diesen Massstab festgehalten — allerdings in unvergleichlich grossartiger Form, im Faust. Aber auch in dieser Tragödie des Menschendaseins bildet nur das Allgemein-Menschliche, abstrakt gefasst, das Grundthema — nicht das Spezifische, was an Einzelmomenten und Einzelerscheinungen hervortritt und grade deswegen so kräftig wirkt, wenn man eine allgemein gültige Idee daraus abstrahirt, wie dies in „Tell" und „Wallenstein", auch in den vier ersten Dramen Schiller's, so kraftvoll geschehen ist. Es bleibt eine äusserst natürliche Folge des Goethe'schen, bei aller scheinbaren Universalität doch einseitigen, Entwickelungsganges, dass ihm der Sinn für das Historische völlig gebrach. Auch seine Neigung für die Antike dürfte manche verderbliche Folge nach sich gezogen haben. Und wie die Nachäffung des Goethe'schen Volksliedertons in der Lyrik nicht sonderlich gut angeschlagen ist, so wird der Einfluss der ästhetischen Salonthee-Romane „Wilhelm Meister" und „Wahlverwandtschaften" (deren Genialität an sich natürlich hier nicht in Frage kommt) auf die Romandichtung der Epigonen als ein wenig förderlicher nachgewiesen werden können.

Eine heilsame Reaction gegen die kosmopolitischen und antiken Neigungen der beiden grossen Dioskuren trat in den Romantikern kräftig hervor, deren erneutem Hinweis auf Shakespeare, welchen Goethe sehr bald und Schiller allmählich aus den Augen verloren, wir die dämonische Urwüchsigkeit der Kleist'schen und Grabbe'schen Dramatik verdanken, auf welche jedoch auch Schiller's historischer Sinn Anregungen ausübte. Viel bedeutsamer erscheinen mir die fruchtlos gebliebenen Bemühungen

der älteren Stürmer und Dränger, welche mit dem
jungen Goethe zusammen die Tragik der alltäglichen
Wirklichkeit zu gestalten suchten — mit geringerer
Begabung, aber weit grösserer Energie. Ich fasse
hier ausser Klinger natürlich in erster Linie den
genialen Reinhold Lenz in's Auge, die jammervollste
aller Literaturleichen.

Es ist hier nicht der Ort, es näher auszuführen.
Aber die vulgäre Kunstanschauung haftet stets zu
sehr am sogenannten „Künstlerischen", dem äusseren
Gewande der Form — was es denn begreiflich
macht, wie der titanische Grabbe stets vernachlässigt
und der an eigentlicher Grösse Grabbe keineswegs
erreichende Kleist so übermässig vergöttert wird. An
Tiefblick für das Tragische, an echtestem Realismus
des Schmerzes steht aber „Der Hofmeister" von Lenz
für mich hoch über allen andern Erzeugnissen dieses
Styls. An ihn hat Schiller in „Kabale und Liebe"
angeknüpft, diese Bahn aber bald aufgegeben. An un-
mittelbarer Wahrheit, an wirklicher Lebenskennt-
niss und Charakteristik bleiben auch die künstlerisch
verfehlten Producte Lenz's immer noch unerreicht.

An Lenz wird der moderne Naturalismus der
Zukunfts-Dramatik viel zu lernen und zu studiren
haben.

Ein einseitiger Ausbauer Kleist'scher Tendenzen
ist Grillparzer, krankhafte Missgeburten aus Lenz und
Grabbe sind Hebbel und Büchner. Nur naive Unkennt-
niss wird auf diese noch Werth legen, statt zu ihren
Ahnen zurückzugreifen.

Eine Reaction gegen die Auswüchse der romantischen Weltanschauung, ihre in's Bornirte hinüber-
spielende Deutschthümelei, ihre mittelalterlichen Velleitäten haben wir in Heine. Ein mächtiger Instinkt
des Realismus beginnt in dem Jungen Deutschland
und den Achtundvierzigern sich zu entfalten.

Doch mussten auch die Uebertreibungen dieser

wesentlich politischen Tendenzpoesie einen Rückschlag erleben. Dieser wird durch den Plateniden Geibel, das auf's Moderne gepfropfte Minnesängerthum, und durch Scheffel eingeleitet und hat unsere Literatur wiederum so gründlich herabgebracht, dass die Reaction des Realismus nunmehr mit rücksichtsloser Brutalität erfolgen muss.

Die Poesie und der Zeitgeist.

***

Toujours les siècles du genie
Sont des siècles des vertus.

„Ich erinnere mich, dass bei meinem Eintritt in
5 die Welt es nur eine Stimme gab über die unheilbare
Decadence, über den bestimmten und schon heran-
nahenden Tod der Poesie, dieser geheimnissvollen
Fähigkeit des Menschengeistes. Es war die Epoche
des Kaiserreichs, die Zeit, wo die materialistische
10 Philosophie sich in der Regierung und den Sitten
verkörperte. Alle diese Geometriker, die allein das
Wort hatten und uns, nous autres jeunes hommes,
gradezu ausrotteten unter der insolenten Tyrannei
ihres Triumphs, glaubten in uns für immer erstickt
15 zu haben, was sie an sich selbst ertödtet hatten: die
ganze moralische, überirdische, melodiöse Seite des
menschlichen Gedankens. Nichts vermag denen, die
sie nicht erduldet haben, einen Begriff zu geben von
der hochmüthigen Sterilität dieser Epoche. Es war
20 das satanische Lächeln eines Höllendämons, dem es
geglückt ist eine ganze Generation zu degradiren,
einen ganzen nationalen Enthusiasmus zu entkräften,
einer Tugend in der Welt den Todesstoss zu geben.
Diese Menschen hatten dasselbe Gefühl triumphirender
25 Ohnmacht im Herzen, wenn sie uns sagten: „Liebe,
Philosophie, Religion, Enthusiasmus, Freiheit, Poesie
— nichts da! Berechnung und Gewalt, Ziffer und
Säbel — das ist alles. Wir glauben nur, was man
beweisen kann, wir fühlen nur, was man mit Händen

greift; die Poesie ist todt mit dem Spiritualismus, aus
dem sie erzeugt ward." Und sie sprachen wahr, sie
war todt d. h. in ihren Seelen, in ihrem Gehirn, todt
in und um sie. Mit einem sichern und prophetischen
5 Instinkt ihres Geschicks zitterten sie davor, sie möge
wiederaufstehn zugleich mit der Freiheit; ihre kleinsten
Wurzeln rissen sie aus, wo sie auch unter ihren Füssen
keimen mochte, in ihren Schulen, Lyceen, Gymnasien,
besonders in ihren Militär- und Polytechnischen Novi-
10 ziaten. Alles war organisirt gegen diese Wiederauf-
erstehung der moralischen und poetischen Empfindung:
es war eine Universal-Liga der Naturwissenschaften
gegen den Gedanken und die Poesie. Die Ziffer allein
war gestattet, geehrt, protegirt, bezahlt. Denn die
15 Ziffer denkt nicht und ist ein prächtiges passives
Instrument der Tyrannei, die nicht fragt, wozu man
sie benutzt, ob zur Befreiung oder Unterdrückung des
Menschengeschlechts, ob zur Knechtung oder Eman-
zipation des Geistes. Darum wollte der militärische
20 Chef dieser Epoche auch keinen andern Missionär.
Seit dieser Zeit verabscheue ich die Ziffer, diese Ne-
gation des Gedankens; und es blieb mir gegen diese
exclusive und eifersüchtige Macht der Mathematik
dasselbe Gefühl, derselbe Abscheu, der dem Galeeren-
25 sclaven bleibt gegen die harten und eisigen Ketten
an seinen Gliedern, deren kalte und tödtliche Empfindung er wieder zu fühlen glaubt, wenn er nur
das Klirren einer Kette hört! Die Naturwissenschaft
war die Kette des menschlichen Gedankens. Ich athme
30 auf — sie ist gebrochen."
    Dass ein bedeutender Schriftsteller diese Worte
geschrieben hat, wird mir der Leser gern glauben:
Offenbar ein Deutscher unsrer Tage. Seltsamerweise
ist es aber ein Franzose, ein gewisser Lamartine, und
35 die Zeit, auf die er in den Destinées de la Poésie
dies Anathema herabruft, ist das erste Empire. Und
doch müssen wir, wenn wir Zeile für Zeile diese er-
bitterte Diatribe durchmustern, das Geständniss wagen:

Ein wenig dick aufgetragen, mais — tout comme chez nous. Bei den Franzosen heisst die Kriegsgeschichte Napoleon's die Zeit der ersten Décadence, und ob sich in dem auferstandenen neuen Reich nicht
5 ähnliche Symptome nachweisen liessen, das möchten wir doch einmal näher untersuchen.

Der komische Abscheu Napoleon's gegen alle „Ideologie" ist bekannt. Damals hatte noch Deutschland, das „ideologische" Land der Kant, Schiller,
10 Goethe, Herder u. s. w. die Ehre, sein ganz besonderes Missfallen zu erregen. Wenn Er heute sein altes Kriegstheater durchwandelte, so würde er vielleicht voll Genugthuung ausrufen: Das ist Geist von meinem Geist! Tempora mutantur.

15 Die arme Ideologie schien besonders in der Literatur sein Prügeljunge. Sein Adlerauge erspähte jede verwerfliche Neuerung in Anschauungen und Doctrinen, denn Gedanken waren keineswegs „zollfrei". Eine köstliche Illustration hierzu liefert bekanntlich das
20 hitzige Duell, das er mit Dame Staël aufführte, in welchem er mit gröbstem Knotenstock dreinschlug, sie aber mit feinen Stilets oder gar spitzen Nadeln gegen ihn focht, die natürlich nicht durch seine dicken Reiterstiefel hindurchdrangen. Schrecklich entbrannte
25 sein Zorn — erst blitzte er ihr ein Verbannungsdekret auf den Hals, dann begann er im Moniteur fürchterlich zu donnern. Höchsteigenhändig zermalmte der gewaltige Schlachtenlenker ihren nichtsnutzigen Idealismus in einer Sprache, die zwar nicht parlamen-
30 tarisch oder ciceronianisch, aber sicher cäsarisch klang.

Denn Das empörte am meisten in ihm die ästhetische Ader, dass aus dem ideologischen Deutschland das einzige Heil der Poesie kommen sollte, dass
35 diese abscheulichen Romantiker, welche so schädliche Worte wie „Gedanken" und „Freiheit" verschwenderisch missbrauchten, diese Tells und Fauste, die wahren Poeten seien — statt der galanten ser-

vilen correcten Halbgötter, die den Gott Louis XIV.
so prächtig zu lobhudeln verstanden.

Die Tyrannei besass zu allen Zeiten eine rührende
Pietät für das Alte, Abgestandene, Conservative in
5 Kunst, Religion und Wissenschaft. Das Wort „Classi-
cität" hat gleichsam etwas Legitimes an sich, während
Romantik, Volkspoesie und dergleichen immer nach
bedenklicher Neuerung und Freiheitsdrang schmecken.
Man kann nicht genug den Instinkt einer hochwohl-
10 löblichen k. k. französischen Censur bewundern, die
in einem so rein ästhetischen Werk wie de l'Allemagne die tiefste politische Verruchtheit witterte.
Freilich war Napoleon nicht umsonst das weltumfas-
sende Genie. In seiner Jugend hatte er alle Phasen
15 des Ossian-Werther-Fiebers durchgemacht und impo-
nirte noch später Männern wie Goethe und Wieland
durch seine tiefsinnigen ästhetischen Urtheile. Er, der
grosse Praktikus, wusste ganz genau, was er vor
seiner Welt verhehlte, dass die Poesie und Philosophie
20 und nicht „Ziffer und Säbel" in Wirklichkeit den Lauf
der Weltgeschichte bestimmen und dass sie ihm der-
einst den Garaus machen würden, wie jeder andern
Tyrannei. Die Geldsäcke Englands und das stramme
Uniformwesen der preussischen Junker mochte er
25 verlachen, aber einen unschuldigen Buchhändler liess
er erschiessen. Ja, im Buch lag der Zauber, der die
Welt vom napoleonischen Bann befreite; ihren Schiller
im Tornister fielen die blutjungen Freiwilligen bei
Lützen; von Herder und Fichte hatte die deutsche
30 Jugend gelernt, was ihr Vaterland bedeute; und Kant
sass in den grossen Herzen eines Stein, Schöne, Scharnhorst. Die Streifzüge von Schill und Dörnberg thaten
dem Tyrannen keinen Abbruch, wohl aber eine in
tausenden Exemplaren verbreitete Brandschrift Jean
35 Paul's. Nicht die Coalition Europas, sondern die
„Ideologie" wurde mit dem Koloss fertig. Die deutschen Dichter waren's, die ihn bei Waterloo ereilten:
lange vor dem politischen Freiheitskrieg hatte Lessing

die geistige Losreissung proclamirt. Wenn die Königin
Luise, als sie Goethe's Lied „Wer nie sein Brod mit
Thränen ass" so innig empfinden lernte, nur in ihrem
Schiller Trost zu finden wusste, so wusste sie, was
5 sie that. Nicht die erbärmlichen Fürsten und hündi-
schen Nationen haben ihn heruntergerissen, nicht die
Berserkerparole des alten Blücher „Herunter muss er
doch!", sondern die Worte: „Nichtswürdig ist die
Nation, die nicht ihr Alles setzt an ihre Ehre" „Wir
10 wollen sein ein einig Volk von Brüdern, in keiner
Noth uns trennend und Gefahr!"

Dieser Panegyrikus über den Einfluss der Poesie
ist nicht ohne Zweck. Denn es giebt auch viele brave
Leute, wie die von Lamartine erwähnten „Geometriker",
15 denen die Dichtkunst höchstens als eine heitre Zierde
des Lebens gilt und die von ihrem königlichen Priester-
beruf nichts hören wollen. Diese werden auch behaupten, dass Zeiten, welche den Idealismus mit Füssen treten, den Mitlebenden mehr solides Glück ge-
20 währen und überhaupt ein grade so gutes Ende
nehmen können, wie die höchstpoetische Zeit. Solchen
Fragen gegenüber, die zur Philosophie der Geschichte
gehören, hat man nur ein Rüstzeug, wie in jeder
Wissenschaft: die Erfahrung.

25 Die Perserkriege, die Hohenstaufen, die Königin
Elisabeth-Aera, die Epoche Calderon's, die Auferstehung
der Antike und des republikanischen Geistes zur Zeit
Dante's und Petrarka's, selbst die galante Cavalier-
epoche Louis Quatorze's und die zweite Blüthe der
30 deutschen (Goethe), englischen (Byron), französischen
(Hugo) Literatur — alles dies sind Zeiten von mäch-
tigem allgemeinem Aufschwung, reichster Entfaltung aller Kräfte und gewaltiger nationaler Er-
hebung.

35 Auf der andern Seite kann man direct behaupten,
dass die poesieverlassenen Epochen der Menschheit
von schleunigem Untergang ereilt wurden. Darum
tönt ein so wilder Vernichtungsjubel aus Voltaire und

Juvenal, von denen der Eine die Revolution, der
Andre das Christenthum zu ahnen scheint. Denn
diese Zeiten sind eben verderbt und faul, weil
sie ohne Poesie, und ohne Poesie, weil sie ver-
5 derbt und faul sind. Das ist eine ewige Wechsel-
wirkung. Jeder, der die Geschichte vorurtheilslos
betrachtet, wird zu demselben Resultat kommen, dass
frivole und materialistische, dem Idealismus abholde,
rein praktische Genusszeiten, wie — nun, wir brauchen
10 ja nicht weit zu suchen! — stets einer Sündfluth ent-
gegenarbeiten. Nun sind aber die im Anfang berührte
Epoche des Empire und die Jetztzeit in einer gewissen
Art einzig dastehend. Manche Perioden erscheinen
als ebenso tief in Materialismus versunken, doch waren
15 es stets zugleich Zeiten nationaler Schwäche. Die
erbärmliche Stuartperiode bis zur zweiten Revolution,
die Epoche von Pope, die Zeit Louis XV. und der
Encyclopädisten, die späteren Zeiten der Medicäer und
Pietro Aretinos sind Perioden des tiefsten politischen
20 Verfalles. Ein anderer Unterschied liegt in einer
gewissen moralischen Feigheit, die sich z. B. im
Empire in den hündischen Loyalitätsphrasen von Fontanes u. s. w. dokumentirte, während jene andern
Zeitalter der Decadence einen Juvenal, Boccaccio,
25 Rabelais, Fischardt, Hutten, Swift erzeugten. Auch
unsrer Zeit mangelt die kühne Satire. Aber, wenn
dies einreissende zerstörende Element des Fortschritts
fehlt, so fehlt ihr noch mehr der positive befreiende
Idealismus Rousseau's. Solche Uebergangszeiten.
30 die ein Après nous le déluge auf der Stirne tragen.
zeigen einen Januskopf, eine Voltaire- und eine
Rousseau-Seite. Gegen das erste Empire zogen
Barbier und die Staël gemeinsam zu Felde; im Kampf
gegen die geistige Tyrannei der Fremden sehen wir
35 Lessing und Klopstock nebeneinander; in dem Kampf
gegen die verrottete „Heilige Allianz" und die heuch-
lerisch verlogene englische Oligarchie stehen Byron
und Shelley Schulter an Schulter. Andere Epochen

zeigen doch mindestens die eine, die idealistische Seite, wie Milton's und Bunyan's Bekämpfung der Stuarts und des Katholicismus oder V. Hugo's Bekämpfung des zweiten Empire u. s. w.

⁵ **Nichts von alledem in unsrer Zeit.** Daran hindert eben die Alles überwuchernde Zaghaftigkeit und **moralische Feigheit.** Es ist, als wären die furchtbaren socialen Fragen für die deutschen Dichter gar nicht vorhanden: Und doch ist unsre Zeit eine ¹⁰ wild erregte, gefahrdrohende. Es liegt wie ein Schatten über dem ganzen neuen Reich trotz des kurzen blendenden Sonnenscheins. Das ist nicht Spleen, nicht die Melancholie und das Ennui der französischen Romantiker; sondern ein mürrischer ¹⁵ Missmuth lastet wie ein farbloser Nebelschleier über allem Weben und Streben. Dies Symptom finden wir auch unter den Holbergs und Diderots wieder. Die Langeweile des Pessimismus erzeugte die Verzweiflung, und die Verzweiflung der Besitzenden und ²⁰ Gebildeten an Glück und Leben entfesselte die Wuth der Noth in den untern Schichten. So tief hatte der Materialismus, die skeptische Prosa alle Schichten vergiftet, dass selbst die Mutter der Revolution, die **Begeisterung,** sich bald voll Ekel zur Seite wandte ²⁵ und dafür von dem unnatürlichen Sprössling erwürgt wurde. Auf und ab schwankte der Kampf zwischen Materialismus und Idealismus. Die Girondisten starben mit dem Sturmlied der Begeisterung auf den Lippen, Danton mit prahlerischem Cynismus, Robes- ³⁰ pierre mit dem stoischen Fanatismus des echten Idealisten. Aber das Wort, mit dem er unterging: „Die Lumpe triumphiren", blieb doch wahr und der Materialismus feierte ungestört seine wüsten Tallien-Orgien, bis der eigentliche Antichrist des Idealismus ³⁵ auch sie zerstampfte. Die „Aufklärung" und der „Zweifel", diese beiden ersten Phasen und Symptome der Besserung, sind bei uns schon bis zur Krisis gelangt; jetzt kommt wieder die „Begeisterung" an die Reihe.

Es ist daher die erste und wichtigste Aufgabe der Poesie, sich der grossen Zeitfragen zu bemächtigen. Zugleich gilt es, das alte Thema der Liebe in modernem Sinne, losgelöst von den Satzungen conventioneller Moral, zu beleuchten.

Von diesen hohen Anforderungen aus wird man natürlich fast die ganze zeitgenössische Literatur verdammen müssen. Für jede Sorte von Süssholzraspelei ist die Zeit zu ernst. „Wir brauchen eine Kunst, bei der uns wohl wird," jammert die Theetischästhetik. Es ist nur die Frage, wer die „uns" sind. Wer bei dem verlogenen Gesalbader der Afterpoeten sich wohlfühlt, der hat natürlich den gesunden Sinn für das wahrhaft Sittliche eingebüsst. Müssige Spiele schwärmender Phantasie sind keine aus dem Innern geborene Dichtung. „Poesie ist nur Leidenschaft", „Ich hasse alle Poesie, die blosse Fiction ist" — diese zwei goldenen Aussprüche Lord Byron's legen das Grundwesen der poetischen Zeugung bloss.

Das Feldgeschrei „L'art pour l'art" ist schon deswegen ein Unding, weil es die Form über den Inhalt stellt. Wahre Poesie wird nie aus abstrakter Liebe zur Kunst, sondern aus leidenschaftlicher Theilnahme an den Schmerzen und Freuden der Mitwelt geboren.

Es gährt und wogt, die Dämmerung beginnt sich zu lichten. Aber die Morgenröthe wird noch von breitem Nebelwust verzögert, der Tag ist noch weit. Denn mit der blossen Erkenntniss der Nichtigkeit bisheriger Literaturentwickelung ist's nicht gethan; es bedarf der schöpferischen Geister. Und diesen wird all ihr Schaffen nichts nützen, wenn sie nicht verstehen, demselben Geltung zu verschaffen. Vor Goethe und Schiller schritt wenigstens Lessing her, um die kritische Herkulesarbeit in dem Augiasstall der Pseudo-Literatur zu verrichten. Bei uns aber werden die Herkulesse schon in der Wiege verkrüppelt und die heilige Dreieinigkeit der Dummheit,

Heuchelei und Trägheit hat ihren Schmutzhaufen allzuhoch gethürmt. Und doch muss man heut sein eigner Lessing sein, um für positive Originalarbeit festen Grund zu finden.

Die echte Muse zieht sich meist in keuscher Scheu vom Markte zurück, wo das Hexengold und Talmi der Reklamepoetaster als geprägte Münze gilt. Diese reservirte Vornehmheit muss aber ein Ende nehmen. Wenn die Schwäne in stiller Einsamkeit ihr Sterbelied den Lüften anvertrauen, die Nachtigallen in Nacht und Dunkel schlagen, so kann wenigstens der Löwe seine donnernde Stimme erheben und im grollenden Ausbruch majestätischen Zornes das Gepiepse der Zaunkönige und das Heulen der Schakals übertönen. Den Löwen erkennt man an der Tatze, und wenn diese unmanierlich genug grobe Wunden reisst, so mögen nicht Diejenigen Waih schreien, die ihn am Bart gezupft. Ein solcher Leu erschien uns noch nicht, aber er muss einst kommen.

Nein, es giebt noch Dichter. Noch entringt sich ein Adlerschrei einsam duldenden königlichen Naturen. Aber man muss Ohren haben, um zu hören.

Dieses Ohr hat z. B. Franz Hirsch nicht besessen, als er in seiner Literaturgeschichte sein Kapitel über die neueste Literatur vom Stapel liess.

Es ist wirklich befremdlich, von allen möglichen Coryphäen der Blaustrümpfelei ein Langes und Breites zu vernehmen, während über die ersten Geister der Zeit mit blosser Namensnennung hinweggeschritten wird.

Recht sehr beklage ich, dass Hirsch's Scharfblick und Unerschrockenheit, die er neben reifem Wissen und grossartiger Auffassung besonders in den ersten Theilen seines Werkes bewies, ihn hier verlassen hat.

Ich halte es daher für eine nicht unverdienstliche Aufgabe, gleichsam ein Supplement zu seiner Darstellung der gegenwärtigen Literatur zu liefern.

Carlyle bemerkt sehr richtig, dass es an Falstaff's Rekruten erinnert, wenn man die buntscheckige Horde

der Federhelden Revue passiren lässt. Lendenlahme,
Blinde, Ausschuss — und mitten drunter Prinz Heinz,
der Zukunftssieger von Azincourt.

Ebenso beklagt Bulwer bitter das Schauspiel, wie
oft erhabene Geister, die im Schatten ihrer eigenen
Gedanken leben, mit dem grossen Haufen der trivialsten
Tages-Jongleure vom Urtheil des Publicums zusam-
mengeworfen werden. Da ist es denn Pflicht, einmal
gründlich den Weizen von der Spreu zu sondern.

Im Nachfolgenden biete ich eine kritische Uebersicht aller hervorragenden literarischen Leistungen
der neuen Reichsära, einschliesslich der noch tonan-
gebenden „Meister" der vorsiebziger Jahre.

Sie wird viel Zorn bei flachen und oberflächlichen
Beurtheilern hervorrufen. Vor allem werden diese
meine Achillesferse zu treffen hoffen, indem sie erklären, ich erwähnte auch meine eignen Schöpfungen.
Meinethalben, ihr wohlfeiles Geschwätz wird mich
wenig beunruhigen.

In der neuen Literaturgeschichte von Adolf Stern
ist von sämmtlichen Vertretern der neusten Literatur nur Wildenbruch genannt, dessen theatralische Erfolge ihn natürlich dem aufmerksamen Herrn
Literarhistoriker bekannt machten. Ausserdem — man
sollte es kaum glauben, man rathe! — Richard Voss!!
Sapienti sat.

Der historische Roman.

Das Drama soll das ewig Menschliche in knapper Form und in leidenschaftlicher Handlung darstellen. Die Lyrik ist der Ausdruck der persönlichen Empfin-
5 dung der Gegenwart. Das Epos ist die Poesie der Erinnerung, die breite Darstellung des Lebens in all seinen Details und Erscheinungsformen. Die höchste Erfüllung fand diese Aufgabe in Homer und dem Nibelungenlied. Eigentlich sind dies die einzigen
10 wahren Epen. Alles Andere ist Epopö und Idyll.

Die Neuzeit hält diese Form in gebundener Rede für überlebt — vielleicht mit Recht. An ihre Stelle trat der Roman. Dieser zerfällt in mehrere Gattungen. Die erste derselben ist das historische Genre. In
15 diesem soll das allgemein Menschliche, z. B. das erotische Element zwar stark hervortreten, aber auch Geschichtsmalerei und Geschichtsphilosophie zur Geltung kommen.

Auf diesem Gebiete heben sich in der neuen
20 Literatur zwei Namen leuchtend hervor: Freytag und Scheffel.

Der erstere hat in seinen „Ahnen" den lobenswerthen Versuch gemacht, die deutsche Geschichte seit ihren Anfängen bis auf die Jetztzeit in romantischer
25 Gestaltung zu entwickeln. Vom historischen Standpunkt aus ist ihm dies gelungen, was um so eher zu erwarten war, als Freytag als germanistischer Culturhistoriker sich hohe Verdienste erworben hat. Der

tiefere historische Sinn gebricht ihm aber, sobald er
sich der Neuzeit zuwendet, wie denn der letzte Schluss-
band der interessanten Serie gradezu kläglich aus-
gefallen ist, trotz der Vortrefflichkeit der Detailschil-
derung. Sowie das „grosse gewaltige Schicksal" an
sie herantritt, zieht sich Freytag's Muse scheu in sich
selbst und ihre Professorenstube zurück. Erbärmlicher
konnten die Freiheitskriege und die Märzrevolution
kaum aufgefasst werden. Jeder Schwung, jede
Grösse der Anschauung mangelt dem spiessbürger-
lichen, an's Philiströse streifenden Sinn dieses echt-
deutschen Humoristen. Denn als Humorist in erster
Linie zeigt sich F. auch in diesen historischen Romanen. Nur im „Ingo" finden sich Stellen von wirklicher
innerer Ergriffenheit und wuchtiger Tragik; hier aber
springt die Anempfindung in's Auge, indem Gestalten
wie Gisela und ihr Gatte, Ingo und seine Gattin gradezu
absichtlich an die bekannten Gestalten des Nibelungen-
lieds gemahnen. — So ist es auch erklärlich, dass
Gestalten wie Heinrich II. dem sinnigen Forscher gelingen, sein Friedrich II. hingegen unendlich weit
hinter dem historischen Bilde zurückbleibt. Ueberall
ist das Kleine und Kleinste prächtig erfasst und dargestellt, das Culturhistorische meisterhaft wiedergegeben. Aber die Dürftigkeit der Conflikte und Situationen belehrt uns darüber, dass ein Dichter im
höheren Sinne in Freytag nicht zu suchen sei.

    Wer sich darüber klar werden will, der prüfe
gründlich die beiden Meister des historischen Romans,
Walter Scott und Willibald Alexis — in vieler Hinsicht die beiden grössten Ingenien, die sich bisher
dem Romanfache widmeten. Von der unvergleich-
lichen Fabulirungs- und Erzählergabe Scott's ist in
der deutschen Literatur überhaupt nichts zu entdecken. Aber auch der grosse historische Blick dieses
Stammvaters der ganzen Gattung fehlt selbst einem
Freytag gänzlich. Wo finden wir in den „Ahnen"
geniale historische Ideen, wie die Gegenüberstellung

der Normännischen Aristokratie und des Sächsischen
Volkes im „Ivanhoe", aus der bekanntlich ein Historiker
wie Thierry den Plan eines epochalen Geschichts-
werkes schöpfte? Wann hat ein Deutscher z. B. den
5 Contrast süd- und norddeutschen Wesens zu bestimmen
gewusst, wie Scott die charakteristische Individualität
der schottischen und englischen Nationalität heraus-
bildete? Und wo wäre — neben der unerschöpflichen
Fülle der Charakteristik, der innigen Naturbetrachtung,
10 oft auch der ergreifenden Herzenskündigung — auch
nur der Tiefblick des grossen Schotten für historische Portraitzeichnung einem Deutschen verliehen?
Sein Ludwig XI., seine Maria Stuart, sein Cromwell
(letzeres geradezu eine Grossthat bewunderungswerther
15 Objektivität) beschämen alles seither Geleistete.
W. Alexis nehme ich hier aus.

Dieser genialste deutsche Romandichter (der
deswegen auch, bei Lebzeiten völlig verkannt, selbst jetzt noch nicht annähernd
20 die ihm gebührende Verehrung gefunden
hat) darf sich allerdings einer fast ebenbürtigen Kunst
rühmen. An Blick für das Zeitcolorit und an Gründ-
lichkeit der historischen Auffassung war er Scott sogar
überlegen. Er ist bisher der Einzige in Europa, welcher
25 historische Romane grossen Stils aus diesem Jahrhundert geformt hat: „Ruhe ist die erste Bürgerpflicht",
„Isegrimm". Er verfügt auch wie kein Anderer über
die wundersame Kunst, die Menschen im Ton ihres
Zeitalters reden zu lassen.

30 Diese Gabe ist auch Freytag und Scheffel eigen,
doch nur in bedingtem Masse. Oft erscheint die
Sprache dort archaistisch geziert, oft auch modern
gefärbt.

Ueber Scheffel's „Ekkehart" kann ich mich kurz
35 fassen. An sich ein Meisterwerk, von herziger Frische
der Naturanschauung, voll herrlicher Empfindungs-
und Landschaftsmalerei, voll köstlichen Humors, lässt
das Buch nur eins vermissen: Grösse. Es ist kein

Epos, sondern ein Epopö, kein Drama, sondern ein Idyll.

Um mich des bezeichnendsten Ausdrucks über die genannten Dioskuren zu befleissigen, der sich auch auf die andern Werke derselben anwenden lässt: Sie sind episodische Dichter.

Diese Bezeichnung erscheint mir so erschöpfend, dass ich ihr nichts Weiteres hinzufügen will. Wer den Sinn derselben versteht, versteht Alles — wer nach dem Gesagten darüber im Unklaren ist, wird überhaupt nichts verstehn.

Ein episodischer Historiendichter, giebt auch Steinhausen in seiner „Irmela" eine romantische Dichtung mit trefflicher Benutzung des Culturhistorischen.

Aehnlich der bedeutende Jensen und der farbenprächtige Effektmaler C. F. Meyer in seinen omantischen Costümbildern von eigenartig bestrickendem Reiz. Auch in der historischen Epik will er gleich hier gefeiert sein, als Autor der ernsten strengen Reflexionsdichtung „Hutten".

Anmuthig weiss auch H. Friedrichs im „Mädchen von Antiochia" den Ton der Kreuzfahrerepoche anzuschlagen, obschon uns ein umfassendes Historiengemälde jener schicksalsreichen Elementarerscheinung, wie der Instinkt normännisch-französischer Abenteurerlust die Renaissance-Cultur des Abendlandes dem Morgenlande abrang, noch immer mangelt.

Ueberaus ansprechend entrollt Gerhard v. Amyntor Scenen des glanzvollen Rheinischen Bürgerlebens im „Frauenlob," wobei auch das Raubritter- und Pfaffenthum vorzüglich charakterisirt wird.

Kommen wir nun zu den berüchtigten Moderomanen von Ebers. Ueber dies Ideal des Bildungsphilisters äussert Franz Hirsch u. A.:

„Würde man diese Romane aus Aegypten in die moderne Zeit versetzen und diesen Theetischägyptern modernes Kostüm geben, so würde man schnell er-

2*

kennen, wie dürr, unwahr, schwächlich, arm an Gestaltungskraft, gemacht in der Empfindung, jeder poetischen Frische baar diese Pseudopoesie ihrem Wesen nach ist."

5   Ich habe dem nichts hinzuzusetzen. Dennoch erlaube ich mir die Bemerkung, dass die Unterschätzung des Herrn Professor Ebers (an sich eine berechtigte Reaction) ebenso in's Masslose schweift, wie die kindische Modeverehrung dieses Halbdichters seitens der
10 Höheren Tochter. Denn eine lebhafte Schilderungsgabe und eine tadellose wohlgeglättete Diction sind ihm sicher nicht abzusprechen. Es finden sich ferner überall Stellen, wo eine entschiedene Stärke der Empfindung hervorquillt.

15   Jedenfalls sehe ich nicht ein, wie Hirsch nach so absoluter Verdammung des Aegyptologen ein so enthusiastisches Loblied auf Eckstein's römische Romane blasen kann. Denn Schwäche der Composition ist diesen doch nicht abzusprechen, zumal auch hier
20 der so glänzend begabte Autor sich durchaus nicht auf der Höhe des grossen historischen Motivs zeigt.

    Ein viel höheres Lob verdient ein soeben erschienener Roman „Catilina" von Edmund Friedemann, welcher dem gewaltigen Stoffe gerecht wird und dabei
25 das Zeitcolorit mit sicherer Hand wiedergiebt.

    Die „Octavia" von Wilhelm Walloth zeugt von einem epischen Sinn, der seines Gleichen sucht, Stellen, wie gleich im Anfang der Circuskampf, sind von einer elementaren Kraft der Darstellung,
30 wie sie einem Freytag oder Scheffel völlig versagt blieben. Die Charakteristik Nero's ist ein Meisterwerk. Dies ist der erste echte Nero, so oft man sich an dieser dämonischen Gestalt die Zähne ausbiss. Octavia selbst gehört zu den originellsten Frauenge-
35 stalten der Literatur. Die Composition ist vortrefflich. Die aller Archaismen baare, nervige und künstlerisch fliessende Sprache sticht eigenartig von dem glatten

geleckten Korkgeschnitzel des gebildeten Ebers „für Töchter höherer Stände" ab.

Nicht die gleichen Vorzüge zeichnen die „Aventiure" von Karl Bleibtreu „Der Nibelunge Noth" aus. Die Beherrschung der Technik ist hier eine unsichere, da die Schwierigkeit der Aufgabe den Autor in seiner Freiheit beschränkte.

Jedenfalls bleibt es doch bedauerlich, dass eine Dichtung, welche sich an die edelsten nationalen Intinkte wendet, total unter den Tisch fiel.

Hingegen hat Julius Wolff mit „Sülfmeister" und „Raubgraf" enorme Verbreitung erzielt. In der That, der Name seines Verlegers ist Grote.

Nur eine heitere Verachtung des Publicums, die der Dichter in sich ausbilden muss, vermag ihn über die unbestreitbare Thatsache hinwegzuheben, dass nur das Mittelmässige Anklang findet.

Den besten Beweis dafür kann Felix Dahn vorzeigen. Sein Roman „Der Kampf um Rom", welchen die Mode in den Himmel hob, während Tieferblickende ihn mit ebenso ungerechter Geringschätzung betrachteten, ist von unleugbarer Kraft, aber theatralisch und balletartig in der Vortragsweise, zerfahren in der Composition, historisch unwahr in jeder Beziehung. Hingegen hat Dahn sich einmal zu einer seltenen Höhe emporgeschwungen, wo wir ihn als echten Volldichter anerkennen. Es ist dies die Dichtung „Odhins Trost", welche sich ebenbürtig den obengenannten beiden Werken anschliessen würde, wenn nicht der Boden jeder echten Dichtung, realistischer Untergrund, mangelte: Man soll keine mythologischen Romane schreiben.

In der Gattung des historischen Künstlerromans ragt W. Kirchbach's „Salvator Rosa" hervor.

Das neue von mir begründete Genre der Kriegsnovelle, deren erste Keime F. Pflug (ein von der seichten Berliner Literatenbande herabgedrückter

Autor) mit geübter Hand säte, wird später zu erwähnen sein.

Wenn der historische Roman überhaupt eine Zukunft haben soll, so muss er endlich das Alterthum
und Mittelalter im Rücken lassen. Mit der grossen
Revolution beginnt erst der Theil der Geschichte,
dessen Nachwirkung in uns Lebendigen nachzittert.

Unsre gesund realistische Zeit verlangt vom historischen Roman Richtigkeit des Costüms à outrance.
Die Folge davon ist die doppelte: dass ein Pseudo-
dichter durch Cultivirung des Costüms uns über die
Mängel seiner Afterpoesie wegzutäuschen versucht —
und dass andrerseits ein echter Dichter fortwährend
durch die selbstauferlegte Fessel dabei gehemmt wird.
Wie kann man einen Römer oder einen Kreuzfahrer
wirklich realistisch reden lassen — als Sohn der
Neuzeit? Und gelingt dies, so hat die unendliche
darauf verwendete Mühe vom rein Dichterischen ab-
gelenkt. Theoretisch kann ich daher dem historischen Roman keine Zukunft prophezeien. Eine
Dichtung hohen Ranges kann hier höchstens durch
bestimmte tendenziöse Zwecke erzeugt werden, indem
man z. B. die Probleme der grossen Revolution oder
die Strömungen der Befreiungskriege in Beziehung
zur Gegenwart setzt.

Aber eine Durchgangsstufe der Entwickelung ist
für den echten Volldichter die historische Betrachtung
unbedingt. Erst der wird den grossen Roman
der Gegenwart schreiben, der die Vergangenheit zugleich in seiner Phantasie umfasst
und so die Erscheinungsformen der Gegenwart richtig im innersten Wesen erkennt.

Die erotische Epik.

———

Unter diesem Namen begreife ich alle diejenigen Producte, in welchen das Geschlechtliche, sei es in verhüllter oder unverhüllter Form, als Dreh- und Angelpunkt der Dinge, als bestimmendes und einziges Motiv für Leben und Kunst sich breit macht.

Der berufenste Vertreter dieser Gattung ist Paul Heyse. So oft ich Gelegenheit nahm, gegen diesen Mann zu polemisiren, fällt es mir dennoch schwer, mein Urtheil an dieser Stelle erschöpfend zu begründen. Der Raum erlaubt mir nicht, umfassende Analyse seiner Schriften zu bieten.

Selbst enragirte Freunde dieses poetischen Dandy's und Frauenlobs können nicht umhin zu betonen, dass Heyse stets kühl überlegen über seinem Stoffe stehe, statt sich von ihm fortreissen zu lassen. Nichts ist mit innerer Ergriffenheit erfasst. Dieser Quecksilbernatur mangelt der germanisch-christliche Ernst; die erkünstelten ausgeklügelten Probleme verstecken ihre Hohlheit unter der Maske des sogenannten „Künstlerthums". Stets meidet Heyse die Tiefen der Seelenconflikte; anmuthig im Salonfrack führt er die Sünde spazieren und verweilt mit olympischem Behagen bei der schönen Sinnlichkeit. In dieser Poesie, welcher sich die hysterischen Hallucinationen eines Richard Voss anlehnen, ist der Begriff „Mann" nur ein Geschlechtsbegriff: Männliche Gefühle, mannhaftes Ringen nach höheren Zielen werden überall vermisst.

So ist Heyse ein ins Grosse gewachsener Clauren
geworden, indem er sein schleichendes Gift sentimen-
taler Lüsternheit in Krystallflaschen verabreichte.

„Unsittlich" nennt der Philister den derben Na-
5 turalismus und Cynismus, welcher oft die ernste Sitt-
lichkeit eines Aristophanes athmet. Diesen unsitt-
lichsten und schädlichsten Poeten der Neuzeit aber
lesen die Salondamen und höheren Töchter allerorten
als ein Andachtsbuch stiller Erbauung für ihre
10 schönen Seelen.

Ich möchte von Heyse sagen, was man über Karl II.
Stuart urtheilte: „Er sprach nie ein unschönes Wort
und that nie eine schöne That." Das soll heissen:
Nie hat H. eine Zeile geschrieben, die nicht talent-
15 voll und von glatter künstlerischer Meisselung gewesen
wäre, und nie ein Werk (vielleicht „L'Arrabiata"
ausgenommen) geschaffen, das einen erhebenden und
sittlichen Eindruck auf das Gemüth übte.

Heyse beherrscht die Form wie Wenige. Was
20 aber seine erotische Auffassung anbelangt, so wirkt
dieselbe ebenso unwahr wie sie einseitig ist. Das
Erotische mag als geheime Spiralfeder der Dinge
angesehen werden, gewiss, und es soll der Schilderung desselben voller Spielraum gelassen sein
25 — nur darf diese nicht alle andern Motive über-
wuchern. Es scheint charakteristisch, dass der Weltdichter, der sich des Don-Juan-Motivs bemächtigte,
Lord Byron — doch wahrhaftig ein Meister der Erotik — in seinem Weltepos von tausend andern Dingen
30 neben der Liebe zu berichten weiss. Derselbe erfand
sich für das Kain-Problem die Gestalt der Adah, des
ersten liebenden Weibes; er hielt dies für nöthig, um
durch allgemein Menschliches das Metaphysische
zu beleben. Aber ebenso wusste er im „Sardanapal",
35 einem doch direct zum Erotischen verlockenden Stoffe,
die Liebe (Myrrha) zum Erhabenen zu steigern, indem
er dies schlichte Einzelgefühl mit den grossen Fragen
des Schicksals verknüpfte.

Es sind dies Mysterien, dem grossen Dichter eingeboren, vor welchen ein Heyse stets rathlos stehen
bleiben wird. Und was für Erotik bietet er uns denn
in seiner kleinen Welt kleiner Menschen und kleiner
5 Gefühle! Sinnliche Sentimentalität und sentimentale
Sinnlichkeit — weder die hohe ideale Liebe noch die
entfesselte sinnliche Leidenschaft, weder Venus Urania
noch die wahre Venus Vulgivaga! Die idealistische
wie die realistische Richtung muss die Heyse'sche
10 Manier in gleicher Weise verdammen.

Das Verhältniss der letzteren zu Heyse (ich rede
hier vom echten Realismus) möchte ich folgender-
massen illustriren. Wenn Heyse das Problem behandeln würde, wie ein Officier ein nicht standes-
15 gemässes oder bemakeltes Mädchen liebt, sie heirathen
will und nicht kann — so möchte er uns zwar die
Liebesschmerzen des Herrn (wenn auch möglichst
unrealistisch) vortragen. Von den correspondirenden
gleich starken Gefühlen des Kastenthums, Standes-
20 bewusstseins, Ehrgefühls und den zum·Verständniss
durchaus erforderlichen militairischen Scenerie-Details
des Stoffes würden wir aber blutwenig erfahren. Nur
so aber könnte das Motiv in voller Schärfe sich her-
ausheben, nur so realistisch dem Leben entsprechen.
25 Denn der Mensch lebt nicht alle Stunden von Liebe,
sondern hauptsächlich von seinem Beruf und dessen
Pflichten. Toujours perdrix, immer Liebe — das ver-
dirbt den Magen.

Die Nachtreter des „vornehmen" Heyse über-
30 gehe ich.

So z. B. die verworrenen stickigen Dickichte der
müden Morphium-Poesie des pseudo-genialen Scherbensuchers Richard Voss, der den Mund mit Sonne,
Mond und Sternen vollnimmt und sich malerisch mit
35 schwarzem Mantel vor dem verehrlichen Publico auf·
pflanzt, statt mit dem Teleskop der Wahrheit über
die Abgründe zur Spitze hinanzuklimmen und den
Sternen wirklich näher zu kommen „Alles voll Un-

natur, saurer Rahm von Kanthariden." (Lord Byron
über Lewis.)

Hierher gehören aber auch Autoren von hoher
Begabung, wie Storm und Keller — Beide bei
5 weitem überschätzt. In Bezug auf Ersteren hebt dies
schon Franz Hirsch sehr richtig hervor. Es ist meisterhafte Kleinmalerei, nicht ohne verschnörkelte Manierirtheit — weiter nichts. Keller ist allerdings durchaus
Originalpoet. In seinen Werken leuchten Natur und
10 Wahrheit hervor. Er weiss die menschliche Seele
conventioneller Enthüllung zu entkleiden und packt
oft gewaltig unser Herz. Grosse Conflikte und
Leidenschaften stehn ihm dagegen fern. Auch entspricht seiner wohlgefeilten Sprache nicht die künst-
15 lerische Ausfeilung der Composition. Jedenfalls aber
ist auch er Kleinmaler von episodischer, nicht epischer Auffassung. Auch bei ihm sind nicht historische oder sociale oder tief psychologische Probleme.
sondern alleinzig „Liebesleid und Liebeslust" das
20 treibende Moment.

Nicht minder gilt dies von Spielhagen, der seine
sensationellen Romane (sensationel novels nennt man
in England eine eigenthümliche Spezies, für die wir
keine ähnliche Bezeichnung haben) sehr geschickt
25 mit den Phrasen der Zeitfragen drapirt, aber nicht
über die innere Haltlosigkeit derselben zu täuschen
vermag. Seine blendende Sprache, seine ästhetische
Geistreichigkeit verkennen wir ebensowenig wie die
grosse Lebendigkeit seiner Fabulirung. Auch legen
30 wir kein Hauptgewicht auf die tendenziös gefärbte
Darstellung gewisser Gesellschaftsschichten, auf die
Unwahrheit der Charakterzeichnung, auf die Manierirtheit und uniforme Monotonie der immer wieder-
holten Lieblingsfiguren und Lieblingsconflikte, auf
35 das an Colportage-Romane streifende Hantiren mit
Geheimnissen und „spannenden" Effekten. Der kolos-
salen Ueberschätzung Spielhagen's, welcher sein eigenes
Selbstbewusstsein in seinen kritisch-theoretischen Er-

örterungen wohlthuend entspricht, ziemte es aber einen Damm zu setzen, obwohl die Zukunft dies ohnehin besorgen wird. In diesen Werken nämlich ist von einer tieferen Auffassung des modernen Lebens keine Spur zu entdecken: es ist alles unrealistisch und obendrein vom Standpunkt der „Gesellschaft" aus angeschaut, nicht etwa darüber stehend, sondern ganz wesentlich mit ihr lebend, ihre kleinlichen Neigungen und Interessen theilend. Wie ergötzlich wirkt es, diesen parfümduftenden Salon-Romanzier gegen den Adel deklamiren und vom „Volke" predigen zu hören, während seine Ehrfurcht und Sympathie für das Aristokratische so weit geht, dass seine Lieblingshelden sich am Schluss, nach Enthüllung des Colportagegeheimnisses, als adlige Bankerte entpuppen! Man sollte meinen, dass ihm gerade deswegen die Gestalt Lasalle's (Leo in „In Reih und Glied") ganz besonders gut gelungen sein müsste, weil das elegante Mirabeau als ein ähnlicher Fanfaronneur demokratischer Schablonenphrasen erscheint. Aber es fehlt Spielhagen doch das congeniale Element, um das Dämonische im Wesen Lasalle's, und zugleich der scharfe satirische Blick, um das Lächerliche dieses Rakowitza-Grachus zu begreifen.

Es sind überall Ansätze in Spielhagen's Versuchen, einer wichtigen Aufgabe gerecht zu werden. Aber seine dichterische Kraft ist in keiner Weise ausreichend. Weinerliche Rührseligkeit und weibische Zerrissenheit geben sich bei ihm für den grossen Weltschmerz des Jahrhunderts aus. Seine glänzende Begabung ermangelt durchaus der Tiefe. Er ist so der rechte Leibautor der Berliner Fortschrittspartei, der geistvollen Klugredner und Raisonneure, die nebenbei in Devotion vor der conventionellen Philistergesellschaft ersterben.

Dennoch möchte ich nicht missverstanden werden: Mir ist Spielhagen in gewisser Hinsicht, so sonderbar dies nach meinen scharfen Auslassungen erscheinen

mag, der sympathischeste unter den berühmten Er-
zählern des Tages. Denn er will wenigstens etwas
oder vielmehr er wollte — denn all seine späteren
Romane bleiben weit hinter dem Streben seiner ersten
5 Periode zurück. Er ist immerhin der Einzige, der
die einförmige Erotik ein wenig durch grössere Conflikte belebte, obwohl bei ihm die Ideen nur kokettes
Spielzeug, die Erotik des Pudels Kern ist. Bezüglich
der letzteren zeigt er wenigstens eine kräftigere Lunge
10 als der graziöse Heyse, aber ist ebenso unoriginell in
seinen Motiven, die sich ewig wiederholen.

Uebrigens verdankt Spielhagen das eigentlich
Auffällige seiner Erscheinung, die kecke Behandlung
der Tagesfragen, allein dem alten Gutzkow, ohne
15 den er nicht wohl denkbar wäre, und seine Schilderungen der Aristokratie sind längst von Max Waldau
ihm vorgekäut, der zudem die viel intimere Kenntniss
seiner Standesgenossen vor dem Dichter der adligen
Bankerte voraus hat.

20   Da wir einmal bei der Erotik sind, so sei hier Hamerling's Epik in gebundener Rede gedacht, welche den blasirten
Gaumen durch Wollüstelei der Situationen reizt. Weniger
gut berechnet scheint der ungereimte Jambus im „Ahasver".
Schon der alte Jonson urtheilte mit Recht über Milton: „Sein
25 Blankvers ist meisterhaft, aber wer wünschte nicht, er hätte
statt dessen Reimverse geschrieben?" Stedman nennt in seinen
„Victorian Poets" den Jambus geistreich das Staatsgewand
eines Poeten und den Maskendomino eines Poetasters. Am
unbehülflichsten handhabt H. seine Jamben in „Danton
30 und Robespierre", in welchem geistvollen Drama Prosa und
Blankvers abwechseln. H. ist ein farbentrunkener Colorist,
der auch in der Composition sich oft zu grossartiger Con-
ception erhebt. Aber die einseitige Sinnlichkeit seiner Dichtungen, das ewige Messalinische Bachantenthum, vergiftet
35 seine Poesie und lässt einen reinen künstlerischen Genuss nicht
aufkommen.

Der Realismus.

Unter diesem Namen versteht man diejenige Richtung der Kunst, welche allem Wolkenkukuksheim entsagt und den Boden der Realität bei Wiederspiegelung des Lebens möglichst innehält.

Von einer „Realistischen Schule". wovon auch Hirsch fabelt, ohne klare Begriffe damit zu verbinden, kann bei uns noch gar keine Rede sein. Ich hätte es auch gern gesehn, wenn Hirsch es unterlassen hätte, allerlei Nullen als „Realisten" anzuführen — nächstens werden Kotzebu und Birch-Pfeiffer wohl Ehrensäulen im Tempel der realistischen Zukunftsliteratur beanspruchen! Ein Literarhistoriker hat mit seinem Schiller zu denken:

> „Den lauten Markt mag Momus unterhalten,
> Ein edler Sinn liebt edlere Gestalten."

Die wirklichen Realisten zerfallen in mehrere Klassen.

Die erste ist diejenige der Naturalisten. Es sind dies oft unreife Jünglinge, welche glauben, das Wesen des Realismus bestehe darin, gemeine Situationen und Conflikte zu pflegen. Ich enthalte mich hier der Beispiele. Wenn z. B. der Salon-Promethide Voss ein Cabinetsstück der Lüderlichkeit „Von der Gasse" leistet, so hält er diese auf einem Misthaufen gefundene „Scherbe" (2. Auflage) für „realistisch". Guten Appetit! —

Die zweite Klasse glaubt die Wiedergabe des Platten und Alltäglichen als Kunstprinzip aufstellen zu müssen. Es sind dies die Niederländer, die

Genremaler des Realismus. Diese Spezies hat jedoch einen geradezu klassischen Vertreter gefunden, der allerdings ursprünglich nur zu den sogenannten Humoristen, Schule Reuter und Rabe.
5 gehörte. Hermann Heiberg hat es mit Geschick verstanden, seine interessante Persönlichkeit rasch in den Vordergrund des Interesses zu stellen. Heiberg ist ein Dichter; er beweist dies durch sein tiefes Naturgefühl, das sich in ebenso feingedachten als
10 schlicht gezeichneten Landschaftsbildern ausspricht. Das lyrische Element lebt mächtig in ihm, verleitet ihn aber oft zu zerflossener Sentimentalität. Er ist ferner ein Künstler realistischen Stils, der seine anfängliche Neigung zum Barocken überwunden hat.

15 In erster Linie Beobachter, scheint Entwickelung von verschlungenen Herzensproblemen seine Specialdomäne. Hingegen mangelt es ihm an Phantasie, wodurch eine gewisse Langeweile seiner Fabeln erzeugt wird. Vor allem aber verlockt ihn seine Gleich-
20 gültigkeit gegen reflective Auffassung der Dinge und sein Behagen am Kleinen, sich in's Kleinliche zu verlieren. „Wahrheit und Einfachheit" hat er auf sein Panier geschrieben; aber die Wahrheit ist oft trivial und das Einfache oft unpoetisch. Gleichwohl hat er
25 sich in der Entwickelung der Literatur als ein Bahnbrecher einen festen Platz gesichert. Sein neuster Roman „Eine vornehme Frau" bezeichnet die Krone seines Könnens, wie denn der goldreine Styl von tadelloser Vollendung ein passendes Gewand der muster-
30 haft klaren durchsichtigen Darstellung bildet.

Heiberg kann nämlich sehen, was sehr viel sagen will. Das heisst, seine sensualistische Natur setzt sich in steten Contact zum realen Leben: ein Caviarbrödchen und die Venus von Medicis werden von ihm
35 mit gleich liebevoller Sorgfalt genossen. Aber einen Aufschwung zum eigentlich Ideellen, das bei äusserster Realistik dennoch nie am Stoffe kleben bleibt, sondern die Materie durch überlegene Idealität vergeistigt —

nur dies darf man bei Heiberg nicht suchen. Der
mit allen Fasern seines Wesens sich ans Reale fest-
saugende Weltmann ist oft ein Realist der Nüchternheit.

Der wirkliche Realist wird die Dinge erst recht
sub specie aeterni betrachten und je wahrer und krasser
er die Realität schildert, um so tiefer wird er in die
Geheimnisse jener wahren Romantik eindringen, welche
trotz alledem in den Erscheinungsformen des Lebens
schlummert.

Heiberg ist ein Meister des Genres, das zwar
immer nur — Genre bleibt. Seine virtuose Sehkraft
hat jedoch wesentlich dazu beigetragen, die Seh-
nerven realistischer Beobachtung zu schärfen.

Und das ist die Hauptsache. Nicht die sogenannte
„Wahrscheinlichkeit" der Fabel, welche ein Heiss-
sporn des Realismus, der alte Carlos von Gagern,
mit der Beharrlichkeit unproductiver Schablonenkritiker
forderte, ist von Nöthen — das Leben steckt ja voll
Unwahrscheinlichkeit! Zola und Maupassant leiden
ja selbst fortwährend an romantischen Anfällen.

Die Neue Poesie wird vielmehr darin bestehen,
Realismus und Romantik derartig zu verschmelzen,
dass die naturalistische Wahrheit der trockenen und
ausdruckslosen Photographie sich mit der künstlerischen Lebendigkeit idealer Composition verbindet.
Das Haupterforderniss des Realismus ist die Wahr-
haftigkeit des Lokaltons, der Erdgeruch der
Selbstbeobachtung, die dralle Gegenständlich-
keit des Ausdrucks. Nur der ist zum Realisten
tauglich, der die Gabe des technischen Sehens
und die Kraft, mechanische Dinge plastisch zu
modelliren, besitzt. Diese Gabe wird ihn dann auch
befähigen, die seelischen Vorgänge in ihren intimsten
Verschlingungen mit dem Mikroskop psychologischer
Forschung zu verfolgen und, wie ein beliebiges
mechanisches Geschehniss der Aussenwelt, mit sinnlich
greifbarer Gestaltung zu photographiren.

Der erste Theil dieser Forderung ist in hervor-

ragender Weise von M. G. Conrad im „Todtentanz
der Liebe" erfüllt, da hier der Lokalton des heimath-
lichen Münchens meisterlich getroffen wurde. Die
Werke Conrad's, vornehmlich auch die kritischen, sind
5 für die Entwickelung des Realismus epochemachend
in Bezug auf die brillante Technik der stilistischen
Behandlung. Conrad und Heiberg sind die zwei
Eckpfeiler der literarischen Zukunft.

Ein Realist im tieferen Sinne, so „idealistisch"
10 er sich gebärdet, ist auch Wolfgang Kirchbach.
Dieser machte den lobenswerthen Versuch, die Gegen-
sätze der deutschen Stämme in seinen „Kindern des
Reichs" zu markiren und die Herrlichkeit des neuen
Reiches sowie die Einflüsse der neuen Staatsentwicke-
15 lung auf den Geist des Volkes darzulegen. An dieser
übermächtigen Aufgabe erlahmte seine schöne Kraft
und es sind, statt realistischer Novellen, romantische
Phantasien herausgekommen. Auch hat der Autor so
viel in seine Personen hineingeheimnisst, dass diese
20 von redseligen Tiraden über ihre innere Bedeutung
überquellen und oft wie auf dem Sirius reden. Jede
Figur pflanzt sich vor uns auf: Ich bin dies und das
Symbol — worüber dann endlose Gespräche gepflogen
werden.

25 Dennoch aber sei gesagt, dass sich eine bedeutende realistische Anschauung in der Berliner Novelle documentirt und dass viele Momente eine
markige Schöpferkraft bethätigen, die nur noch
mit sich selber kämpft, indem das Streben nach
30 kräftiger Realität mit einem undichterischen Philo-
sophentriebe — welcher rein reflektirend, statt
empfindend, sich die Dinge zurecht construirt — im
Zwiste liegt.

Aber schon das grosse Wollen Kirchbach's
35 gereicht ihm zum Ruhme. Es ist ein Labsal, endlich wieder eine Schiller'sche Ader in der Literatur
zu entdecken, wie denn sein jüngst erschienenes
„Lebensbuch" Kirchbach als einen tiefgrübelnden

Denker zeigt. Als Dichter allerdings muss er sich von dem Reflexionselement losreissen, um Plastisches zu schaffen.

Eine berechtigte Spielart des Realismus ist die Ethnographische Erzählung, in welcher sich der Scharfblick des Realismus für nationale Eigenart erweisen soll.

Stammvater dieses Genres in Deutschland ist der Weltbummler Sealsfield, dessen Hirsch's Literaturgeschichte ebenfalls keine Erwähnung thut. In fremden Literaturen ist mir nur ein Werk bekannt, das mit ähnlicher objectiver Beobachtungsgabe den realistischen Blick für Völkerpsychologie ausgebildet zeigt: „Adventures of a younger son" von Trelawny, Byron's späterem Waffengefährten und angeblich — Balzac verschuldet diese Mythe — Modell des Byronischen „Corsair".

Dies Genre verlangt natürlich unbedingt eine gewisse Vielgereistheit und Weltkenntniss. Ich nenne „Daredjan" von Suttner, M. G. Conrad's lebensprühende espritfunkelnde Pariser Studien, G. Allan's rumänische Skizzen. Auch der vielgereiste Rosenthal-Bonin wirkt in dieser Richtung. Meine „Kraftkuren" verrathen deutlich den Zweck, den Gegensatz der Nationalitäten unter sich, die durch die modernen Verhältnisse einander nahe gerückt wurden, sowie den Gegensatz des Naturzustandes und der Hyperkultur zu definiren. Sie erheben sich hierdurch gedanklich über meine vorhergegangenen dichterisch viel bedeutenderen „Norwegischen Novellen", in denen einseitig das Normannenthum geschildert wird.

Mein „Dies Irae" inaugurirte ferner eine Spezialität des Realismus, indem ich dort das actuellste Ereigniss der Zeit, die Schlacht von Sedan, mit realistischer Technik anpackte. Aehnlich suchte ich in „Napoleon bei Leipzig" die mechanische und ideelle Thätigkeit des Feldherrn-Metiers realistisch zu analysiren. Für das Verhältniss Deutschlands und Frankreichs

dichterische Formeln zu schaffen, war mein geheimer
Wunsch bei meinen übrigen militärischen Gemälden
— so unvollkommen dies auch gelungen sein mag. —
Militärische Verhältnisse zu streifen und in seine
Erzählungen zu verweben liebt auch Gerhard von
Amyntor, der sich oft an starke Conflikte uner-
schrocken heranwagt. In seinem neuesten Roman
„Vom Buchstaben zum Geiste" hat der ritterliche
Mann jene humanen Tendenzen leuchtend ausgeprägt,
welche das Ergebniss seines Ringens nach Wahrheit
bieten.

An H. Heiberg, obwohl total verschieden in der
Vortragsweise, schliesst sich das Erstlingswerk eines
Autors an, der zu den berufenen Humoristen gezählt
werden darf. „Harte Köpfe" von Friedrich Lange
ist das reifste Product eines gesunden Realismus
niederer Ordnung. Ich sage ausdrücklich: niederer
Ordnung — denn um als schlechtweg „bedeutend"
zu erscheinen, müsste das vortreffliche Buch doch
etwas stärkere Leidenschaften und etwas höhere
Motive behandeln. Aber die Charaktere sind so wahr
gezeichnet, Ernst und Humor so urgesund und so
glücklich verschmolzen, der Grundgedanke von solcher Originalität, die Satire so fein und die Lösung
des Conflikts so rührend, dass ich nicht anstehe, dem
tüchtigen Werke einen Ehrenplatz anzuweisen.

Die sogenannten Naturalisten werden natürlich die Abwesenheit aller geschlechtlichen Probleme als ein arges Manko ansehen. Ich trenne
mich aber hier prinzipiell von dieser Auffassung. Der
Mensch besteht keineswegs nur aus Geschlechts-
gefühlen; es ist sogar zweifelhaft, ob die „Liebe"
wirklich die stärkste Leidenschaft bedeutet. Ich
möchte es stark bezweifeln. Neid, Hass, Ruhmsucht,
strebende Ehrgier, gemeine Eitelkeit, Geiz und Geld-
gier — sind genau ebenso starke Leidenschaften.
Freundschaft und Kameradschaft sind bei manchem
sogar mächtiger entwickelt; ferner sind religiöser

Fanatismus, Freiheitsliebe, Patriotismus, Philantropie u. s. w., also die rein idealen Regungen im Menschen besserer Art mindestens ebenso stark einwirkend. Es ist also evident unrealistisch, in der Poesie fortwährend auf der einen Saite herumzuharfen. Und doch bleibt die Thatsache bestehen, dass der Lesepöbel und die oberflächliche Aesthetik den Dichter einfach danach beurtheilen, wie er Liebesprobleme zu lösen weiss.

Es ist dies begreiflich, wenn wir bedenken, dass die unglückselige Literatur dazu verdammt ist, hauptsächlich für das schöne Geschlecht zu arbeiten. Aber es widerspricht gänzlich der Entwickelung jedes grossen Dichters. Ein Solcher schreibt mal in jugendlicher Erhitzung ein „Romeo und Julia", dann aber geht's aufwärts zum Hamlet, Macbeth, Lear. — Hier sind auch noch die Effektstücke eines Dichters zu nennen, dessen schillernde Vorzüge wir nicht verkennen wollen, obwohl vielleicht die Fehler, nicht die Tugenden seines aussergewöhnlichen Talents ihm seinen alles überstrahlenden äusseren Erfolg ermöglichten.

Ernst v. Wildenbruch zählt ganz entschieden zu den Realisten. Mochte man bei der ersten Novellensammlung darüber im Unklaren sein, seine „neuen Novellen" lassen jeden Zweifel schwinden. „Die heilige Frau" behandelt sogar ein realistisches Problem, das man von W. nicht erwarten sollte. Die virtuose Mache kann uns dabei freilich nicht über die Thatsache hinwegtäuschen, dass hier eine Collegin von Paula Erbswurst, eine Confectioneuse mit dem süssen Namen Hildegard, in blendenden Unschuldsfarben mit Fittichen als Engel erster Klasse gemalt ist. Vor dem eigentlich Realistischen schrickt W. noch zurück. Dagegen hat er einen schüchternen Griff in's Historische der Gegenwart gewagt, indem „Die Danaide" den deutsch-französischen Krieg zum Hintergrunde hat.

Uebrigens zeigt Wildenbruch in all seinen Novellen, obwohl die märchenhaften Fabeln oft an's Barocke streifen, eine Darstellungsgabe ersten Ranges und eine nicht überhitzte und gequälte, sondern ursprüngliche Leidenschaft. —

Die höchste Gattung des Realismus ist der sociale Roman. Hier nun leuchtet ein grossgedachtes Werk uns Allen vor, dessen sich, wie ich zuversichtlich glaube, die Nachwelt erinnern wird. Urwüchsig, ganz aus sich selbst heraus, fern von jeder Modeströmung hat ein Bahnbrecher den Berliner Roman geschaffen. Er verdient daher als Schöpfer des deutschen Realismus in Ehren gehalten zu werden.

Max Kretzer, der ebenbürtige Jünger Zola's, ist der Realist par excellence. Mit unwiderstehlicher Faust reisst dieser Dichter die Menschen sozusagen von der Strasse weg und schleudert sie in das furchtbare Gewühl seines dämonischen Todtentanzes hinein — so das wir rufen: Ja, das sind Menschen, leider, leider! Und trotz des grauenhaften Pessimismus, der Kretzer's Werke durchzieht, aber in seinem mannhaften Grimm nichts mit weibischer Weltschmerzelei zu thun hat, findet der Dichter würdevolle Worte der Versöhnung, wenn er die Macht der heiligen allüberwindenden Liebe feiert.

Allerdings bricht eine dumpfe unheimliche Wuth gegen die bestehende Gesellschaft manchmal schreckenerregend hervor. Die ganze socialpolitische Gährung, welche den Boden unsrer Zeit erschüttert, hat an Kretzer's Poesie mitgearbeitet. So müssen denn die lauernden Raubthierinstinkte des vierten Standes hier ebenso ihren Ausdruck finden, wie das heroische Ringen desselben gegen die Noth.

Aber über dem allen schwebt des Dichters reiches Gemüth und weiss im Schlamm noch so manches Goldkorn zu entdecken.

All dieses gilt freilich in voller Anwendung nur für „Die Verkommenen", da trotz herrlicher Einzel-

heiten die übrigen Romane nicht entfernt auf gleicher
Höhe stehen. Kretzer kann oft seine Perioden nicht
künstlerisch überschauen, wohl aber überschaut er mit
gewaltigem Blick das Leben. Er ringt noch mit der
5 Sprache; seine Sätze enthalten, wenn man sie näher
durch die Loupe betrachtet, oft etwas Verrenktes und
Incorrektes; er beherrscht nicht immer die deutsche
Grammatik, wohl aber das Herz der Zeit. Er ist ein
Vollmensch seiner Epoche. Und die Nachwelt wird
10 von den Andern viel schöne Bücher erhalten — für
ihre Bibliotheken; aber der Mensch wird leben. Noch
unsre Enkel, ich hoffe und weiss es, werden den
wildgenialen Schluss der „Verkommenen" mit schauern-
der Erschütterung lesen und — begreifen, wenn all
15 die Modehelden todt und vergessen sind. Bleiben wird
der knorrige brutale Realist, mit dem die Idee der
Zukunft dröhnend dahinschreitet. Denn eine solche
Kraft der Seelenmalerei, eine solche Tiefe der
Charakterzeichnung, eine solche Gewalt der Leiden-
20 schaft, eine solche rücksichtslose Energie und Unerschrockenheit im dichterischen Anpacken der furcht-
barsten Leiden und Sünden, eine solche Shakespeare'sche
Wucht der Tragik ist in der deutschen Literatur
noch nicht dagewesen.

25 Würde nach dem Grundsatz: Eins ist noth (d. h.
Wahrheit und Grösse) verfahren, so möchte ich nicht
anstehen, Kretzer unter die grossen Dichter zu
rechnen. Man lese „Die Verkommenen" nach Zola's
Germinal — Kretzer kann die Probe aushalten! Ich
30 erkläre ausdrücklich, dass meiner Ansicht nach Dickens
in manchen dichterischen und ethischen Kategorien
von Kretzer überholt und dass in dem kommenden
Roman des Autors „Drei Weiber" eine objective
Sicherheit der Satire erreicht ist, wie sie Thakeray
35 selten bekundet — eine eherne Ruhe der Menschen-
beobachtung, der ich meine tiefste Bewunderung zolle.

Auch in der neusten (stilistisch wieder recht
flüchtigen) Novellensammlung „Im Riesennest" findet

sich manches Rührende à la Andersen und auch
manches Schneidige. So z. B. die meisterhafte Satire
„Sie liebt die Kinder", worin ein Typus unserer
literarischen Demimonde gegeisselt wird — ob
5 nach bestimmtem Modell oder nicht, sei dahingestellt.

Mögen die hochweisen Thoren, die nüchtern
äusserlichen Formmenschen, meine oft betonte Kretzer-
Schwärmerei belächeln — ich verlasse mich getrost
auf die grosse Richterin, die Zeit.

10 Dieser Riese, der sich thurmhoch über all das
Modegewäsch der „Künstler", Talmidichter und
Reclameberühmtheiten erhebt, steht allein.

Abseit und alleinstehend wie er, hat ein Anderer,
wenn auch in anderer Gewandung und nach anderer
15 Entwickelung, sich ähnlich zum dichterischen Realismus durchzuringen versucht.

Von meinem Präludium, dem Roman „Der
Traum," — in welchem eines echten Dichters (Lord
Byron) Entwickelung im Kampf mit der Welt, bis
20 zu völliger Welt- und Selbstüberwindung durch den
Schmerz geschildert wird — bis zu „Schlechte Gesellschaft" — worin die Hochzeit der ewig alten ewig
jungen Romantik mit dem jungen Titanen Realismus
angestrebt wird — dürfte auch mein Wirken als eine
25 Keimzelle der Zukunftsliteratur gelten.

Als hervorragender Realist muss auch Th. Fontane genannt werden, welcher Ansätze zur Berliner
Gesellschaftsnovelle gab. Geistvoll und reif gedacht,
weht uns aus diesen Erzeugnissen doch eine gewisse
30 Nüchternheit und Kälte, sowie ein leiser Beigeschmack
Altberlinischer Frivolität, peinlich an. Aber die Novellen sind reich an feinsten Einzelheiten und das
treffliche Lokalkolorit zeigt die scharfe Beobachtung
des kritischen Altberliners. An ihn wäre als
35 geistig Verwandter Rudolf Lindau anzuschliessen.
welcher sich ebenfalls auf den Salon in seiner Lebens-
erfahrung beschränkt.

Einen sehr gemischten Eindruck empfangen wir

von den eigenartigen Versuchen Oscar Weltens, in denen eine Eichendorf'sche Hyperromantik und derber Naturalismus sich vermengen. Doch lässt sich das originelle Wollen und das tüchtige stilistische Können des Autors nicht verkennen.

Fritz Mauthner's Produktionen schliessen sich ebenfalls der Gattung des Realismus an und bekunden jene ätzende Satire, durch welche sich dieser Autor gefürchtet machte.

Auch eine Schriftstellerin möchte ich hier mit besonderem Nachdruck hervorheben, welche sich weit über die grossgeschriene W von Hillern erhebt: O. Berkamp, deren „Karyathiden" eine stürmische Leidenschaft und Gestaltungskraft verrathen.

Wenn die Letzteren nicht eigentlich als Dichter zu betrachten sind, so bringt Hermann Friedrichs seine dichterische Begabung als Lyriker mit, um in Stimmungsmalerei manchen hübschen Zug zu entfalten. Auch der wohlgefeilte Stil ist zu loben. Doch hat sich der Autor in so krasse und hässliche Situationen und Conflicte verstrickt, dass ein bedenklicher Hautgout darin an Colportage-Romane erinnert. — Phantasiereich und dem Realismus nicht abhold zeigt sich ferner R. Elcho in seinen Erzählungen.

Dies Kapitel würde unvollständig sein, wenn ich nicht zum Schlusse noch einen der interessantesten Vertreter des Realismus würdigte, der nach und nach ganz zum Gebiet des Rein-Erotischen herabsank und sich auf die schlimmsten Wege talentloser Pornographie verirrte. Sacher Masoch hat in manchen seiner Schöpfungen Meisterwerke voll Gluth und packender Kraft geliefert, die zu seinen späteren Pelz-Venussen einen erschreckenden Gegensatz bilden. Umgekehrt hat K. E. Franzos sich aus der Tendenz- und Sensationsmacherei seiner Anfänge in seinen späteren Werken zu ernster gediegener Arbeit erhoben. Die vielseitig begabten Herrn Hopfen, Rosegger, Ganghofer sind leider einer Manierirtheit verfallen, welcher selbst der hochbedeutende Anzengruber nicht immer entging.

Als ein nicht hoch genug zu schätzender Noth-helfer der neuen Literatur sei endlich Berthold Auerbach gefeiert, mit dessen eminenter Bedeutend-heit als Mensch und Denker zwar die dichterisch-künstlerische nicht immer Schritt hielt, in dessen Werken aber überall jene vulkanische Flamme ele-mentarer Schöpferkraft emporlodert, welche bei seinen Rivalen nur zu oft vermisst wird. Sein „Diethelm von Buchenberg" und ähnliche Arbeiten sichern ihm die Unsterblichkeit. Das ist echter und wahrer Realismus.

Und nun möge für diese Uebersicht des Realis-mus die Mahnung des Altmeisters als Motto gelten:

La morale est qu'il faut travailler et laisser passer la bêtise du monde . . Allons, criez, mordez, salissez, vous ne travaillez qu'à vous rendre ridicules et mé-prisables pour nos petitfils.   Zola.

Das Drama.

Ich kann mich hier, kurz fassen. Die moderne
Bühne hat mit der Poesie nichts mehr zu thun. Ich
kenne nur wenige ernst zu nehmende Dramatiker.
5   Man preist da öfters den „Grachus" von Wilbrandt. Ichkann mich diesem Urtheil nicht anschliessen.
Absehen will ich davon, dass der Geschichte wohl noch
nie derartig Gewalt angethan ist wie in der Scipio-
Episode: Das übersteigt jede Licenz des Dramatikers!
10 Berühmte Männer, die lange vorher todt sind, in eine
historische Aktion verpflanzen und zum Träger der
Katastrophe machen — so etwas ist noch nicht
dagewesen. Aber diese nonchalante Umgehung des
Historischen hat noch weitere Folgen, die naturgemäss
15 daraus erwachsen. Denn ist denn alles Uebrige
viel historischer? Ist das ein Grachus, der grosse Revolutionär des Alterthums? Das ist ein launisch tob-
süchtiges Bübchen, das seinen Bruder rächen will.
Wo ist auch nur eine Spur von den gewaltigen Ideen
20 des genialen Jünglings in diesem Theaterstück zu entdecken? Und die Abwesenheit jedes erotischen Motivs
erhöht noch die Monotonie der Handlung. Das ist
ein sogenanntes Römerstück voll langweiliger Staatsactionen, seinem Wesen nach frei nach Shakespeare
25 zusammengekleistert. Aber wie! Welch matte Volks-
scenen, welcher Abklatsch vom Coriolan, dieser Scipio
u. s. w.! Die Inscenirung thut hier Alles. Ueberhaupt
— historische Tamtamstücke mit brillanter Ausstattung

wirken immer. Das ist kein Verdienst des Dichters,
sondern des Regisseurs.

Ganz anders urtheile ich über Wildenbruch. Mag
man den Mangel feinerer Charakterisirung bedauern
— so gar grob die Gestalten auch hingehauen, es ist
doch ein Kernholz, aus dem der Dichter schneidet.
Mag man die schwulstige, alle Schnörkel des Shakespeare'schen Euphuismus nachäffende, Jambensprache
belächeln — auch diese Sprache ist voll dramatischer
Verve. Und eins vor allen sei nicht verkannt: dass
ein dramatischer Nerv diese Stücke mit vibriren-
der Lebendigkeit bewegt, wie es seit Kleist's
Hermannsschlacht der deutschen Bühne nicht
beschieden war.

In rein technischer Hinsicht verdienen hier wohl
„Die Karolinger" den Preis. obwohl die Hauptfigur
an einen Pappe-Bösewicht der Schauerromantik be-
denklich gemahnt. Kräftig setzt auch „Väter und
Söhne" ein, um sich aber, in unkünstlerischer Weise
durch einen breiten Zeitunterschied in der Mitte gebrochen, später zu verflüchtigen.

Im „Harold" wird das herrliche Motiv (bewusster
Meineid eines Helden, um sein Vaterland zu retten)
verschleudert und statt der historisch gegebenen Figur
der geraubten Nonne Edith Schwanenhals eine triviale
Max- und Theklaaffaire eingefügt.

Im „Christof Marlow" hat W. dagegen zum ersten
Mal einen tiefgehenden genial erfassten Seelenconflikt
mit dem ihm eigenen kraftvollen Nachdruck durchgeführt. Allerdings war der Stoff bereits von Tiek
gegeben, insofern es sich um die Gegenüberstellung
des krampfhaft gespreizten Talents und des naiven
Genies handelt.

Aber, alle Vorzüge W.'s zugestanden, soll dies
etwa das historische Drama grossen Stiles sein?
Nimmermehr, wem will man das einreden! „Die
Karolinger"! Wer sollte da nicht an den Vertrag
von Verdun, an die Scheidung der Racen u. s. w.

denken! Statt dessen bekommen wir eine ganz gewöhnliche Ehebruchsgeschichte, ohne alle historischen Motive höheren Stils. Von Verkörperung des sächsischen und normännischen Typus merkt man im "Harold" erst recht nichts. Hingegen erhebt sich der "Menonit" hoch über diese Kothurnstücke. Alles in Allem, bleibt W. genau so ein episodischer Dramatiker, wie die Andern episodische Erzähler sind. Doch wird seine männliche Art Jedem aufrichtige Achtung abnöthigen.

Was W. mangelt, das besitzt Hans Herrig in vollem Masse. Hätte ihm die Natur W's. derbrauhe Kraft und militärisch stramme Dramatik verliehen, so würde er der bedeutendste Vertreter des "klassischen" Genres in unseren Tagen sein. Aber er ist ein Lyriker und Didaktiker in dramatischer Form — über diesen Grundfehler kann uns der Reichthum des gedanklichen und poetischen Gehalts in seinen Werken nicht hinwegtäuschen. Ein sozusagen melodramatisches Element überwiegt, wie er denn in seinem "Lutherfestspiel" die alten Mysterienspiele als neue Gattung des Volksschauspiels literaturfähig gemacht hat.

So finden sich in den Schöpfungen dieses Neuromantikers hervorragende Schönheiten; die Totalwirkung aber versagt trotz der wohlabgerundeten Composition, weil Conflikte und Gestalten nur der historischen Idee, nicht der dramatischen Handlung und psychologischen Entwickelung halber entstanden sind. Hier haben wir nun die historische Anschauung auf breiter Basis, hier haben wir Ideen und Poesie — leider nur kein Drama! Das fortreissend Dramatische blieb Herrig versagt. Doch dürfte er in seiner Art sicher keine Concurrenten besitzen. Denn ein so bedeutender Mensch von so tiefer ästhetischer Durchbildung, ebenso reich an umfassendem Wissen wie an selbstständigem Denken, pflegt sich nicht häufig zu finden.

Im Uebrigen muss ich ehrlich bekennen, dass ich

an die verborgene Existenz manches geschickten Thea-
tralikers in Deutschland glaube. Wer kann denn das
irgendwie controlliren! Den Triumphzug durch alle
Manuscriptarchive der Bühnen, diese staubigen Kata-
komben so manches in der Blüthe geknickten Talents,
wird doch sicher schon manches beachtenswerthe
Drama gewandert sein.

Da aber bekanntermassen nur die niedrigsten
Motive für die moderne Claquenbühne massgebend
sind, so wird sich schlechterdings nicht nachweisen
lassen, ob denn der Mangel an dramatischen Talenten
wirklich so trostlos sei, wie leichthin angenommen
wird. Ich glaube es nicht. —

Betreffs meines jüngsten Dramas „Schicksal" bemerke ich, dass es den grossen historischen Stil und
die Eleganz der Salon-Komödie in gewissem Sinne zu
vereinigen strebt. Aehnlich „Byron's letzte Liebe" u. s. w.

Man sagt mir, dass neuerdings einige Herren vom
jüngsten Deutschland sich dem socialen Drama zu-
wenden wollen. Das Wunder hör ich wohl, allein
mir fehlt der Glaube. Doch ist von den Gebrüdern
Hart vielleicht noch Grosses zu erwarten.

Lobenswerth sind noch die Versuche der Herren
Hans Blum und W. Henzen im historischen Schauspiel. Der Letztere hat im „Hutten" die fast im Leben jedes Dichters wiederkehrenden drei Liebesleiden-
schaften zur Phryne, zum Käthchen, zur Madonna
in geistvoller Weise entwickelt. Als Muster eines
historischen Lustspiels sei Gottschall's „Pitt und
Fox" hervorgehoben.

Ein hervorragender Dramatiker ist uns in H.
Bulthaupt erstanden. Leider fehlt der Raum, ihn
hier zu würdigen. Ebenso möchte ich die talentvollen Coulissenreissereien des „müden Mannes"
Richard Voss, besonders die moralische Verstop-
fung des „Zaren-Mohren", dessen titanischer Weltekel auf mulattische Gelüste hinausläuft, hier nicht

eingehend beleuchten. Denn, um mit den schalk-
haften Schlussworten des erwähnten Opus zu reden:
„Die Kuh frisst Gras!" Ja, sie frisst Gras und wird
ewig Gras fressen und das ist die Hauptsache. Der

---

5   Hoch zu rühmen sind noch die Dramen Detlev v. Liliencron's. „Knut der Herr" ist bis auf den 5. Akt trefflich
componirt und von vollblütiger Kraft der Schilderung. „Die
Pogwisch und Rantzau" steht noch darüber in Bezug auf
Gluth des Colorits und sprühende Lebendigkeit der Handlung.
10 Leider fehlt beiden Dramen der eigentliche concentrische
und concentrirte Conflikt. Der dramatische Impuls erinnert
an Wildenbruch, an Poesie und Sprache stehen Liliencron's Dramen sogar viel höher — aber das wichtigste Erforderniss des Dramatikers, Wahl einer einheitlichen
15 dramatischen Handlung und straffe Spannung des
Conflikts, erfüllt Wildenbruch in einem so seltenen Masse,
dass wir ihn schon deswegen den bedeutendsten der wir-
kenden Dramatiker nennen müssen. Uebrigens hat
Liliencron in seinem neusten Drama „Trifels und Palermo"
20 noch einen Schritt vorwärts gethan, obschon er auch in dieser
— durch meinen Roman „Der Nibelungen Noth" inspirirten —
Dichtung mehr blendende theatralische und coloristische, als
eigentlich dramatische Wirkungen erzielt. Dafür hat er aber
diesmal einen Stoff von allgemeinem Interesse erfasst, und
25 mit sicherem Griff gestaltet.
    Der Curiosität halber berühre ich hier noch die Fabrikate
der Herrn Lindau, Blumenthal u. s. w. Ersterer ist mir mit seiner
feuilletonistischen Leichtigkeit immer noch der liebste. Blumenthal's espritvolle Machwerke gleichen hingegen tristen Sumpf-
30 haiden, über welche unablässig die Irrlichter des bekannten
schnoddrigen Witzes hinzucken. Von Vertiefung eines Charakters oder Conflikts kann dabei keine Rede sein. Eine in
geistreiche Witzduelle aufgelöste Moseriade mit aufgesetzten
Effektlichtern — voilà tout, der neue Messias der „modernen
35 Komödie"! O Sardou, o Augier, o selbst Meilhac und
Labiche!

        Der „Probepfeil" ward abgeschossen,
        Die „Grossen Glocken" Bimbam schrie'n.
        Doch als „Ein Tropfen Gift" genossen,
40   In „Sammt und Seide" begrub man ihn.

    Es geschehn aber noch Zeichen und Wunder. Blumen-
thal fällt und L'Arronge steigt zu ungeahnter Höhe empor

Erfolg entscheidet — und man ist unsterblich —
so lange man lebt. „Die Kuh frisst Gras".

Mit dem „Wunder" hat's seine volle Richtigkeit. „Die Lo-
relei" gehört zweifellos zu dem Bedeutendsten, was die
5 neudeutsche Dramatik gezeitigt hat — trotz der Grethchen-
Apotheose und des Chorus mysticus am Schluss.

Aehnlich möchte ich auch noch die tüchtigen Dramen
des auch als Lyriker schätzbaren J. Grosse anführen. Uebrigens möchte ich zum Schluss betonen, dass ich natürlich
10 nicht das Kraftmensch-Drama, in welchem nützliches Blech
in Gestalt von Ritterrüstungen mit Jambenskeletten drin vor-
gerasselt wird, befürworten will. Ein sociales Drama aus
unsrer Zeit wäre ja gewiss ein Ziel, aufs innigste zu wünschen. Aber wem wird dieser kühne Wurf gelingen?

15 Und wenn nicht nur das „Sedan" von Heinrich Hart,
sondern sogar die neuen Stücke von Wildenbruch und Bulthaupt (des Letzteren „Eine neue Welt" ist ein Gemälde von
düsterer Pracht und mächtiger Composition) wegen politischer
Bedenken nicht zur Aufführung gelangen — wie sollte je für
20 noch tiefer in's öffentliche Leben einschneidende Stoffe eine
freundliche Aufnahme gesichert werden!

Die Lyrik.

Auffallend genug, aber es ist so: In unsrer eminent unlyrischen Zeit, wo man vor allem das Aufblühen des Dramatischen erwarten sollte, hat sich der Rest von Poesie, der noch in der geistigen Luft herumflattert, grade der Lyrik zugewandt.

In seiner Darstellung der neueren Lyrik nun hat der sonst so unpartheiliche Hirsch eine Reihe vulgärer Stümper genannt und mehrere Namen ersten Ranges ganz fortgeschwiegen. Unter „Droste-Hülshof" finden wir allen Ernstes in der Namensrubrik eine gewisse „Therese, geb. v. Droste-Hülshof" verzeichnet. welche als „Frau Professor Dahn" ihrem Gatten bei Balladenverfertigung hilft. Der grösste deutsche Dichter seit Heine, Annette von Droste, wird einmal nebenbei erwähnt!! — Ich bin kein Verehrer von Martin Greif, der einen missverstandenen Goethe copirt; aber ganz fehlen darf er doch nicht! Auch O. v. Redwitz als Dichter des „Odilo" musste mehr Beachtung finden.

Ich werde nunmehr die wirklich werthvollsten Erzeugnisse der neuesten Lyrik hier behandeln, obschon dabei natürlich auf Vollständigkeit Verzicht geleistet wird.

Das eigentlich Charakteristische der Nach-Heineschen Lyrik besteht im Mangel eines bestimmten individuellen Gepräges. Man hat sich aus erstarrten Kunstformen gewisse Schablonen zurecht gemacht und hantirt mit allerlei Clichés. Von der Lyrik gilt dies ganz be-

sonders. „Meine theuren Hallermünder, o ich kenn'euch
gar zu gut!" möchte man mit Heine seufzen, wenn
man die trostlose Einförmigkeit der lyrischen Erzeugnisse vergleicht. Zudem wird von den kritischen
5 Päpsten alle Lyrik nach dem bekannten „sangbaren"
Volksliederton bemessen, welcher dem gedankenlosen
Drauflosgejuchze der fahrenden Gesellen und kleinen
Minnesänger in der Westentasche Thür und Thor
öffnet. Man lebt von den Brosamen, die von Goethe's
10 Tische fallen. Die Glacéhandschuhe eines gewissen
zünftigen Dilettantismus, der sich dabei auf sein
„Künstlerthum" herausspielt, glätten und plätten sich
ein Liedel nach dem andern zurecht. Denn die
„echte Lyrik" ist ja so unglaublich bequem: Ein
15 wenig Stimmung, ein bischen Reim und das Meister-
werkchen ist fertig.

Dass die Enge des stofflichen Gesichtskreises
keineswegs auf dem Wesen der Lyrik beruht, zeigt
das Beispiel des lyrischen Normal- und Urgenies
20 Robert Burns. Dieser brauchte sich den Volksliederton
nicht künstlich anzuquälen, da ihm, dem Bauer- und
Dialectdichter, dieser Ton geläufig war. In diesem vielbe-
liebten „schlichten" Tone aber verstand er alle Stoffe
und Probleme zu umfassen und blieb doch aus dem
25 Persönlich-Momentanen so sehr zum Allgemeinen und
Ewigen emporgerichtet, dass selbst seine socialen und
politischen Gedichte noch heut dieselbe Bedeutung
haben wie ehedem. Der genialste Liebesdichter und
Landschaftsschilderer (seine Gedichte bilden gleichsam
30 ein Touristenhandbuch durch Schottland), schuf er
zugleich das historische Nationallied der Schotten
„Bruce bei Bannocburn" und die Marseillaise freien
Menschenthums „Is there for honest poverty". Ja, er
verstand es, ohne seine Genialität mit Pathos zu be-
35 lasten, in dem grandiosen Cyclus „Die lustigen
Bettler" der conventionellen Gesellschaftsordnung
seine Verachtung in derselben populär-einfachen
Sprache in's Gesicht zu schleudern.

Neben dieser Weite des lyrischen Stoffgebietes muss es befremden, dass nur wenige Gedichtsammlungen existiren, in welchen nach des trefflichen Lingg Vorgang das Historische zur Geltung kommt.

Die erste derselben sind Hans Herrig's „Mären und Geschichten". Schon in den beiden Epen des Autors „Die Schweine" und „Der dicke König" macht sich ein vornehmer discreter Humor bemerkbar, der gegenüber so manchen grobkörnigen Hanswurstiaden erfrischend wirkt. Dieser Humor ist in den „Mären" zu Heine'scher Genialität gesteigert. Freilich bleibt Herrig hinter seinem erlauchten Vorbilde, das ihm als Muster vorschwebte, dem „Romanzero", zurück und zwar grade in Bezug auf historische Symbolik. Dafür sind die reinen Stimmungsbilder und die philosophischen Poeme (z. B. „Buddah") von eigenartigstem Reiz. Die vornehme Bitterkeit der Ironie wie die verhaltene Leidenschaft, welche diese Verse durchsättigt, sind in gleicher Weise Ausdruck eines intensiven dichterischen Empfindens, welches nur durch die philosophischen Neigungen Herrig's manchmal geschwächt wird.

Weniger historisch und philosophisch angehaucht, ist Detlev v. Liliencron in seinen „Adjutantenritten" mehr darauf bedacht, Balladen und Romanzen im Uhland'schen Sinne zu formen. Hier und da scheint dabei die gekünstelte Bildlichkeit des Ausdrucks zur Manierirtheit ausgeartet. Mehr Zeichnung und Composition und weniger Farbe würde oft poetischer wirken, wie auch in den Gedichten anderen Inhalts viel Makart'sche Lyrik — Farbe ohne Inhalt, Leiber ohne concrete Zeichnung — vorkommt. Aber überall unverwüstliche Originalität, fabelhafte Natürlichkeit des Ausdrucks, liebenswürdig imponirende Don Juanerie, echter Realismus.

Denn was wir unter diesem Namen in der Prosa verlangen, das Hineinragen der Wirklichkeit in die lyrische Auffassung, tritt überall in dieser Tagebuch-Poesie hervor. Da breitet sich eine bunte Fülle des

Selbsterlebten vor uns aus. Das ist nicht das beruhige Meer — es ist das Wattenmeer, dessen spezifischen Ozon wir in diesen Dichtungen einathmen. Diesen realen Untergrund als Fundament jeder echten Poesie betonend, wollen wir andrerseits die Grenze Liliencron's bezeichnen. Nirgend wird etwa ein grosser geschichtlicher Gedanke greifbar hingestellt. Mit dem Erleben, Sehen, Fühlen und getreuen Abbilden desselben ist es noch nicht allein gethan. Es giebt auch ein Ding, das man Ideen nennt. Aber die Hauptsache bleibt immer das Herausschälen der eignen Individualität. Denn grade dies Individuelle, Selbsterlebte, Persönliche ist dasjenige Element, in dem man die einzige Existenz-Berechtigung der Lyrik heut noch erkennen kann. L. ist ein Individualdichter ersten Ranges.

Noch Heine macht sich nicht von der Schablone los und „Der alte Märchenwald", „Der Schwan im Weiher", kurz der alte Romantikplunder gehört ihm noch zu den nothwendigen Coulissenrequisiten. Ueber solche Schranken der Tradition wird ein kühner Steeplechase-Reiter mit einem Salto Mortale wegsetzen. So ist denn überall in dem Lyrischen Schaffen von Karl Bleibtreu das Lokalcolorit im Landschaftlichen betont. Da gibt es keine beliebigen Berge und Ströme, sondern directe Norwegische, Schottische, Tiroler Alpen. Bei dieser Neigung für das Concrete ist es denn begreiflich, dass dem Dichter auch die Geschichte als ein Lieblings-Bilderbuch erscheint. Und neben der pikanten Gelegenheitslyrik Liliencron's, deren Genialität einer gewissen Junkerlichkeit nicht entbehrt, ist hier das Streben erkennbar, sich zum Symbolischen zu erheben, an das persönlich Geschaute das allge-

---

*) Berühren möchte ich hier noch die Gedichte von Wilhelm Röseler, in welchen die Poesie der That anziehend in die Erscheinung tritt. Auch in seinem Idyll „Dornröschen" weiss er märchenhaft verschlungene Taxushecken mit

mein Reflective anzuknüpfen, ohne darum die Unmittelbarkeit einzubüssen.

Vielleicht weder so vielseitig noch so gedanklich
bedeutend, in Bezug auf poetische Anschauung und
5 künstlerische Ausführung aber sogar überlegen,
sind die „Federzeichnungen aus Wald und Hochland" von Oberst H. v. Reder in München. Auf
nicht weniger als 237 Seiten hat dieser Originalpoet
die Aufgabe durchgeführt, in 237 Liedern von je drei
10 Strophen (das rechte Mass für pointirte knappapho-
ristische Lyrik), ein Tagebuch seiner Naturstreife-
reien zu bieten. Unter diesen 237 Liedern ist kein
einziges, das nicht echt poetisch empfunden wäre.
Diese tiefe Natursymbolik erinnert an Lenau; Weh-
15 muth tönt aus jedem Echo der Natur. Der malerisch
coloristische Sinn Reder's begnügt sich oft damit, ein
meisterlich abgerundetes Bild zu bieten, ohne hinein-
verflochtene Reflexion. Oft spitzt er sich auch, von
der Natur in's Menschenleben hinüberlenkend, zu
20 Skizzen zu, welche einen Novellenstoff concentriren
und präzis in markigen Linien zeichnen. Aber ebenso
häufig erhebt sich Reder's Naturbetrachtung zu alle-
gorischer Anschauung. Er beherrscht die ganze Harfe,
Dur- und Molltöne.

25 Eine besondere Erwähnung verdient noch Hermann
Friedrichs mit seinen Gedichten „Gestalt und Empfindung". Die früheren Poeme des Verfassers „Erloschene Sterne" zeigten Versgewandtheit und schwung-
volle Diction. Stoffe aus der römischen Kaiserzeit
30 behandelnd, hielten sie sich wesentlich episch, nicht
etwa zu historischer Symbolik sich destillirend. In
diesen neuen Gedichten gesellt sich aber den betonten

---

wilden Rosen ursprünglicher Empfindung zu durchweben. —
Auch Alberta v. Puttkammer's Poesie wirkt erfreulich,
35 welche, wie ihr „Moses", auf eigene Bundestafeln ihres innersten
Wesens mit ehernem Griffel die Gebote eines leidenden Frauen-
herzens niederschrieb. Ein weiblicher Graf Strachwitz, welchem nur ein gewisser Salonparfüm anhaftet. —

4*

Vorzügen eine wahrhaft poetische Auffassung des
Gegenständlichen. Ganz vortreffliche Genre- und
Landschaftsbilder Italiens entrollen sich, wobei sich
der Gegensatz von Vergangenheit und Gegenwart
durch Erinnerung verschollener Grösse offenbart. Die
Versenkung in die Antike bringt es mit sich, dass
der Sinn für plastische Allegorie abstrakter Begriffe
sich lebhaft entwickelt zeigt. Friedrichs hat jedoch
darüber das Verständniss für die Gegenwart keineswegs verloren, sondern belebt auch diese und weiss ihre
Erscheinungen mit Geschick festzuhalten. Höher aber
als den Glanz seines Colorits muss ich die ungemachte
Leidenschaft in den Schmerzensschreien schätzen, die
hier und da erschütternd hervorbrechen. F. leidet
noch öfters an Weitschweifigkeit, wird sich aber zu
knapper Abklärung schon durchringen.

In ähnlicher Weise hebe ich „Lichter und Schatten"
von Th. Nötig hervor. Der Verfasser war Offizier
und hat die grossen Feldzüge mit durchfochten. Diesen
verdankt er manch markiges Stimmungsbild. Auch
in der Natur sucht er das Melancholisch-Erhabene
und findet seine besten Töne für die unglückliche
Liebe. Ein ernster, echt männlicher Zug durchwebt
diese schönen Dichtungen, die sich hoch über die
Gelbveigeleinlyrik des Tages erheben.

Auch Alfred Friedmann will hier genannt
sein. In seiner letzten Dichtung „Seraphine" gelang
es ihm, sich zu grösseren Ideen zu erheben, welche
er in eine anmuthende Form kleidet. Auch seinen
zahlreichen epischen Dichtungen sind tüchtige Formvollendung und ein ehrliches Streben nach Gedanken-
vertiefung nachzurühmen. Friedmann ist reich an
Empfindung und Reflexion, wenn auch die Gestaltungskraft nicht sonderlich in ihm entwickelt scheint und
er einseitigem Formcultus huldigt. Mit einseitiger
Schärfe vertritt er auch kritisch den Standpunkt der
alten Schule, doch zeigt auch hier wahren Ernst,
worauf ich viel gebe.

Ausser den Genannten gilt es nun noch eine Gesellschaft von Lyrikern zu erwähnen, von deren so
lauter und lärmender Existenz Franz Hirsch in seiner
Literaturgeschichte noch keine Kunde empfing.

5 Es ist dies das sogenannte „Junge Deutschland",
welches in der preussischen Eisenzeit der Maschine
und Kanone noch das unnütze heilige Feuer des Ideals
mit störriger Verstocktheit im Innern wahrt. Eine An-
zahl solcher Geisteskranken hat sich ein geistiges Asyl
10 für Obdachlose gegründet unter dem Titel „Moderne
Dichtercharaktere" — eine Anthologie, die jedoch im
seichten Strom der Modepoesie untergeschwemmt wurde.

In der Einleitung wird in hellen Haufen gegen
Julius Wolff, den armen Rattenfänger, Sturm gelaufen.
15 Auch Hirsch bricht über diesen Lieblingspoeten der
höheren Tochter völlig den Stab. Ich mag ·dies nicht
unbedingt unterschreiben. Ein treffliches Erzähler-
und Sprachtalent kann man doch Wolff kaum ab-
sprechen. Auch seine Naturschilderungen sind leben-
20 dig empfunden. Diese Herbarien mittelalterlicher
blauer Blümelein duften angenehm und das altdeutsche
Kneipkostüm steht dieser süffigen Lebenslust wohl
zu Gesicht. Das alberne Geschrei „Herunter mit der
Butzenscheibenlyrik!" (ebenso albern wie die Wolff-
25 Baumbachmode selbst) gilt am Ende für Scheffel grade
so gut, der doch auch nur einen Studenten-Apollo
vorstellt.

Wenn man die Producte der jungen Stürmer und
Drängler mustert, so fällt zunächst das Gemeinsame
30 eines ungemachten Schmerzes darin auf. Nur der
Schmerz ist der Hebel des Willens auch in der Poesie
und „Objectivität" meist eine Phrase, die von Anem-
pfindlern und Impotenten erfunden wurde, um das
Manko an sittlicher Dichterkraft unter sogenanntem
35 Künstlerthum zu verstecken. Bedeutend ist doch meist
nur die Lyrik Goethe's, die dem Schmerz entquoll
— mögen auch die Goethepfaffen jeden Schnipsel
des Altmeisters als einen Codex der Schönheit ein-

balsamiren. Die Gretchen-Episode und die Verrückt-
heit des sentimentalen Werther bleibt doch das
Tiefste, was der spätere Geheimrath und Osteologe
seiner im Vollbewusstsein des Genies und robuster
Körperconstitution sicher ruhenden Persönlichkeit ab-
zuzwingen wusste.

In diese Werther-Periode sind wir jetzt glücklich
wieder hineingerathen, wie sich denn in ewigem Kreislauf dieselben Symptome vor grossen Umwälzungen
wiederholen.

Da der Mensch nur zum Leiden geboren, so ist
nur der ein Dichter, der die Fähigkeit des Leidens,
die Wonne des Leids, virtuos in sich ausgebildet.
Alle Poesie ist objektiv betrachtet nur eine Gehirn-
affektion, die sich für den nicht davon Behafteten
etwa ebenso lächerlich ausnimmt, wie das Anschmachten
einer Dirne seitens eines Sentimentalisten. Die Dirne
ist in diesem Fall die Welt, die Wirklichkeit — und
der erotisch Kranke, der eine andre Welt in sie hinein-
dichtet, ist der Poet.

Nach dem alten Grundsatz: Denn wo Begriffe fehlen, da stellt das Transcendentale zur
rechten Zeit sich ein, schwelgen unsre Stürmer
im Metaphysischen. Da geht einer nicht ohne
schauerliche Erhabenheit im „Purgatorio" spaziren
und schleudert mit heiligem Eifer manch gewichtig
„Anathem" der nüchternen Welt auf die Perrücke.
Ein anderer Herr ersucht „Bruder Manfred", ihm
doch gefälligst „die Hand aus dem ungeheuren
Nichts (oho!) herüberzureichen". Das sogenannte
Nichts spielt überhaupt eine grosse Rolle bei diesen
Wouldbe Hamlets, die keinen Vater zu rächen haben.
Ein Dritter schwingt sich sogar zu Messiaspsalmen
auf: Es ist ein ungelogenes Martyrium. Nur einige
Lieder fallen wohlthuend aus dem eintönigen Hin-
rollen der pomphaften Phrasenwalze heraus. Sobald
die Musenknaben das Metaphysische metaphysisch
sein lassen und lieber ihre Geliebten anbeten, leisten

sie ganz Erkleckliches. Jedenfalls können sie mit
Schiller, erste Periode, singen: „Ich bin ein Mann,
das könnt ihr schon an meiner Leier riechen".

Oskar Linke's Hamerling'sche Manier stolzirt in
antiken Metren.*) Julius Hart's Rhapsodien enstammen
einem Feuergeist voll Kraft und Schwung. Heinrich
Hart's Didaktik flösst durch eigenartigen strengen
Ernst Respekt ein.

Karl Henkell's flammender Jugendmuth macht
sich in volltönigen Dithyramben weihevoller Begeisterung Luft. Sobald sich jedoch der jugendliche Poet
mit den Leiden des vierten Standes beschäftigt, wobei
Thomas Hoods „Lied vom Hemde" sein Muster zu
sein scheint, wirkt er noch unreif und gewinnt uns
mit seinen sublimen Posen höchstens ein sympathi-
sches Lächeln ab.

Die auffallendste Erscheinung Jungdeutschlands
ist Arno Holz, dessen wilder Künstlerübermuth er-
quicken würde, wenn nicht ein preiswürdiges Selbstbewusstsein sich störend dabei breitmachte. Viel
Reimgeklingel läuft mit unter, viel Triviales verbirgt
sich hinter der kecken trotzigen Vortragsweise und
eine üppige Phrasenberauschung überbietet noch den
seligen Herwegh, dessen rein äusserliches Versgestürme
nach innerem Sturm und Drang aussehen soll.

Das bedeutendste rein lyrische Talent unter den
Jüngeren besitzt Wilhelm Arent. Ungekünstelte An-
muth und zarter Wohllaut der Sprache verbinden sich

---

*) Dieser Dichter, den wir schwer unter eine bestimmte
Kategorie einreihen können, hat nicht in der Lyrik seine
Stärke. Er ist epischer Didaktiker. Wenn wir auch seinen
hellenistischen Prosawerken keinen höheren Werth beimessen,
hat er letzthin in seiner umfangreichen „Versuchung des
Heiligen Antonius", welches Trochaeenepos alle Reize von
„Atta Troll" und „Bimini" neben den Lazzis und der Weitschweifigkeit der „Hebräischen Melodien" Heine's aufweist,
sein Thema in einer Weise ethisch vertieft, die uns Hoch-
achtung abnöthigt. Glückauf!

zu Gedichten von traumhafter Lieblichkeit, aus den
Tiefen innigster Sehnsucht geboren, in welchen
Shelley'scher „Pantheismus der Liebe" mit der sanften
Wehmuth des Volksliedes sich paart. Die brünstige
5 Sehnsucht, sich den reinen Elementen zu vermählen,
ist oft mit hinreissender Frische hingehaucht. In
knapper Abrundung der Form wird, in die süssen
Mysterien der Schöpfung niedertauchend, dem inten-
sivsten Gefühle fesselloser Ausdruck verliehen. In
10 den „Freien Rhythmen", einer Spezialität Arent's,
die er seinem Liebling Reinhold Lenz abgelauscht,
sehe ich freilich die Gefahr, sich in's Ungemessene
schweifend zu verlieren. Das feste Gefüge des
Reimgedichts bildet hier eine wohlthätige Fessel.
15 Ausserdem möchte er die Poesie in eine Art Wort-
musik auflösen. Ihm ist die Melodie das Höchste.
Seine Opera, die er als lauter Arien aufzufassen
scheint, durchzieht fortwährend die bezeichnende
Anmerkung „Für Composition geeignet". Er hat sich
20 ferner aus stets wiederkehrenden Wortbildungen und
bizarren Redewendungen Clichés zurecht gemacht,
welche eine gewisse Eintönigkeit erzeugen. Nirgends
aber begegnen wir Formspielerei, alles strömt aus
dem Innern. Das antike Lenz-Symbol der Attis-Sage
25 wird in dieser pantheistischen Lyrik verdeutlicht. Ein
wollüstiges selbstauflösendes Untergehen in der brüns-
tig umfassten Natur, ein corybantisches sich Auf-
schwingen und Loslösen von der Materie! Und das
Alles in einer Sprache von wundersam durchgeistig-
30 ter Innerlichkeit.

Zu erwähnen sind, ausser diesem jungen Deutschland, endlich noch Wolfgang Kirchbach's Gedichte,
in welchen manch Pindarischer Lyraklang eines edeln
Pathos ertönt und und ein Michelangeleskes Form-
35 bewusstsein sich ausprägt, welches uns gleichsam die
Figuren am Grabmal Lorenzo di Medicis als Modelle
dieser Wortbildhauerei erkennen lässt. Doch hat sich
der Dichter derartig in antike Sprachwendungen,

schwerfällig gemeisselte Leopardi'sche Versgefüge, verliebt, dass unter dem Bann dieser antikisirenden Studien seine Sprache etwas Gequältes erhält. Es ist Fresko, aber nicht immer im Stil der Sistinischen Capelle, sondern der barocken Zopf- und Rokoko-Allegorie. — Wilhelm Walloth hat der altbekannten Maibowle ein Kräutlein Pessimismus hinzugefügt und sich als Nachtrab der schwäbischen Dichterschule gezeigt. Seine Verse sind ein letzter Hifthornruf der alten Romantik.

Auch F. Avenarius ist zu würdigen, der Herold Martin Greif's*), welcher sich anfangs an Heine's Zerrissenheit anlehnte, später aber die Ruhe des Volksliedes zu gewinnen weiss.

Im Ganzen ist der Eindruck der neueren Lyrik somit erfreulicher, als der in anderen Fächern.

Aber nichts bildet Behagen an Nichtigem so sehr aus, wie dieser Cultus der Lyrik. Möchte z. B. das Jüngste Deutschland sich doch recht bald überzeugen, dass zwischen dem Gedichtemachen und dem Schaffen gestaltenbildender Productionen noch eine gewaltige Kluft liegt, dass eine schlechte Novelle manchmal mehr Schöpferkraft verräth, als das formvollendetste Stimmungslied, und dass der Vers auch auf sie Bezug hat:

„Man kann ein guter lyrischer Dichter
Und doch ein dummer Teufel sein."

---

*) Ueber Greif und Lingg nur so viel. Sie sind Wort-Dichter. Der Grossmeister dieser Kunst war Byron, dem aber die englische Sprache dabei zu Hülfe kam. Ich erinnere an den unnachahmlichen Vers: „A noble wreck in ruinous perfection". — Erwähnt sei zum Schluss noch Grisebachs „Neuer Tanhäuser" à la Heine; die Lenau'sche Schmerzenswollust von Lorm, Stephan Milow, F. v. Saar; auch Lipiner, der den bekannten „Prometheus" noch mal „entfesselt" hat; endlich der zusammengefuschelte Aspic von Byron-Reminiscenzen „Kain" von Kastropp. Einen geschickten Eiertanz kunstvoller Sprachbeherrschung führt Fulda in seiner „Satura" aus. Als Dialektdichter sind der kernige frische Karl Stieler, sowie Josef Feller und Peter Auzinger zu loben.

Noch einmal das Jüngste Deutschland.

Vor mir liegt schon wieder eine Sammlung aus den Kreisen jener jugendlichen Lyriker, welche in letzter Zeit viel von sich reden machten. „Quartett"
5 betitelt sich das Opus. — Da nun dies phraseologische Bardengebrüll rastlos den Parnass erzittern macht, da ferner fortwährend von der neuen Sturm- und Drangperiode ahnungsvoll gemunkelt wird, so halte ich es für eine heilige Pflicht, einmal über das in der
10 Geschichte noch schwankende Charakterbild dieser jüngsten Zukunftspropheten die Stimme der Wahrheit mit Nachdruck ertönen zu lassen. Bisher hat nur O. v. Leixner, der bekannte Rhadamantys, über „unsere Jüngsten" einen umfangreichen Essay veröffentlicht,
15 der mancher hübschen Wendung nicht entbehrt. Auch ist die Eigenart seiner Kritik wirklich typisch zu nennen. O. v. Leixner, von unzweifelhafter Integrität der Gesinnung, umfangreichen Wissens voll, ein feinsinniger kluger Kopf von freilich nur mässiger
20 Bedeutung als Producent, kann nämlich nicht umhin, der Wahrheit im Allgemeinen die Ehre zu geben. Er liest die Bücher wirklich, die er bespricht — was bei einem deutschen Kritiker schon sehr viel sagen will — ja, er liest sie sogar mit Verständniss. Alles
25 Schöne geniesst er daran, alle Fehler zeichnet er auf. Sobald er nun aber seinen Gesammteindruck fixiren soll, verblasst ihm das Lobenswerthe in der Erinnerung und die Fehler erscheinen in vergrössertem

Massstab. Da werden auch eines so vornehmen
Geistes unwürdige Mittel nicht gescheut: Verse und
Zeilen aus dem Zusammenhang gerissen, allgemeine
Thesen aus Zufälligem hochtrabend abgeleitet, an-
5 fechtbare Insinuationen aufgestellt (mit dem jeden
Kritiker stärkenden Bewusstsein, dass es ja doch
gegen Ihn keine zweite Instanz giebt!) — und plötzlich am Ende, nachdem des Tadels Füllhorn erschöpft,
wird der reichen Begabung des Autors trotz alledem
10 ein herablassendes Löbchen gespendet. Welch ein
wohlwollender Mann! ruft sein befriedigtes Publicum,
das nach dieser Kritik natürlich kaum begreift, wie
man einen so gebresthaften Dichterling noch freundlich auf die Schulter klopfen kann. Dieser hochacht-
15 bare und nobel denkende Mann gehört zu denjenigen,
die manchmal selbst durch ihr Wohlwollen zu verletzen
wissen, da sie stets aus güldenen Wolken der Weisheit erhabene Sprüche tönen lassen.

Die Bemerkungen Leixner's in dem betreffenden
20 Essay sind im Einzelnen nicht ungerecht; sie werden
es erst dadurch, dass er den Massstab des Vergleichs
nicht richtig anwendet. Er fasst nämlich sein Urtheil
dahin zusammen, dass er zugesteht: Ein Streben sei
bei den neuen Stürmern und Dränglern erkennbar,
25 der Poesie grössere Stoffgebiete zu erobern und den
alten Singsang von Lenz und Minne aufzugeben.
„Aber," frägt er mit naiver Komik, „ist denn das
etwas so Neues? Haben wir Leute der älteren Generation denn gar nichts geleistet?!"

30 Nun denn, weil Herr v. L. selber diese Frage
stellt, so wollen wir ihm ehrlich antworten: Ja, ihr
habt in der That nicht sehr viel geleistet!

Es liegt mir fern, hier irgendwie Namen nennen
zu wollen. Die Mär von „des Kaisers neue Kleider"
35 ist ewig neu. Der sogenannte Ruhm ist oft nichts als
ein I A-Geschreie der mit gesunden Augen Blindsein-
wollenden. Wie werden unsre Enkel über Geibel,
den deutschen Tennyson, denken, der doch — welch

ein Zeichen der Decadence! — sicher der erfolgreichste
und bedeutendste unter den lebenden Lyrikern gewesen ist!

Das brave Mittelgut ohne eine Spur von Genialität muss doch endlich ein Ende nehmen. Zu einem
Dichter gehören in erster Linie Phantasie und Leidenschaft. Die alten Herren kamen immer mit der
„Form". Da möchte man nun gern eilig dagegen
setzen: Die Form ist Nichts, der Inhalt Alles! Und
im tieferem Sinne muss dieser Satz auch gelten: —
Reinhold Lenz ist doch sicher grösser als Uz und
Ramler, Grabbe grösser als die geschmeidigsten Jambentheatraliker.

Das Seltsame dabei ist aber obendrein, dass in
der Poesie die Form stets die naturgerecht zuge-
wachsene Hülle des Gedankens darstellt.

Ein Feuergeist wird in der Lyrik auch feurigen
Ausdruck finden. Und ebenso umgekehrt. So wird
man denn z. B. bei genauem Studium Platen's entdecken, dass dieser Formkünstler sehr selten melo-
dischen Rhythmus fand und dass es von nüchternen,
ja prosaischen Wendungen bei ihm wimmelt. Hingegen bleibt Heine fast immer melodisch, selbst wenn
er salopp, und auch im Ausdruck poetisch, selbst wo
er scheinbar trivial wird. Das sind die Zeugungs-
geheimnisse der Poesie.

Aus diesem Grunde streite ich den „Künstlern"
der Platenidenschule fast durch die Bank die echte
Form-Schönheit ab. Sie sind gequält, unmelodisch.
Sie treiben im besten Falle Wortschnitzerei, ohne
von jener Musik, welche die echte Lyrik beflügeln
soll, auch nur einen Ton zu besitzen.

Schwungvoll und nervig sind z. B. die rhap-
sodischen Verse der Gebrüder Hart, weil bei Julius
Hart, einem dramatisch bewegten farbenglühenden
Coloristen, die Leidenschaft, bei Heinrich Hart der
ideale Gedanke naturgemäss zu machtvollem Pathos drängt.

Wilhelm Arent besitzt vollends eine Gluth tief-
bohrender nervöser Empfindung, die schwerathmend
nach prägnanten Zeichen für die intimen Regungen
des Unbewussten sucht, welche an Novalis erinnert
5 und jene innere Musik verströmen lässt, von der
Shakespeare einmal so tiefsinnig spricht.

Zwischen den Harts und Arent, welche sich als
Vollblutdichter documentiren, und den übrigen Stürmern
öffnet sich eine gewisse Kluft.

10 Der Bedeutendste unter diesem eigentlichen Jungen
Deutschland ist Hermann Conradi. Mag man
über seine Lyrik denken wie man will, sie ist doch
nicht so arg bombastisch, wie Leixner meint, sondern
entbehrt nicht einer gewissen Kraft und Sprachgewalt,
15 auch nicht einer stürmischen Rhythmik. Verwandt ist
ihm sein Freund J. Bohne. Doch habe ich bei Conradi mein Augenmerk nur auf seine Prosa gerichtet,
von welcher er in glänzender Satire, profunder Kritik
und ansprechenden Noveletten recht aussichtsreiche
20 Proben gab.*)

Als blosse Lyriker sind hingegen zwei Poeten
zu nennen, von welchen der Eine, Arno Holz, theilweise ein Aufsehen erregt hat, das durchaus über
das Mass des Berechtigten hinausgeht.

25 Dass z. B. Arent keine „moderne“ Zeitpolitik
treibt, ändert nichts an der Thatsache, dass seine Poesie
in ihrer Art „modern“ ist, weil eben nur heut grade
solche krankhafte Schopenhauerei entstehen konnte
und daher ein werthvolles Denkmal der Epoche bleibt.
30 Dass aber Arno Holz unablässig über die Leiden des
vierten Standes, des sogenannten „Volkes“, jammert,

---

*) In seinem novellistischen Erstlingsopus „Brutalitäten“
(soeben erschienen) zeigt sich eine gewisse greisenhafte Raffi-
nirtheit im Ausklügeln erotischer Probleme, die wenig mit
35 dem kecken Muth jugendlicher Sturmdränger zu thun hat.
Aber die Ausführung verräth besonders stilistisch solides
Können.

auf die Reaction schimpft und dem freiheitsdurstigen
Züricher Verlagsmagazin seine lyrischen Tagebücher
grossspurig als „Buch der Zeit" im Mantel eines
Herwegh überreicht, — das lässt mich ganz kalt.
5   Esprit macht nicht den Dichter und gewiss nicht
den Lyriker. Zu letzterem bringt Holz allerdings eine
souveraine Sprachbeherrschung mit, die er zu einem
Virtuosenthum genialischer Posen „aus dem Hand-
gelenk" auszubilden für gut fand. Aber mit all seiner
10 Verve kann Holz nicht darüber täuschen, dass seine
hanebüchenen Keulen doch aus recht grünem Holz
geschnitten sind. All' das Gefunkel von Wortblitzen
ist Phosphoresciren fauliger Materien; hinter all' dem
Theaterdonner lispeln oft dürftige Flittergedanken.
15 Dieser junge Mensch nennt Richard Wagner „Das
urigste Poetastergenie", macht sich über Scheffel,
Dahn, Wolff lustig und schimpft zugleich Kretzer
„Das wahre Urgenie der Hintertreppenpoesie" —"
er, der sociale Lyrifax den grossen socialen Pro-
20 saisten! Daneben aber baut er Altäre — für wen?
Für den Formpriester Schack und den frommen
Emanuel Geibel! Das nenn' ich Consequenz — o
Oerindur! Man sieht, die Tendenz ist nur Maske —
die Formpflege ist der Kern des Holz'schen Ideals.
25 Wenn das am grünen Holz geschieht, was soll am
dürren werden?
    Von gesunderem Kaliber erachte ich Karl Henkell,
welcher nach Arent die zweite Stelle als Lyriker im
Jungen Deutschland beanspruchen darf und dessen
30 Hymnen echte Sehnsucht nach dem Ideal durchzittert.
    Das Charakteristische dieser Jungdeutschen be-
stand bisher darin, dass sie nie Fortschritte machen.
sondern stets auf demselben Flecke stehen bleiben.
„Quartett", herausgegeben von Karl Henkell mit drei
35 anderen Drängern zusammen, scheint mir ziemlich das
schwächste Product, welches die jungdeutsche Tafelrunde bisher in die Welt warf.
    Die Beiträge Henkell's entsprechen nicht den

Erwartungen, zu welchen frühere Gedichte des licht-
trunkenen Jünglings, welcher auch dem Morgenroth
des neuen Reiches entgegenjubelt, berechtigten.
Henkell zeigte einen so ungewöhnlichen Geistesflug,
einen so tiefsittlichen Ernst, eine so unmittelbare
Naturempfindung, dass wir Hervorragendes von ihm
verlangen müssen. Doch finden sich auch hier
immerhin Gedichte von entschiedener Tüchtigkeit.

Das Gleiche gilt von Arthur Gutheil, der hier zum
ersten Mal den Plan betritt. „Mondnacht", „Vision",
„Nebo", „Eris" kann man ebenso billigen, wie die
mittelmässigen Liebesgedichte belächeln. Ueberhaupt
fehlt den meisten dieser jüngsten Lyriker Unmittelbarkeit in erotischer Empfindung. Hingegen sind sie
gleich bereit, den sogenannten „Geist der Liebe" in
philosophischen Strophen zu feiern.

Die Herren Hartleben und Hugenberg beschliessen
das „Quartett" — ein „Solo" Karl Henkell's in seinem
alten Ton wäre mir lieber gewesen. Ich stehe nicht
an, diesen beiden Minnesängerchen eine echt lyrische
Begabung zuzusprechen. Fürchterlich wirken nur
ihre antiken Versmasse, in denen sie sich gegenseitig
ihre Erhabenheit bezeugen oder wuchtig aufstampfend
Pindarische Manieren herauskehren. Hingegen gelingt
ihnen so manches Seufzerchen von Liebeslust und
-Leid. Besonders von Hugenberg können wir noch
einmal ein ganz hübsches Bändchen der üblichen
Lyrika erwarten.

Dies wäre nun in grossen Umrissen eine Skizzi-
rung des Jüngsten Deutschland, das sich bisher aus-
schliesslich in der Lyrik bethätigte. Zu erwähnen
wären noch Jahn in Leipzig und Jerschke in Strassburg, die uns noch entscheidendere Proben ihres un-
läugbaren Talents schulden. Das Gleiche gilt von
Paul Fritsche in Berlin, welcher sich an Julius Hart's
Manier anzulehnen scheint, auch ideales Streben bekundet. Der gedankenreiche Gradnauer hat leider
„für alle Zeit der poetischen Produktion entsagt."

Das ist ein herber Verlust. Denn er weissaget uns:
„Ich komme, ich nahe, zu befreien, zu erlösen"!!!
Er muss es ja wissen; denn siehe, er saget von sich:
„Ich weiss, ich weiss, in mir erstanden ist ein neues
Licht!!" Warum will er also dies Licht unter den
Scheffel stellen? Excelsior! — Eine entscheidende
Probe gab bereits der deutschdichtende Schotte J. H.
Makay, dessen Idyll „Kinder des Hochlands" (mit
Tennyson's Enoch Arden zu vergleichen) köstliche
Naturschilderungen von seltener Frische und reichbe-
wegte Conflikte entfaltet. Er ist Epiker und verliess
die Bahnen einseitiger Lyrik — für mich das unfehl-
barste Anzeichen eines entwickelungsfähigen Keims.*)
Ich komme nun zu allgemeineren Punkten.

Nachdem W. Arent mit der grossen Anthologie
„Moderne Dichtercharaktere" einen imposanten Eindruck für alle Unparteiischen erzielt hatte, hielt er
die Zeit gekommen, mit der vielbesprochenen Sammlung „Bunte Mappe" sein Talent für unfreiwillige
Komik zu bekunden. Die lächerlichen Anmerkungen
des Herausgebers, welche dieses Bändchen spicken,
haben denn auch Hrn. Julius Stinde-Buchholz veran-
lasst, den „Aeolsharfenkalender" in Verbindung mit
ähnlichen grossen Geistern herauszugeben. Dieses
nicht unwitzige Büchlein, welches u. A. die stilvolle
Ballade à la Julius Wolff „Ottheinrich fuhr in den
Grisebart" und die Schüttelreime von Johannes Köhnke
als feuchte Denkmale urwüchsigen Biertisch-Humors
enthält, ist übrigens total verfehlt, wenn es als Parodie
„Nach berühmten Mustern" gelten soll⸴ Kein Einziger
des Jungen Deutschland (höchstens Arminius Conradin)
kann sich darin wiedererkennen; auch hält es schwer,
überhaupt ein bestimmtes Modell dieser Parodien
herauszufinden. Das Eine aber muss ich wirklich be-

*) Ein gleichfalls in Albion spielende und an Scott an-
klingende Epopö ist „Ein Königswort" des verstorbenen H.
Sylvester — eine liebenswürdige Gabe, für deren Vermittelung
wir dem talentvollen Lyriker Max Stempel zu danken haben.

tonen: Die Zusammenstellung des Jungen Deutschland mit — Friderike Kempner, der schauerlichen
Sappho Schlesiens, ist eine gelinde Rohheit, zu welcher
die Herren Stinde-Buchholz und Compagnie durch ihre
poetischen Leistungen noch nicht berechtigt sind.
Der kleinste unter diesen jugendlichen Kraftgenies
dürfte denn doch in dem Einen, was noththut, die
Berliner Verstandeshelden um Haupteslänge überragen.
Wollen diese Herrn sich übrigens ernstlich von Zweck
und Ziel der Jungdeutschen überzeugen, so sei ihnen
Paul Fritsche's Brochüre „Die Moderne Lyriker-Revolution" warm empfohlen. Mag der hochtrabende
Pathos mancher Passagen abstossen, mag man Manches übertrieben und „schnell fertig mit dem Worte"
finden, mag eine exaltirte Krafthuberei Bedenken erregen — hier ist doch wenigstens einmal mit ziem-
licher Klarheit und nicht ohne gewisse Tiefe ein
Prinzip der Jungdeutschen Strömung festgestellt.
Nur muss ich dem geistvollen Verfasser mit weh-
müthigem Kopfschütteln anheimgeben, ob die Berufung
auf die grossen Stürmer der Göthe'schen Jugendzeit
nicht Vergleiche hervorruft, die wahrhaftig nicht zum
Vortheil ihrer angeblichen Nachfolger ausfallen.

Auch Schmidt-Cabanis hat in dem Witzblatt „Ulk"
„Jungdeutschlands Klagebengel" mit törichten Tiraden beehrt. Und was beweist das Geschimpfe? Ent-
weder hat er überhaupt (vielleicht ausser der „Bunten
Mappe", mit der Arent sich und andere schwer
schädigte) garnichts von dem gelesen, worüber
er schimpft, oder aber er übt absichtliche Entstellung
oder besitzt totales Unverständniss. Der Bierphilister
natürlich, der diesen höheren Blödsinn liest, grinst,
wie jene biederen Schwaben über Schubart: „Man
wird den Kerls mal den Grind herunterfegen!"

Ähnliches habe ich dem sonst hochgeschätzten
Leixner zuzurufen. Derselbe hat einen stürmischen
Heiterkeitserfolg bei mir davongetragen, wenn er am
Schluss seines Essays würdevoll trompetet:

5

Begreifen diese jungen Leute denn nicht, dass sie der Liebe, welche sie predigen, grade zuwiderhandeln, indem sie ihre eigne Grösse ausposaunen und alles Alte mit harten Worten verwerfen?!

5 Ja gewiss. Dieses Kokettiren mit der sogenannten Liebe ist ein Maskeraden-Lappen wie jeder andere. In Wahrheit hat man die Liebe für die eigne staunenswerthe Person im Auge. Aber L., der auch immer christliche Liebe predigt, sollte nicht in so
10 erbarmungsloser Weise die Talente dieser strebsamen Jünglinge seciren — nicht krankhafte Selbstüberschätzung bei Andern bejammern, während er selbst doch in priesterhafter Unfehlbarkeit schwelgt. Er will gerecht sein — sei er es auch!

15 Jetzt aber werde ich mir erlauben, alle Rechte des Jungen Deutschland sonst wahrend und vertretend, mit diesem selbst ein ernstes Wort zu reden. — Der Typus dieser ganzen jüngsten Dichtergeneration ist die Grossmannssucht mit all ihren widerlichen
20 Auswüchsen des Neides und der Anfeindung jeder anderen Bedeutung. In dieser Bohême tauchen alle Monate neue Genies auf, von denen man keine Ahnung hatte, und bilden neue Cliquen, die wieder auf frühere Cliquen losziehn. Kaum hat der Eine sich
25 den Messias, der andre den Reformator genannt, kaum ist man als Jesus erbarmend in die Hütten der Armuth niedergestiegen oder hat über seinem gottgeweihten Haupte messianisch das Banner der Zukunft wallen gefühlt und sich als Wunder aller Wunder, als sein
30 eigner Dalai Lama, dem Universum gnädigst vorgestellt — so sind schon wieder neue Messiasse, Reformatoren und andre Naturwunder da.

Worauf nun stützt sich dieses stolze Bewusstsein der Grösse? Doch nur auf Lyrik — allerdings
35 Lyrik von durchweg auffallender, theilweise superiorer Vortrefflichkeit. Wenn also von einer lyrischen Revolution geredet werden soll — gut. Nur der Verblendete kann verkennen, dass hier das lange Inter-

regnum beendet und eine neue Blütheperiode der
Lyrik angebrochen ist. Es scheint nur eine Frage
der Zeit, dass die momentan herrschenden „Berühmtheiten" der Lyrik für immer diesen Talenten das
5 Feld räumen müssen.

Aber hier zeigt sich eben der altbekannte
Lyriker-Hochmuth, für den die Prosa keine „Poesie"
bedeutet, ohne zu ahnen, dass der wahre Volldichter
stets nach Gestaltung des Realen ringt und schon die
10 Enge der lyrischen Form sie untauglich macht, den
ungeheuren Zeitfragen zu dienen. Darin liegt die
dämonische Gefahr der Lyrik, welche schon so manchem Talent das Mark aus den Knochen sog: Sprache
und Form, also conventionelles Aeusserliches, gilt
15 ihnen Alles und werden sie daher auch in der Prosa
zuerst den Stil zu bewundern wissen. Doch kümmern sie sich in der That um letztere überhaupt
nicht, da ihre Unreife sie nur zum Verständniss der
lyrischen Stimmung befähigt.

20 Ein neuer Bauchredner der socialen Revolution,
der auf das wohlklingende Pseudonym „O. Ehrlich"
hört, hat schon wieder mal „Lieder eines Modernen"
mit kräftiger Lunge ausgebellt und denselben den
grausigen Titel „Mene Tekel" verliehen. Diese Mene-
25 tekelei persönlicher Gallenergiessungen und Invec-
tiven schliesst also:

> Und ob ihr winselt, ob ihr bellt,
> Das soll uns junge Kerls nicht kümmern.
> Denn freudig auf Pompejis Trümmern
> 30 Erbaun wir eine neue Welt.

Hand auf's Herz, lieber Ehrlich, seien Sie mal
ehrlich: Wie denken Sie sich Ihre neue Welt? Oder
glauben Sie, dass der grosse Weltenbauherr Sie als
Oberhofbaurath bei der Vorsehung angestellt hat?
35 Oder soll ich mir in Ihrem eigenen Stürmerjargon
entgegenrufen:

5*

Aufbauen das kommt hinterdrein,
Doch erst da reisst man feste ein.
Verrungenirt muss Allens sein,
Jaja, verrungenirt?!

⁵ Und darum thut es eben Noth, dass ein getreuer
Ekkard sie also anredet:

Ihr Lieben, Talente seid ihr ja alle. Aber ihr
werdet allen Krämpfen der Ohnmacht verfallen, wenn
ihr eure lyrische Virtuosität gleich für Genialität aus-
¹⁰ geben möchtet.

Das Genie gebärdet sich überhaupt ganz anders.
Das kommt nie gestiefelt und gespornt auf die
Welt wie ihr, die ihr halb Knaben, halb Greise
seid — von gährender Unreife der Weltanschauung
¹⁵ und speziell der literarischen Auffassung, und dabei
von greisenhafter Ueberreife der technischen Form-
ausbildung. Es ist meist Rhetorik und damit gut. Selbst
die Lyrik, der ihr euch so einseitig geweiht habt,
betreibt ihr einseitig. Nirgends im ganzen Jungen
²⁰ Deutschland ein Zug zum Historischen, auch nicht
zum Historischen der Gegenwart. Damit könnt ihr
eine Weile lang eine gute Rolle spielen, da sich der
Oberflächliche durch eure glänzende Form bestechen
lässt. Aber auf die Dauer, wenn ihr einen Band
²⁵ „Lieder eines Modernen" nach dem andern ausgebrütet
und säuberlich abgefeilt habt, werdet ihr zur Erkenntniss eurer begrenzten Zeugungskraft erwachen.

In eurem Alter schrieb der mit mangelhafter
Bildung ringende, vom Kampf um's Dasein schwer-
³⁰ gedrückte Kretzer seine „Beiden Genossen" — eine
Arbeiternovelle, über welche ihr natürlich erhaben
seid. Die Wahrheit ist aber, dass ihr meist weder Respect und Pietät für das Höhere überhaupt,
noch auch Verständniss für das wirklich Moderne
³⁵ besitzet. Ihr steckt noch durchaus im Alten und
webt in herkömmlichen Formen weiter. Alle miteinander, selbst die Talentvollen, habt ihr nach euren
bisherigen Leistungen nur eine latente Bedeutung

für die künftige Entwickelung der Literatur. Nicht einmal eure Lyrik ist originell; sie scheint es nur im Gegensatz zu der absoluten Nichtigkeit der herrschenden Poetaster.

Das Facit, das ich demnach aus meiner Betrachtung des Jungen Deutschland ziehen muss, ist kein so überaus günstiges. Eine grosse Zukunft so manches formpflegenden Maultitanen scheint mir noch nicht gesichert. Das wahre Talent, vom Genie ganz zu schweigen, tritt anfänglich unbeholfen auf und sprengt die Fesseln der bestehenden Form, indem es sich müht, seine tölpelhaft gigantischen Gliedmassen in dieselbe einzuzwängen. Das sicherste Kennzeichen für die Kleinheit des Schönheitspriesters und Damenpoeten Paul Heyse war die phänomenale Sicherheit und Grazie, mit welcher er fast noch Knabe die Arena betrat. Die wahren „Lieblinge der Götter" mögen zwar Sicherheit genug darin entfalten, der Welt die Faust kampfzornig in's Gesicht zu ballen — Sicherheit in eleganten Formverbeugungen besassen sie im Anfange nie, selbst der junge Goethe nicht. Originale Fortentwickelungsfähigkeit — da steckt das Geheimniss genialer Begabung. Schon darum wird eine solche bei ihrem umfassenden Entwickelungsdrange sich schwer zu beschränken wissen und vielmehr das ganze Gebiet des Schaffens zu umspannen suchen. Es ist gewiss eine Marter, die Epen und Dramen unreifer Dichterjünglinge zu prüfen — aber diese Unreife, die wenigstens tapfer nach Gestaltung höherer Probleme ringt, ist mir lieber und scheint mir verheissungsvoller, als die scheinbare Reife lyrischer Formtalente. Ein rechter Kerl belästigt die Welt überhaupt nur mit Lyrik nebenbei, neben seinen grösseren Arbeiten.

Wer einst auch, wie wohl alle die ernsten Kämpfer der mittleren Generation, das dringende Bedürfniss fühlte, seine unglückliche Liebe und seinen Weltekel in wilden Liedern auszugrollen, aber diese Rhetorik

nicht für wichtig genug hielt, um damit hervorzutre-
ten, weil gewaltige epische oder dramatische Conflicte
nach Gestaltung drängten — der kann nur mit einer
gewissen Erbitterung auf dies Treiben vorlauter
5 Drängler schauen, die ihre billige Sprachkunst als
Morgenröthe einer neuen Blütheperiode ausposaunen,
weil sie nicht ganz so seicht und gedankenlos reimen
wie ihre berühmteren lyrischen Collegen. Die Lyrik
für sich als Dichterberuf sollte doch endlich überlebt
10 sein. Nebenher wird sie ewig ihre Berechtigung
behalten, natürlich vorausgesetzt, dass sie wirklich
echte vollquellende Melodie des Herzens, nicht aber
eine Sprachübung für Dilettanten sei. Mögen die
Jüngsten eine einzige geniessbare realistische Novelle
15 bringen, welche das moderne Leben wiederspiegelt:
dann werden sie einem ernsten und strebenden
Dichter das Zugeständniss abnöthigen, dass sie zum
Bau am künftigen Tempel der Literatur mitberufen
sind; eher nicht.

20   Unsre Literatur theilt sich äusserlich in mehrere
Schichten. I. Die feststehenden Berühmtheiten der
alten Generation, die Freytag, Heyse, Keller, Spielhagen. Wie die Nachwelt über sie urtheilen wird,
steht abzuwarten. Ihren festen Platz in der Literatur
25 werden sie aber behalten. II. Die Modeberühmtheiten,
als da sind: Ebers, Dahn, Wolff u. s. w. Die Kritik
sieht sie über die Achsel an, das Publicum vergöttert
sie. Masslose Unterschätzung auf der einen, masslose
Ueberschätzung auf der andern Seite. Bleiben von
30 ihnen wird nichts. III. Die Press-Berühmtheiten und
Tagesschriftsteller, die unter dem Panier ihres Stammvaters Lindau fechten. Sie gehören garnicht zur
Literatur, mag das Publicum auch ihre Namen hundert-
mal mehr, als die der genialsten Poeten, kennen. Sie
35 sind alle unsterblich — so lange sie leben. IV. Die
Stürmer und Drängler, und ausserdem eine ganze
Reihe von ephemeren Talenten, die auftauchen und
verschwinden. Darunter auch ganz hübsche Talente

in allen Branchen, die alle in irgend einem engeren
Freundeskreise als „feinsinnige Dichter" gepriesen
werden. Alles unoriginell und klein im Stil, aber
von selbstherrlichem Dichterlingbewusstsein erfüllt.

5 V. Eine Reihe von Namen, auf welchen die Zukunft
der Literatur und auch ihr gegenwärtiger Werth beruht. Einige davon sind „berühmt" und haben „Erfolg"; andere — sei es, dass sie Reklame und Stre-
berei nicht verstanden, sei es, dass das Publicum für
10 das Verständniss ihrer Bedeutung noch nicht reif ist
— haben wenig oder gar keinen. Alle miteinander
aber, seien sie neuschöpferisch originell oder auf
alten Gleisen weiterwandelnd, seien sie ersten oder
nur zweiten Ranges, streben nach bedeutenden künst-
15 lerischen Idealen hin, ringen mit tiefem sittlichen
Ernst danach, die Wahrheit realistischer Weltabspie-
gelung zu erreichen, ohne darüber die Schönheit einzubüssen. Keiner hat sich von der Lyrik in's Kleine
verlocken lassen; mit mächtigen Armen klammern sie
20 sich an's thatvolle Leben und reissen es an sich zu
epischer oder dramatischer Gestaltung. Auch ihre Lyrik
erhebt sich, wenn sie neben grösseren Schöpfungen
gleichsam als ein Tagebuch des Meisters herläuft,
himmelhoch über das landläufige Geflöte von Lenz
25 und Minne. Jeder Gefühlsduselei abhold, taucht ihre
Empfindung doch immer tief in's menschliche Herz
hinab und bohrt sich besonders in den Schmerz mit
leidenschaftlicher Stärke ein. Die Natur erscheint
ihnen nicht wie den herkömmlichen Halbdichtern als
30 ein Arsenal allgemeiner lyrischer Phrasen, sondern
tritt ihnen in jeder interessanten Einzelerscheinung
symbolisch entgegen, Naturstimmung und Seelen-
stimmung verknüpfend, gemäss der modernen Philo-
sophieanschauung die Naturerscheinung nur als
35 Vorstellung und Postulat des Menschengehirns auf-
fassend.

Ein paar dieser ernsten Kämpfer sind noch jung,
die meisten haben die Mittagshöhe schon überschritten.

Alle aber haben ein reiches Leben hinter sich, sei es
voll harter Kämpfe, sei es voll Reise-Erfahrung und
viel umhergetriebener Faustischer Erkenntniss. Fast
alle harte eckige Naturen. Stellte man ihre Portraits
5 nebeneinander, so würde ein gemeinsamer Ausdruck
in ihren Zügen offenbar werden: Finstrer männlicher
Trotz, der dem Medusenbild des Menschenschicksals
fest in's Auge schaute.

Mögen die Stürmer und Drängler des Jungen
10 Deutschland also bedenken, wie lange und schwer
die Mehrzahl jener Männer zu ringen hatte, wie sie
oft nur durch ungewöhnliche Fruchtbarkeit die Aufmerksamkeit der Welt endlich erzwangen, nachdem
ihre genialsten Producte klanglos zum Orkus gesun-
15 ken. Mögen sie doch ermessen, dass sie, nachdem
jene Streiter für sie die Bahn gebrochen, verhältnissmässig schon viel zu früh und leicht in die Literatur
eingeführt sind, wozu ihre Meisterschaft im gegen-
seitigen Grossschreien das ihre beitrug. Keiner von
20 den wirklich „Grossen" ist in ihrem Alter bekannt
gewesen, obwohl einige in frühster Jugend Ausser-
ordentliches geleistet hatten.

Männer, die fernab vom Lärm des Marktes den
innersten Eingeweiden ihres Wesens Originalschöp-
25 fungen in blutender Frische entreissen, müssen sich's
ebensogut gefallen lassen, von naseweisen Impotenten
bekrittelt zu werden. Also möge das Junge Deutschland seinen lyrischen Eifer nicht für sakrosankt erachten.

Sobald sie Prosa schreiben, also etwas zu
30 sagen haben, werden wir uns wieder sprechen.

Eine köstliche Spielart des J. D. sind auch die heim-
lichen Genies, welche allerlei Novellen und Dramen in
Hirn und Mund wälzen, diese aber stoisch der Öffentlichkeit
vorenthalten. Jaja, *hic Rhodus hic salta!* Durch diese Ver-
35 heimlichung innerer Grösse wird überhaupt die allgemeine
literarische Disciplinlosigkeit genährt, vermöge deren Tross-
knechte und Generale bunt durcheinander fraternisiren.

Der deutsche Dichter und sein Publikum.

___

Es ist in jüngster Zeit viel von der Gleichgültigkeit des Staates gegen die Literatur geredet worden.
Dass Fürst Bismarck eine Brochüre über Kornzölle für wichtiger hält, als die bedeutsamste Dichter-
schöpfung, daran kann kein Zweifel sein. Doch
wollen wir von dem Schiedsrichter Europa's nicht verlangen, dass er Musse finde, der Literatur ein besonderes Interesse zu widmen. Einer höheren und
freieren Auffassung der Dinge, welche die Entwickelung des Menschengeistes als das einzig Wesenhafte
und Dauernde in dem flüchtigen Nebeltanz der ephemeren äusseren Ereignisse auffasst, mag freilich eine
originale Dichterthat wichtiger erscheinen, als alle
realen Vorgänge. Nehmen wir aber die stricte Thatsache, dass dem preussischen Mandarinenthum die
ganze Poesie als etwas ebenso Ueberflüssiges wie
Plebejisches gilt, in ihrer ganzen Schärfe hin. Die
Sympathie oder Antipathie der Staatsgewalt wird
einem von der Würde und Grösse seines Berufes
durchdrungenen echten Dichter auch vollkommen
gleichgültig sein.

Jede Protection „höheren Ortes" wirkt verderb-
lich auf die Literatur. Das hat schon Bukle bei
Betrachtung der Louisquatorze-Epoche dargethan. Man
wird freilich Shakespeare's Elisabeth und Calderon's
Philipp entgegenhalten. Doch ergiebt sich grade, dass
die Begünstigung des Granden- und Mönchsdramas

durch König und Geistlichkeit (man bemerke dabei
wohl, dass der grösste Spanier, Cervantes, von Nie-
mandem protegirt wurde und im Elend umkam) die
conventionelle Erstarrung und das altersschwache
Hinsiechen der spanischen Literatur herbeiführte.
Ganz ähnlich in England, wo Ben Jonson, Dryden,
Congreve, Pope die stufenweise Versumpfung und
Verdorrung der poetischen Anschauung in höfisch-
aristokratischem Banne anzeigten, bis Burns und
Byron grade durch ihren Kampf gegen die conven-
tionelle Lüge die Poesie auferweckten und erlösten.
Protection, augusteisches Mäcenatenthum, erzeugt ent-
weder überhaupt keine Früchte oder vererbt doch der
Nachwelt in diesen Früchten den Keim der Fäulniss.
— Sehr triftig hat auch Fr. Hirsch die indirecten
Verdienste Friedrich's des Grossen, welche sich dieser
um die deutsche Poesie durch seine allerhöchste Ver-
nachlässigung erwarb, hervorgehoben.

Gewiss konnte der damalige Zustand der deutschen Schriftstellerei einem Gourmand wie dem
Flötenbläser von Sanssouci nicht zusagen. Doch
fand er bei seiner riesigen Arbeitslast noch Musse,
sich mit Leuten wie Gottsched und Gellert ernstlich
abzugeben. Dass ihm, der kein Mittelhochdeutsch verstand, die rohe Form, in der man ihm das Nibelungenlied vorsetzte, und die erste Goethe'sche Stürmerei
nicht behagte, wundert uns nicht.

Vor allen Dingen aber beachte man wohl, dass
er diese verabscheuten Werke doch wirklich las und
kritisch ihren Werth erwog. Endlich schwang er sich
zu jener berühmten Prophezeihung unsrer kommenden
klassischen Periode auf, die für jedes deutsche Gemüth etwas Heiliges und tief Ergreifendes immerdar
behalten wird. Ja, mehr wie das: Wir wagen es
auszusprechen, dass dieser französisch schreibende
Autor und Schlachtenmeister der einzige wahre
Dichter seiner Epoche war, gemäss der ersten Bedin-
gung des Dichterthums: Unmittelbarkeit im Ausdruck

des Selbsterlebten. Der Schlussvers jenes Gedichtes,
das sich in einer furchtbaren Nothlage seines Helden-
daseins seiner Seele entrang: „Vivre et mourir en
Roi!" tönt uns erhabener, als alle Oden der Ramler,
5 Gleim und Klopstock.

Denn er war eben ein wahrer Held und ein
König der Menschen, und darum offenen Gemüths
für alles Hohe und Grosse. Er war ein ganzer
grosser Mann, und darum auch ein Poet.

10 Auch er war ein Poet, der andre Cäsar der Neuzeit, der sogenannte „brutale Korse".

Nicht umsonst hatte seine träumerische Jugend
im Ossian und Werther geschwelgt. Er schrieb als
Artillerielieutenant Novellen, Romane („Der falsche
15 Prophet") und Dramen. Er ernährte sich theilweise
von Publizistik.

Später als Zeus regelte er mitten in der Schlacht
a. d. Moskwa die Statuten des „Théâtre Français"
und pflog vor der Schlacht bei Austerlitz die halbe
20 Nacht durch über das Wesen der Schicksalstragödie
ästhetische Diskussionen.

Endlich, als man ihm den Degen entwunden,
griff er wieder zu seinem Handwerkszeug, der Feder,
die er auch im Moniteur und im Bulletin so meisterlich
25 gehandhabt, und wurde auf St. Helena sein eigener
Homer.

Umsonst hatte er fortwährend seinen Cultusminister
angerasselt, er verlange endlich Poesien zu sehn, die
Ihm gefielen. Die Poesie liess sich nicht comman-
30 diren. — Umsonst las er auch Abende lang seinem
Hofstaat mit seiner rauhen heiseren Stimme verszer-
hackend seinen Liebling Corneille vor, um die prac-
tische Rohheit seiner Marschälle zu veredeln. Wohl
ihm, wenn der Corneille besser angeschlagen wäre!
35 Dann würde das Benehmen der Angereau, Marmont,
Davoust, Ney u. s. w. nicht die Blätter der Geschichte
besudeln.

Gerade im Kampf gegen seine brutale Eisenzeit

wurden sich die Staël, Chateaubriand, Lamartine und
Spottdrossel Beranger ihres Genius bewusst. Wo seine
Protection hinreichte, — „tönendes Erz, klingende
Schelle", ohnmächtiger Phrasenpomp. Dort hatte man
5 „die Liebe nicht" d. h. den freien unmittelbaren
Schöpferdrang.

Die Literatur lässt sich nicht erobern wie ein
Thron. Ein Reich gründen oder umstürzen kann jeder
Starke im Besitz der Macht — wenn er Glück hat
10 und die höhere Weltordnung es will, nie ohne dies.
Aber die Schlachten der Dichtung werden von Geistern
gewonnen, die Lamartine in gewissem Sinne mit Recht
„mehr wie Menschen" nennt. Denn sie sind Gefässe
der göttlichen Gnade, des heiligen Geistes, der über
15 den Dingen schwebenden Centralkraft.

Doch jenes grösste praktische Genie der Neuzeit
wusste dies auch recht gut. Er war der Mann, der
auf jenen grössten Dichter deutscher Nation, dessen
sonst so kühl abwägender Geist von einer kurzen
20 Unterredung mit dem Schlachtendonnerer einen unver-
gesslichen Respect vor „seinem Kaiser" mitnahm,
seinen ersten Diplomaten und General (Talleyrand und
Soult) mit den Worten hinwies: „Das ist ein Mann!"
Er, der Hohe, beugte sich vor dem Höheren.

25 Alexander trug wie all seine griechischen Vorgänger stets den Homer in der Tasche. Cäsar und
Scipio waren Autoren. Ich habe sogar den alten
Hannibal im Verdacht, dass er in seinen Mussestunden
punisch schriftstellerte und den Aeschylos im Urtext
30 las. Karl der Grosse, Theodorich, Otto der Grosse,
fröhnten in ihrem thatenreichen Leben mit besonderem
Eifer der ästhetischen Durchbildung. Sie waren eben
Heldennaturen.

Die Hohenstaufen waren sämmtlich Dichter —
35 sie, Herrscher und Staatsmänner von einer Grösse
und praktischen Weisheit, die für ewig bewunderns-
werth erscheint. Richelieu belästigte die Dichter mit
seinem dilettantischen Poetaster- und Mäcenaseifer.

Von den Italienern schweige ich füglich. Selbst Cromwell — was ist sein Wühlen in religiöser Mystik
anderes, als das poetische Element in ihm, das ihn ja
auch Milton und Waller würdigen liess! Er war es,
der mit Eifer und Opfern Rafael's Zeichnungen erwarb
— er hatte für solche Allotria Zeit und doch ein
wenig mehr zu thun, als der Staatsmann eines modernen wohlgeordneten Staatswesens.

Ja, wie Vater Blücher es so herrlich ausdrückte,
als ihm ein junges Poetlein in dem kriegerischen
Wirrwar der Breslauer Frühlingstage einen Band Be-
freiungslieder dedizirte: „Hab gelesen. So recht. Man
druff! Ein Jeder muss singen, der eine mit dem
Schnabel, der andre mit dem Sabel!!“

Ja wohl, auf das Singen kommt es an. In jedem
wahren Dichter steckt ein Held und in jedem Helden
ein Stück Dichter. Wer als Held nicht singt, der ist
kein Held. Der mag ein Fuchs sein, aber ein
Löwe nicht.

Was das Alles heissen soll? Jeder Einsichtige
hat es ja längst errathen. Alle wahren praktischen
Heroen der That (ich nenne aus der endlosen ein-
schlägigen Liste nur noch die Astronomen Keppler und
Herschel, den Sänger tiefgefühlter Gedichte) haben
den höchsten Respect vor dem freischaffenden Ingenium empfunden; sie waren alle „literarisch angehaucht“.

Als man den englischen Bismarck Pitt anging,
Robert Burns eine Staatssubvention zu verleihen, er-
widerte dieser Despot hochherab das gewichtige Wort:
„Die Literatur soll für sich selber sorgen“. Ja, das
wird sie — sagt Carlyle — und für euch dazu,
wenn ihr euch nicht in acht nehmt!

Die französische Revolution ist anerkannter-
massen von missvergnügten Literaten gemacht. Marat,
Robespierre, Desmoulins, der ganze Danton'sche Kreis,
Mirabeau u. s. w. gehören in dies Genre. Ihre eigentlichen Väter sind zudem Voltaire und Rousseau. Au-

lässe und Gründe zur Revolution giebt es immer und
allerwärts: es ist der Funke, welcher das Pulverfass
entzündet.

Vergeblich sucht die Staatsmaschine und das
5 Philisterium mit instinktiver Todfeindschaft die „Ideologie" zu unterdrücken. Sie ist unsterblich wie die
Welt. Umsonst wird man dem höheren geistigen
Streben zumuthen, sich in Drill und Uniform des
„praktischen" Lebens zu zwängen. Es mag ja eine
10 frevelhafte Ueberhebung sein — aber man thut's nun
einmal nicht, so lange es auf Erden Schriftsteller und
Dichter gab, welche ihr Vaterland mit ihrem Ruhme
erfüllten, elend verkamen und Bildsäulen nebst Festessen als „klassischer Todter" von der dankbaren
15 teutschen Nation empfingen.

Was brauchen wir noch Schriftsteller? ist die
gang und gäbe Redensart. Haben wir doch Lessing,
Schiller, Goethe — in unsern Schränken. Das Dienst-
mädchen, welches sie abstaubt, kennt sie ja auch so
20 gut wie wir — nämlich die Titel und Einbände.

Nun denn, um zum Schluss zu kommen: Staatssubvention und was weiss ich und Interesse für Literatur erbetteln wir von Bismarck und seinem Preussen
nicht. Die Literatur bedarf desselben nicht, denn sie
25 ist kein erlernbares Handwerk, wie so vieles in Kunst
und Musik. Ob ein Dichter erzeugt wird, hängt von
so tiefverborgenen Quellen ab, dass kein Staat und
kein Staatsmann ihr irgend dienlich sein kann. Gott
kann ihr helfen, nicht der Reichskanzler. — Was wir
30 aber verlangen können und müssen, das ist Achtung:
Achtung vor der ‚modern priesthood of book-writers',
der Neuzeit-Priesterschaft der Schriftsteller, jene
Achtung, wie sie dem höchsten Grade geistiger Arbeit
gebührt.

35 Die Deutschen, das literarisch ungebildetste und
verständnissloseste Volk Europa's, mögen ihr gimpel-
haftes Prahlen mit „Dichtern und Denkern" („was
jehn Ihnen die jrienen Beeme an!" sagt Heine so

richtig) bei ihren Leihbibliotheken und wohl-
schmeckenden Festessen nur heiter fortsetzen.

Der Reichskanzer beklagt sich fortwährend über
die Undankbarkeit der deutschen Nation. Wollte
5 Gott, der Michel wäre auch nur den tausendsten Theil
so dankbar gegen die Märtyrer und Helden des Gedankens, wie er es gegen jedes staatlich patentirte
real-materielle Verdienst im Uebermasse ist!

Der Reichskanzler nennt Gelehrte und Schrift-
10 steller nationalökonomisch „unproductiv". Vielleicht
hat das ideal productive Wirken der deutschen Dichter es ihm mit ermöglicht, die so lange vorbereitete
Einigung Deutschlands an seinen Namen zu knüpfen.

Doch getrost, es kommen andre Zeiten, andre
15 Menschen. Schon sehe ich den erhabenen Zeitpunkt
nahen, wo Schiller bei Hofe v o r dem Secondelieutenant
einherschreitet.

„Das Alte stürzt, es ändert sich die Zeit und neues
Leben blüht aus den Ruinen."

---

20   Um die Bettelhaftigkeit der deutschen Honorarverhält-
nisse (obschon diese sich gegen früher trotz der verzehnfachten
Conkurrenz für die wenigen Erfolgreichen wesentlich verbessert haben) zu illustriren, führe ich einige Daten an, die
Scherr in seiner Englischen Literaturgeschichte zusammen-
25 stellte. Sterne bekam für die letzte Ausgabe seiner Schriften
280000 Gulden, Byron allein für den IV. Gesang des Harold
2100 Pfd., Moore für Lala Rookh 3000 Pfd. Der bettelarme
Southey hinterliess 12000 Pfd. Scott schrieb von seiner
Bankerott-Schuld (117000 Pfd.) binnen v i e r J a h r e n 70000 Pfd.
30 ab! Tennyson erhielt mitunter für j e d e V e r s z e i l e 10 Pfd.!!

Der Dichter an sich.

Wenn man die unausrottbare Idealität des Einzelnen, die nie versiegende Fülle des Talents in Deutschland mit der stumpfen Gleichgültigkeit der Masse vergleicht, durch welche allein der materielle Nothzustand der deutschen Poesie im Vergleich zu England und Frankreich erzeugt wird, bekommt man regelmässig einen gesunden Ekel vor dieser Nation, in welcher Gamaschenknopf und Zopfperrücke sich als höchste Rangstufe der Civilisation blähen. In der nivellirenden Uniformität des preussischen Systems werden allmählich die Originalseelen wirklich erstickt werden. Der Militär-Uniformität folgt die Uniformität der Blouse, des socialdemokratischen Drillzuchthauses. Gott sei Dank, wenn die Dichter aussterben, brauchen sie sich auch nicht mehr zu Tode zu ärgern.

Den „Poeten" bezeichnet das griechische Wort komischerweise als einen „Schöpfer", insofern er Chimären schafft, die weder für einen Metzger noch einen soliden Staatsbeamten sittlichen-Werth besitzen. Eine Mass Hofbräu und eine dralle Kellnerin sind ja entschieden nützlicher, als der Quell Aganippe sammt allen neun Musen. Und wer das Honorar eines teutschen Schriftstellers mit dem „Verdienst" eines Bierbrauers vergleicht, wird das geringe Verdienst jenes schlechten Metiers begreifen.

Aber die unersättliche Dichtungswuth scheint nicht zu ersticken. Die Stürmer und Dränger haben wir nun wieder — ob auch den Goethe?

Letzterer musste eine glänzende Carriere machen und Reinhold Lenz untergehen. Denn Goethe war eine stattliche Persönlichkeit und recht vermögend. So konnte denn Se. Excellenz Apollo mit Wohlwollen auf den Janhagel zu Füssen des Parnass herniederschauen.

Ihr redet von Byron's Klumpffuss und Seelenleiden, die ihn zum Weltdichter des Weltschmerzes tauften. Ja gewiss hat der Schmerz die Entfaltung seines Genies gefördert. Aber dieser Schmerz des Genies wäre nicht zu solcher Souveränität des Ausdrucks gelangt, wenn nicht Byron ein englischer Lord und ausserdem der schönste Mann seiner Zeit gewesen wäre. Der Dichter muss sich auch äusserlich über die Misère des Alltagslebens erheben. Daher haben denn Engländer, Franzosen und Russen so viele Dichter in ihrer Aristokratie. Vor dieser Degradation ist natürlich der deutsche Adel durch ein gütiges Geschick bewahrt geblieben, „selber habend nicht gekonnt es".

Ausserdem wird der Schriftsteller bei den andern Culturvölkern sehr bald durch seine Feder in behagliche finanzielle Lage versetzt. Auch vor dieser schädlichen Begünstigung der Ueberproduction bewahrt den deutschen Michel sein gutes Herz, in welchem die bekannte altdeutsche Tugend dem Vorbilde des frivolen Auslandes Trotz beut, und der gesunde Realismus seiner Bierseele. Er hat sich den löblichen Spruch Horaze Walpole's über Chatterton hinter's Ohr geschrieben: „Singvögel dürfen nicht zu gut gemästet werden", eine ebenso billige wie einfache Aesthetik.

Mit pietätvoller Rührung gedenke ich hier auch der Anekdote, welche Berthold Auerbach von jener Baroness erzählte, welcher ihn sein Freund Lenau als „Dichter" vorstellte:

„Was, Sie wollen dichten? Das dürfen Sie nicht. Der Herr Baron von Lenau — ja, der darf's, aber Sie nicht."

6

Auch in jüngster Zeit ward uns eine Goetheartige
stattliche Persönlichkeit verliehen, die sich unter der
liebevollen Frauenpflege Fortunas zu dem jetzigen
ansehnlichen Umfang entwickelte: Unser Paul Heyse.
5 Ihm war es beschieden, in gesicherter Musse eine unheilbare Meraner Novelle nach der andern mit rabbiner-
hafter Spitzfindigkeit auszuklügeln. Seiner echten
Vornehmheit blieb es aufgespart, darzuthun, wie Adel
und Bürger als „Getrennte Welten" von der sittlichen
10 Weltordnung gedacht seien. Möchten doch unsre
Stürmer und Dränger sich recht bewusst sein, wieviel
„Welten" sie von einem Heyse „trennen" — sie auf
der Dachkammer mit ihren unpraktischen Flammen-
ergüssen und Er im comfortabeln Fauteuil den Ein-
15 gebungen seines urwüchsigen Genius lauschend! Jaja,
dieser stattliche Mann ist Präsident der Schiller-
stiftung: zu Ihm werden sie einst noch alle pilgern,
um ein Darlehen aus Seiner Jupiterhand zu empfangen.
Wisst ihr, worauf es ankommt, dass heutzutage
20 ein Goethe (natürlich in ganz anderer Erscheinungs-
form) sich entwickelt? Auf den Beutel desselben
oder auf sein Strebertalent, auf weiter nichts.
Hirsch's „Literaturgeschichte" schliesst folgender-
massen:
25 „Es ist sehr wahrscheinlich, dass wir uns in einer
neuen Sturm- und Drangperiode befinden, aus welcher
der Classicismus eines nationaldeutschen Stils hervorgeht."
Ja wohl, hervorgeht! Die Stürmer und Dränger,
30 wie gesagt, haben wir nun. Aber weder Lessing und
Herder noch Goethe und Schiller erschienen. Oder vielleicht sind sie schon da, aber man erkennt sie nur nicht?
Absolutes Unverständniss oder furchtsame Unsicherheit, was man denn eigentlich zum Absonder-
35 lichen sagen solle, ist ja der übliche Brauch. Die
Ahnung des Ausserordentlichen dürfte wohl jedem
normalen Gehirn aufdämmern, aber das Ausserordent-
liche sofort erkennen — das erfordert nicht nur Denk-

klarheit, sondern auch Muth. Oft treffen ja sogar
grosse Dichter, welche die Welt zu lange mit ihrem
Genie ermüdet haben, grade im Zenith ihrer Schöpfer-
gaben ein ermattetes Verständniss des Publicums.
Ich erinnere nur an die ablehnende Aufnahme von
Zola's „Germinal", dem bestimmenden Buch der
Gegenwart, in welchem der grosse Dichter mit dem
plötzlichen unbewussten Entwickelungssprung des
Genies all sein vergangenes Schaffen weit überholt
hat und sich mit einem einzigen Anlauf neben die
Dichter des „Faust", „Kain" „Rolla" stellte.

Aber Zola hat doch immer das Vorrecht, Franzose zu sein, d. h. dem literarisch gebildetsten
Volke anzugehören. So kann er sich denn — auch
nach der so wichtigen materiellen Seite hin — ungestört in ruhiger Weiterarbeit entwickeln.

Man bedenke aber, dass selbst „Minister v. Goethe"
und „Hofrath v. Schiller" gegen die damalige Literaten-
horde ihre „Xenien" schleudern mussten, weil dies
Geschmeiss den „Sudelköchen von Weimar" die
freie Bahn versperrte. Wie sollten heutzutage solche
Heroen leicht zum Durchbruch gelangen, wo ihnen,
den veränderten Verhältnissen nach, jeder „Charakter"
eines einflussreichen Staatsbürgers mangeln und sie
als einfacher „Herr Schiller" auf der Dachkammer
hocken würden!

Ich möchte hier eine verbürgte Anekdote er-
zählen. Als ein Sohn Goethe's nach Berlin kommen
sollte, wurde in einer adligen Gesellschaft darüber
debattirt, dass derselbe wohl sehr gut bei Hofe aufgenommen würde. Da rümpfte eine junge Gräfin
das Näschen und meinte: „Goethe? Wie so denn!
Von altem Adel ist er doch nicht!!" Unglaublich,
aber wahr.

Täuschen wir uns doch darüber nicht, dass der
preussische Staat an das gemüthliche alte Sparta
erinnert — freilich ehrten die Spartaner ihren lahmen
Schulmeister Tyrtäos!

6 *

Wenn es somit ohnehin einem Originalgenie heutzutage viel schwerer fällt durchzubrechen, bei der allgemeinen Umzäunung des Conventionellen, so kommt
noch die allgemeine Ver- und Zerfahrenheit der literarischen Verhältnisse im Speziellen hinzu.

Abgesehen von ihrer Armseligkeit überhaupt,
sind auch die spärlichen Bemühungen, der Nothlage
des deutschen Literatenthums zu steuern, vom rein-
sten Unverstand dictirt. Man setzt einen „Schillerpreis" aus — als ob die Theaterschmiererei nicht
ohnehin florirte! Und fügt noch hinzu, das betreffende
zu krönende Drama müsse bereits einen Bühnenerfolg
errungen haben. Welch ein Widersinn! Die Klippe,
an der jedes neue Talent scheitert, ist ja eben das
Aufgenommenwerden seitens der Bühne. Ist diese
Klippe erst umschifft, bedarf es ja keiner Unter-
stützung durch Schillerpreise mehr. — Die „Schiller-
stiftung" ist nur eine Aufmunterung der literarischen
Bohême. Ob soundsoviel mittelmässige Federfuchser
umkommen, ist ja der Muse vollkommen gleichgültig.
Hingegen setze man wirklich bedeutende Schriftsteller
in die Lage, sorgenfrei schaffen zu können, statt sich
mit journalistischer oder praktischer Handwerksarbeit
nebenbei um's tägliche Brot zu quälen, oder man be-
willige den Jüngeren, die noch nicht mit Familie
beschwert sind, Reisestipendien, wie die Skandinavier
dies bei ihren Poeten zu thun pflegen. Allerdings
vermindert das Reisen anderseits die Concentrations-
fähigkeit und hemmt auch praktisch das Schaffen
durch tausend nebensächliche Störungen. Eigentlich
müsste ein Dichter wie Lord Byron reisen können,
um vollen Erfolg für seine Poesie daraus zu ziehen.
Dies Glück wird aber nur wenigen bevorzugten
Sterblichen erblühen. Graf Schack war ein solcher.
Dass er es dichterisch so weit gebracht hat, verdankt
er lediglich seiner glänzenden materiellen Lage.

Man möchte in gelinde Entrüstung gerathen,
wenn man ihn und seinesgleichen jammernd die un-

dankbare Welt anklagen hört, weil sie ihre form-
schöne, gedankenreiche, meinethalben sogar „bedeutende", aber ganz unoriginelle und für die Zukunft
bedeutungslose Didactik nicht massenhaft verdauen
will! Grössere als Graf Schack hatten und haben
mit tausend Leiden und Entbehrungen zu ringen, oder
es fehlt ihnen wenigstens die Portion Vermögen, um
die nöthige Auffrischung durch Reisen und Natur-
genuss sich in genügendem Masse gestatten zu
können — und sie werden noch viel weniger anerkannt, als der mit pflichtschuldiger Satellitenbe-
speichelung adorirte gräfliche Sänger. Wäre es
solch einem „Idealisten" Ernst mit seiner Idealität,
so würfe er (der obendrein kinderlose) einfach jähr-
lich ein Stück Geld hin, um alte nothleidende Dichter
zu unterstützen und jungen Talenten förderlich zu
sein — man hat aber noch nie dergleichen ver-
nommen. Ueberhaupt trifft die Wohlthätigkeit der Welt
alle möglichen zu verbessernden Zuchthäusler oder
zu rettenden Magdalenen — aber noch nie hat
man von Wohlthätigkeit für Künstler und Literaten
in grösseren Dimensionen gehört. Würde diese aber
auch geübt, so geschähe es sicher in einer Art, welche
nur dem Kunstproletariat zugute käme. Man würde
den hungernden Menschen quand même, nicht den
hungernden Dichter berücksichtigen. Eine wirklich
humane Förderung der Literatur besteht nur darin,
anerkannt Bedeutende in anständige materielle Verhältnisse zu setzen. Den hundert Nulltalentchen, die
als Pennbrüder den Parnass bebummeln, statt sich
als Reporter ihr ehrlich Brot zu verdienen, wenn sie
denn durchaus vom Federhalter nicht lassen können
— denen rufe man das stramme Wort des Preussen-
königs entgegen: „Fähnrich, wenn Er stirbt, so sterbe
Er ruhig!" Wo die Feldherrn aus zahllosen kleinlichen
Wunden ebenso bluten, verbeisse der Unbedeutende
seine Heulmaierei und lasse sich an der Ehre genügen,
im geistigen Heerbann des deutschen Reiches den

Fähnrich mitspielen zu dürfen. — Dem Grossen aber
kann heut' nach wie vor das Schicksal Heinrich von
Kleist's erblühen.

Doch was hilft das Klagen! Die Welt wird nicht
5 anders, Phrase und Lüge, gemeiner Egoismus mit
„idealem" Maskengepränge, regieren in alle Ewigkeit.
Die urwüchsige Kraft steht der Welt im Wege, das
Originale ist ihr verhasst und das echte Talent ein
Dorn im Auge conventioneller Unfähigkeit. Aber es
10 gilt unentwegt fortzuschreiten.

————————

Dem Realismus allein gehört die Zukunft der
Literatur. Allerdings nicht dem Pseudo-Realismus.
Denn wer diesen darin sucht, des Menschen Wesen
als reines Ergebniss thierischer Instinkte, als eine
15 maschinenhafte Logik des krassen Egoismus hinzu-
stellen — der macht sich derselben Sünde der Unwahr-
haftigkeit schuldig, wie der gefühllose Süssholzraspler
und phraseologische „Idealist". Der Mensch ist weder
Maschine noch Thier, er ist halt ein — Mensch d. h.
20 ein räthselhaftes unseliges Wesen, in dem sich psy-
chische Aspiration und physische Instinkte bis in den
Tod und bis an den Tod befehden.

Muth allerdings bedürfen Dichter wie Leser, um
den wahren Realismus zu ertragen — Muth und
25 Charakter. Wer einen schwachen Magen hat, mag
seekrank werden beim Anblick der aufgeregten Da-
seinselemente. Ist das stürmische Meer darum minder
schön, minder erhaben, weil ihr es nicht vertragen
könnt?

30 Dasjenige Buch, welches mit erschütterndem
Ernst den Sohn unsrer Zeit in jeder Fiber packt,
ist Zola's „Germinal", die grandiose Allegorie
der modernen Gesellschaft und ihres Verhältnisses
zu den Gesetzen der ehernen Nothwendigkeit —
35 ein Buch der Mannhaftigkeit, das alle Weiber beider-

lei Geschlechts wie das Bild von Saïs vor Schreck versteinern könnte. Der Weltschmerz der politischen Revolutionszeit hat in Werther, René, Childe Harold seinen Ausdruck erhalten. Der Weltschmerz der heutigen Eisenzeit hat in „Germinal" seine ewige Formel gefunden. Und das ist das Höchste, was der Dichter erreichen kann. Dass Zola ein grosser Dichter ist, weiss Jeder, der sich ein Quentchen gesunden Menschenverstandes bewahrt hat und das blitzartige Beleuchten seelischer Abgründe sowie die riesenhafte Wucht der Situationen zu verstehen vermag. Aber Zola ist doch noch mehr.

Ich unterscheide — die Afterdichter und Anempfindler ganz bei Seite lassend — drei Dichterarten!

Die Conventionellen, welche bei hoher Begabung und Bedeutendheit doch nur in ausgetretenen Gleisen wandeln und in veralteten Formen weiterweben. Die Schöpfer, welche Neues aus sich herausgestalten. Die Weltdichter, welche ihrer Eigenart zugleich den Stempel des Ewigen aufdrücken und, Dichter- und Denkerkraft verschmelzend, einen ewigen Gedanken in eigenartige künstlerische Form umgiessen. Zola ist der einzige Weltdichter seit Lord Byron, obwohl in beschränkter Form.

Wenn nun aber Fritz Mauthner seine Besprechung „Germinals" mit dem merkwürdigen Satze schloss: „Vielleicht wird aus seiner Schule der grosse Dichter der Gegenwart hervorgehen, der auf Zola's Schultern stehen wird", so gilt diese Prophezeihung für uns Deutsche sicherlich nicht. Deutschland ist literarisch zu weit zurück, seine Kritik zu erbärmlich und sein Publicum zu verächtlich, um das Entstehen eines Zola, geschweige denn — siehe Hirsch „Sturm- und Drangperiode" — eines Goethe zu ermöglichen. Wohl schlummert der Stoff für eine grosse befreiende Dichtung in unsrer Zeit,

den eine kühne Hand wohl heben mag; doch das
müsste eine stählerne Hand sein.

Aber in einigen Geistern lebt wenigstens etwas
von dem Heiligen Geist, der von Aera zu Aera in
5 der Literatur urplötzlich aufzutauchen pflegt.

Ueber „Germinal", der Bibel des dichterischen
Naturalismus, möchte man den kernigen Bajuvarenruf
der „Coming race" entgegenrufen: „Habt's a Schneid!"

Denn auch wir wandern im Hochgebirg auf ge-
10 fahrvoll beschwerlichen Bahnen.

Dass die Erfolglosigkeit an sich bereits ein
grosses Uebel ist, hat Cristaller in seiner „Aristokratie
des Geistes" richtig ausgedrückt.

„Fehlt der Erfolg, der theils vom Zufall, theils
15 von der durchschnittlichen Art des massgebenden
Publicums abhängt und also meist den Besten fehlt,
so ist das Individuum materiell geschädigt, da es
alle Kraft vergeblich auf jene geistige Fähigkeit ver-
einigt und wird dazu durch unbefriedigten Ehrgeiz ent-
20 kräftet, denn mag auch die Ehre nur die minder werth-
volle Zugabe zum eigentlichen Genuss der geistigen
Zeugungskraft sein, so ist sie doch eine psycholo-
gisch nothwendige Begleiterscheinung. Ueberall ist
die Natur auf's Ganze gerichtet; auch das Wesent-
25 liche bleibt ohne die niedere Ergänzung ein unvoll-
kommenes Glück, eine platonische Liebe."

Jeder Poet ohne Ausnahme beginnt mit der
Ruhmsucht.

Wird diese nun nicht nur nicht gesättigt,
30 sondern statt dessen Verkennung, Erfolglosigkeit,
materielle Zurücksetzung ihm zu Theil, so tritt das
Stadium des Welthasses, der Verzweiflung, ein. Ueber
dieses dringt nur der wahrhaft Erkorene und Gott-
begnadete vor. Der Dichter soll eben die Sansara

überwinden. Wenn der Dichter auf den Trümmern individueller Emotionen, von denen sonst Jeder beherrscht wird, seine unsterblichen Gebäude errichtet, da liegen Grossthaten des menschlichen Willens in den geheimnissvollen Tiefen des Unbewussten verborgen, mit denen sich keine Grossthat der Realität vergleichen lässt.

Der Dichterdenker ist sich selbst eine Welt. Er besiegt sein Schicksal in seinen Schöpfungen. Er ist der eigentliche Individualmensch und das eigentliche Urgenie, die zugleich erhabenste und originellste Naturerscheinung.

Der Pole Krascewsky hat eine Novelle „Der Dämon" geschrieben, in welcher dargestellt wird, wie ein Poet alle irdischen Bande abschwört, um sich ganz in's Ideale zu versenken. Die Katastrophe wird dadurch herbeigeführt, dass der Poet sich einer Liebe hingiebt. Diese Liebe nun erklärt er für einen Verrath an der Muse, der einzigen würdigen Geliebten des Dichters. Als sein Mephisto, ein Graf Marian, erstaunt lacht: Die Liebe ist ja grade der kastalische Quell der Poesie, versetzt ihm der Poet verächtlich: Höchstens die unglückliche. — Hier liegt eine tiefe Wahrheit. Die Muse ist das Kind der Einsamkeit und wird durch jede nach Aussen strebende Leidenschaft in ihrem Wachsthum gehindert. Die Liebe ist an sich so wenig wie alle übrigen egoistischen Triebe ein würdiges Sujet der Poesie. Nur das Versenken ins Allgemeine führt zu echter Dichtung. Besonders muss die Geschichte, diese einzig praktische nützlichbelehrende Wissenschaft, auf praktisch-philosophischer Anschauung wie der von Th. Bukle fussend, aus einem dichterischen Ingenium neugeboren werden und in ihren wichtigsten Momenten frisch, lebendig, neugeschaffen als Quintessenz der Vergangenheit den Menschen der Gegenwart neuvermittelt werden. Diese Bahn begann Heine im „Romanzero" zu bezeichnen. Demselben grossen Dichter gelang es auch, die

Liebe an sich wahrhaft dichterisch zu gestalten, indem er, eine unbefriedigte Leidenschaft als Motiv nehmend, die Eindrücke derselben auf ein poetisches Gemüth schilderte. Zugleich verstand er die Sehn-
5 sucht nach dem Unendlichen, dies innerste Mysterium der Poesie, mit dieser höchst endlichen Leidenschaft zu verknüpfen.

Es ist dies die Objectivität in der Subjectivität. Denn die reine Objectivität, von der Laien so viel
10 Wesens machen, ist eine Phrase. Subjectivität ist Wahrheit, sogar das einzige bestimmt Wahre, und Wahrheit das erste Erforderniss des literarischen Werthes. Freilich muss sich eine objective Subjectivität und eine subjective Objectivität verbinden. Goethe
15 giebt uns ein Musterbeispiel in Tasso und Antonio, wo er seine Persönlichkeit in zwei Theile zerschlägt und sich gegenüberstellt. Der wahre Dichter erfindet nie, sondern erlebt. Das Höchste erreicht er aber, indem er aus dem Endlich-Selbsterlebten sich das
20 Unendlich-Allgemeine combinirt und construirt und Formeln für das Ewige in lebendige handelnde Figuren umsetzt, wie in Werther und Faust. Der Letztere lehnt sich allerdings schon an eine vorhandene Sage an, wie Tell, wo Schiller sich ebenfalls zur Mythen-
25 Bildung (Demokratie) aufschwang. So suchten Chateaubriand und Musset den jungen Mann, die Staël und G. Sand die typische junge Frau ihrer Tage in ihren Werken. Das Höchste leistet nach dieser Hinsicht Cervantes.

30 Noch über ihn hinaus geht jedoch Byron, der auch hier deutlich die Spitze der poetischen Capacität und Ausbildung derselben bezeichnet, indem er zugleich die Subjectivität der Idee, deren Apostel zu sein die Mission eines Shelley ist, mit der Sub-
35 jectivität des Persönlich-Figürlichen vereint. Grade wie ihm (allerdings nach gründlichem Studium Pope's) seine unerreichbare Formbeherrschung gleichsam angeflogen zu sein scheint, stellt er auch gleich in

seinem ersten Werk, dem „Pilger der Ewigkeit", ein
unsterbliches Symbol auf. Seine Behandlung von ur-
alten Sagen wie Kain, der Sündfluth, Don Juan
ist nicht nur vollkommen neugestaltend und originell,
5 sondern er wählte dieselben auch nur, weil sie ihm
sozusagen in seinem Innern zu wurzeln schienen und
er sich sagen durfte: Wären sie nicht da, so hätte
ich sie erfinden müssen. Und welche Momente
griff er aus der Geschichte heraus, deren unermess-
10 liches Gebiet bei seinem immensen Wissen vor seinen
Augen ausgebreitet lag? Der böse Geist kommt über
Saul — Herodes klagt um Marianne — die babylo-
nischen Leiden — das sind seine selbsterlebten Stoffe,
wenn man von ihm „Hebräische Melodien" verlangt.
15 Aus dem ganzen Alterthum sucht er sich den Sardanapal heraus. Das Stück ist in jeder Hinsicht meisterhaft, auch in der Durchführung des Assyrischen
Costüms. Und doch heissen die Hauptpersonen: Lord
Byron, Lady Byron, Gräfin Guiccioli. — Im „Mazeppa"
20 (sonst echt polnisch) nennt er die Heroine gradezu
Theresa, um uns recht deutlich zu machen, dass es
sich hier um die Eifersucht des Grafen Guiccioli handelt.

In seinen griechischen Epyllien mischen sich gar
die verschiedensten Motive der Symbolik. Zuerst sind
25 es eigne Liebes- und Lebensschicksale, die unter der
Maske verschiedener Helden dargestellt werden. Diese
Helden aber, die von nun an als „byronische" typisch
werden, sind allgemeine Symbole verzweiflungsvoller
Weltentfremdung. Ihre Napoleonische Menschenver-
30 achtung ist nicht mit imperatorischer Herrschgier ver-
bunden. Sie wollen nicht, sie müssen herrschen.
Sie herrschen, denn sie sind. — Das sind die
echten Ideale einer genialromantischen, aber zerrissenen und von Kämpfen, Revolutionen, Erobe-
35 rungen übersättigten Zeit. Und der Hintergrund, die
Staffage dieser Gemälde, ist selbt ein Symbol. Dem
Dichter gaben seine eignen Reisen und Abenteuer
wie von selbst das solideste Fundament für seine

Phantasieschlösser: **Hellas** — der Name selbst ist schon Poesie — seine einstige Grösse, sein jetziger Fall. Hierzu kommt das praktisch-politische Interesse an dem nahenden Freiheitskampf der Griechen — im Lara schon zu einem allgemeinen Symbol der nahenden Empörung gegen die Reaction ausgebildet. Wie musste das eine Epoche ergreifen, in der die Welt nach Aussen und Innen eine totale Umwandlung durchmachte! „Neues Leben blüht aus den Ruinen?" Ist das wahr? fragt Pilger Harold. Blickt auf das Alterthum und lauscht auf meine Stimme, der ich den Fluch des Marius auf den Trümmern von Charthago unter den Ruinen ihrer Ueberwinderin wiederhole.

Wir schweigen von Manfred. Aber selbst die zwei venetianischen Staatsactionen sind bei ihm sozusagen selbsterlebt. Er weiss, warum „Marino Faliero" Venedig ein „See-Gomorrha" nennt: Ist er doch selbst ein venetianischer Nobili geworden! InVenedig, das er „von Jugend an liebte als eine Feenstadt des Herzens" (Harold IV.) wohnt er Jahre lang im Palast der Moncenigo. Und was ist der Inhalt des „Dogen"? Der Kampf des demokratischen Lords gegen seine Standesgenossen, sein heimlicher Widerwille gegen die Plebejer und sein geheimer aristokratischer Hochmuth! — In den „Foscari" ist das Weh des Exils, selbst unter den günstigsten Umständen wie bei Byron selber, das Grundthema.

Shelley nennt Dichter in einem Essay sehr richtig „die unbekannten Gesetzgeber der Welt", weil sie die Propheten ihrer Zeit. Demnach sind „der schöne Wahnsinn", die Inspiration, das Dämonische, unbedingt nöthig, indem einem solchen Auserkorenen unbewusst die Gesetze der Welt und die Erkenntniss für die Bedürfnisse seiner Zeit innewohnen. Er ist ein Oedipus, in dem jedes Räthsel seine Lösung findet. Hieraus geht nun wieder hervor, dass ein wahrer Dichter ohne bestimmtes (wenn auch vielleicht unbewusstes) reflectives Ziel nicht wohl bestehen kann. L'art pour

l'art ist ein Humbug. Dichter wie z. B. Tennyson
und Edgar Poe wissen sich mit ihren reichen Gaben zu
keiner echten Grösse zu entfalten, weil sie ohne festes
Prinzip in einer vaguen künstlerischen Phantasie
5 schwelgen. Selbst unsre Romantiker werden länger
leben: Sie waren wenigstens Herolde der Reaction.
Poeta nascitur, non fit. Allerdings, denn es
wäre sonst unglaublich, dass ein simpler Lordsjunge
wie Lord Byron, der sogar anfänglich etwas unsicher
10 auf seiner Harfe klimpert, mit einem plötzlichen Anlauf (Harold) gleich in's Allerheiligste der Poesie
dringen und sich daselbst für immer behaupten kann
— dass derselbe plötzlich in „fremden Zungen" in
einer Sprache und Form, zu singen beginnt, deren
15 Wohllaut alle vergangenen Zeiten kaum ahnen
konnten, als ob die plötzliche Ausgiesung des „heiligen Geistes" auch zugleich die volle Beherrschung
der Kunstmittel verleihe, welche mit schwerster Arbeit
keinem Andern zu erringen gelingt. Dies ist die Lehre
20 von der poetischen Gnadenwahl. Viele sind berufen,
Wenige auserlesen, welche im Besitz der vollen
„Gnade", des absoluten souverainen Genies, erdrückende
Aufgaben spielend zu lösen scheinen. — Aber nur
scheinen. Denn „der Künstler wird nicht geboren,
25 sondern wird" möchte man den obigen beliebten Satz
gradezu umkehren.
　　Als höchste Beispiele arbeitsamer Produktivität
können wir Byron und Raphael betrachten. Beide
schufen in enorm kurzer Zeit (sie begannen und star-
30 ben im gleichen Alter) eine erstaunliche Masse von
Meisterwerken, die sich ebenso durch Grandiosität wie
Lieblichkeit, durch strenge Idealität und Wiederspiegelung des Innerlich-Transcendentalen, auszeichnen.
　　Die Schnelligkeit der That und die uner-
35 müdliche Arbeitskraft — „Genie ist Geduld" sagt
Buffon.
　　Die Salondämchen-Anschauung denkt sich den
Rafael, wie er die Sixtina im Traum sieht und sie

dann womöglich in einer Nacht „herunterhaut." Die Wahrheit ist ehrenvoller und erhebender. Dichten ist ein sich Erinnern, Festhalten von Phantasien. Kleine Künstler haben kleinliche Träume und geben diese unvollkommen wieder, grosse Künstler haben gigantische und ruhen und rasten nicht, bis sie dieselben vollkommen wiedergeben. Sie photographiren ihre Visionen. Dazu sind freilich Stimmung, ein besonderes Licht, Raum, Luft, Zeit, nöthige Bedingungen — beim Dichter ist „die Stunde der Gnade", welche G. Sand beredt schildert, Alles. Aber Der von Gottesgnaden wartet nicht auf sie, er ruft sie und sie kommt. Dennoch gilt es auch hier Geduld haben: Trelawny erklärt ausdrücklich, Byron habe den Sardanapal sieben Jahre im Kopf gewälzt, ehe er ihn niederschrieb. In zehn, ja in drei Nächten entstanden bei ihm vollendete Chef d'œuvres. Dennoch feilte er am einzelnen Vers bis zum Aeussersten, um seine nie erreichte Elasticität und Harmonie der Sprache zu gewinnen. Aber welche unermessliche Fülle von Selbsterlebtem, welche bohrende Reflexion musste vorhergehen, um z. B. den „Kain" so nebenbei neben einem Dutzend andrer Arbeiten auf's Papier zu schleudern!

Beim Rafael ist die erste Compositions-Skizze schwach, die zwanzigste trägt den Stempel der Vollendung, nachdem er zu jeder einzelnen Figur Studien entworfen hat, die dem fleissigsten Maler unglaublich vorkommen.

Zu solcher Arbeitskraft ist aber nur hohe Idealität fähig. „Der junge Mann, der statt im Boulevard zu flaniren, sich zu Hause mit seinem Buch einschliesst, zeigt schon an sich seine noble Natur", versichert Musset — nur der Dichterdenker ist zu Grossem fähig, der die Freuden des Alltagslebens unerträglich und das Leben ohne ideale Arbeit gänzlich nutzlos findet. Dann feiert er den wahren Triumph des Lebens, den Sieg über die Sansara. Der arme unbekannte Künstler wiegt weit mehr, als alle Eroberer zusammen.

Hier aber sollten wir das Dämonische nicht unberücksichtigt lassen: Wie Geiz, Wollust, Blutdurst, dämonische Triebe, so ist auch der Idealismus ein dämonischer Impuls.

Selbstaufopferung ist meist nicht allzu rührend. Das Sichkreuzigenlassenwollen mag gar keine Aufopferung sein, sondern der letzte verzweifelte Versuch, sich über den nagenden Ennui, der jeden vornehmen Geist verfolgt, wegzusetzen. Da aber diese Langeweile — dieses Lebens höchster Schmerz, der Schmerz um dieses Leben — nie aufhören wird, kann auch die Poesie nie ausspielen.

Wohl scheint die Erkenntniss bitter, dass das Gute ohne das Böse nie denkbar und dass der Zoroaster-Kampf in jeder Menschenbrust wie in der Weltgeschichte sich rastlos weiterwälzt, dass das Ideale unerreichbar und jede Hoffnung auf Befriedigung idealer Sehnsucht eitel. Aber dies wird paralysirt durch die Erkenntniss der Erhabenheit des Menschengeistes, der sich nach der Seite der Moral zu Selbstverleugnung und Mitleid, nach der Seite des Intellekts zur Poesie und Bewunderung des Wahren, Guten und Schönen aufzuschwingen vermag.

Und diese Poesie der Weisheit birgt in sich das Glück. Das Transcendentale ist unsicher und verwirrend — das poetische Temperament trägt sein Transcendentales in sich selbst.

> Duldet und denkt! Schafft eine innre Welt
> Im Herzen, wenn die Aussenwelt versagt.
> So kommt der geistigen Natur ihr näher
> Und sieget in dem Kampf mit eurer eignen.
> Kain.

ANHANG

Nachwort zur Neuausgabe

CARL BLEIBTREU [Berlin 13. 1. 1859 – Locarno 30. 1. 1928] war der Sohn des bekannten Schlachtenmalers GEORG BLEIBTREU [1828–1892], der besonders durch seine Darstellungen der Kriege von 1864, 1866, 1870 berühmt wurde. Nach einer kurzen Studienzeit in Berlin und Reisen durch ganz Europa wählte er den Beruf eines freien Schriftstellers und veröffentlichte schon 1879 sein erstes Werk: ›Gunnlaug Schlangenzunge. Eine Inselmär‹. Berlin, Schleiermacher. Sein ganzes Leben hat er sehr rasch gearbeitet; er hat bis zu seinem Tode über hundert epische, dramatische, lyrische, kritische und wissenschaftliche Schriften veröffentlicht[1]. Besonders bekannt wurden seine Schlachtenschilderungen, in denen er in Prosa gleichsam die Arbeit seines Vaters fortsetzte: 1882 erschien anonym sein erstes Werk: ›Dies Irae‹.[2] Aber vor allem seine kritische Tätigkeit bildete einen jetzt noch wichtigen Bestandteil seines Werkes. Eine Zeitlang war sein Einfluß auf das literarische Leben in Deutschland sehr groß.[3] Er leitete 1884 das

---

[1] Das genaueste Verzeichnis aller Werke BLEIBTREUS steht bei OTTOKAR STAUF VON DER MARCH (Pseud. für OTTOKAR F. CHALUPKA aus Mähren) [1863–1941] in seinem Buch: ›Carl Bleibtreu. Eine Würdigung‹. Stuttgart, Carl Krabbe, 1920, S. 138–152, wo allerdings das Jahr der EA von BLEIBTREUS ›Paradoxe der konventiellen Lügen‹ falsch angegeben worden ist, das Buch erschien schon 1885 *anonym* bei Steinitz und Fischer, Berlin, und wurde erst 1888 unter BLEIBTREUS Namen in 6. Aufl. von Steinitz, Berlin, neu veröffentlicht. Bei W/G steht das Verzeichnis auf S. 93–97.

[2] ›Dies irae. Erinnerungen eines französischen Offiziers an die Tage von Sedan‹ erschien 1882 anonym bei Carl Krabbe in Stuttgart, hatte allerdings erst Erfolg, nachdem die französische Übersetzung viel Aufsehen erregt hatte. Das Werk erlebte 1912 noch die 6. Auflage. Die zahlreichen Bände mit Schlachtenschilderungen bei STAUF VON DER MARCH oder W/G, a.a.O.

[3] Das ausführlichste und beste Buch über BLEIBTREU als Kritiker ist: GUSTAV FABER, ›Carl Bleibtreu als Literaturkritiker‹, Berlin, 1936, ›Germanische Studien‹, Heft 175. Diesem Buch verdankt das Nachwort

›Kleine Tagblatt‹ in Berlin, 1885 den ›Schalk‹.[4] Seit der Grün-
dung, 1885, war er Mitarbeiter der Zeitschrift ›Die Gesellschaft‹,
1888–1890 neben dem Begründer MICHAEL GEORG CONRAD der
Mitherausgeber dieser Zeitschrift, die eine so wichtige Rolle im
deutschen Frühnaturalismus gespielt hat. Er war auch einige
Jahre Herausgeber der zweiten wichtigen Zeitschrift der Moderne, des ›Magazins für die Litteratur des In- und Auslandes‹,
als Nachfolger HERMANN FRIEDRICHS’. Er hat diese Zeitschrift
von der Nr. 19 des 55. Jahrgangs an, die am 8. Mai 1886 erschien,
bis zu der Nummer 13 des 57. Jahrgangs, die am 24. März 1888
erschien, als Herausgeber geleitet. Beide Zeitschriften gehörten
damals dem Verleger WILHELM FRIEDRICH.[5] BLEIBTREU war mit
ihm befreundet und verfaßte in seinem Haus[6] die Schrift: ›Die
Revolution der Literatur‹. Im Januar 1886 schrieb er sie, wie
er selbst später sagte »in wenigen Tagen« nieder. In der 1903
(Berlin, Schall und Rentel) erschienenen Broschüre: ›Die Verrohung der Literatur. Ein Beitrag zur Haupt- und Sudermännerei‹, schrieb er zu einer Zeit, als er eigentlich schon völlig vergessen war und ihn dies sehr verbitterte: »Dass dies marktschreie-
rische Maulaufreissen aber beim heutigen Reklamestand der
Dinge unumgänglich notwendig erschien, bewies der grosse Erfolg der theoretisch wirren, obschon markig impulsiven, Bro-

---

zu dieser Ausgabe sehr vieles. Vgl. auch: BRUNO MARKWARDT, ›Geschichte der deutschen Poetik‹, Band V, Berlin 1967, S. 88–99.

[4] Vgl. FABER, a.a.O., S. 27 und 7.

[5] Ab 31. 3. 1888 erschien das ›Magazin‹ nicht mehr bei FRIEDRICH,
sondern wurde die Zeitschrift mit WOLFGANG KIRCHBACH als Herausgeber vom »Verlag des Magazins für die Litteratur des In- und Auslandes« in Dresden-Neustadt veröffentlicht. Vgl. Schlawe I, S. 22–24
für die Geschichte des literarhistorisch sehr wichtigen Blattes. Schlawe I,
S. 19–22 gibt auch die Geschichte der Zeitschrift ›Die Gesellschaft‹.

[6] Vgl. WALTER HASENCLEVERS Bericht in: ›Dichter und Verleger.
Briefe von Wilhelm Friedrich an Detlev von Liliencron‹. [...] hrsg. von
WALTER HASENCLEVER, München/Berlin, 1914, S. 21. Vgl. zum Schicksal der Dissertation HASENCLEVERS, die die Grundlage zu diesem
schmalen Band bildet: KARL H. SALZMANN, ›Michael Georg Conrad,
Wilhelm Friedrich und die »Gesellschaft«. Ein Bericht‹, in: ›Börsenblatt
für den deutschen Buchhandel‹, Jg. 119, 1949 (Leipzig), S. 241–2,
252–3, 261–2.

schüre ›Revolution der Literatur‹, wohl das unbedeutendste, was Bleibtreu je geschrieben hat, ein in wenigen Tagen hingesudeltes Kampfmanifest«.[7] Daß die Niederschrift in so kurzer Zeit vollendet werden konnte, hängt vor allem damit zusammen, daß BLEIBTREU seine in der ›Gesellschaft‹ und auch im ›Magazin‹ erschienenen Aufsätze und Rezensionen in gekürzter und umgearbeiteter Form in die Broschüre aufnahm.

Es handelt sich dabei um folgende Aufsätze und Kritiken aus dem Jahrgang I, 1885, der ›Gesellschaft‹:

›Berliner Briefe I: Die Litteratur in der Reichshauptstadt‹, in Nr. 15 vom 14. 4. 1885, S. 265–270.
›Berliner Briefe II: Das Preußentum und die Poesie‹, in Nr. 18 vom 5. 5. 1885, S. 329–335.
›Berliner Briefe III: Zola und die Berliner Kritik‹, in Nr. 25 vom 23. 6. 1885, S. 463–471.
›Neue Lyrik. Kritische Studie‹, in Nr. 29 vom 21. 7. 1885, S. 553–559.
›Neue Bücher‹, in Nr. 43 vom 24. 10. 1885, S. 816–817.
›Andere Zeiten, andere Lieder!‹, in Nr. 47 vom 21. 11. 1885, S. 891–893.
›Neue Werke der schönen Litteratur‹, in Nr. 50 vom 12. 12. 1885, S. 932–934.

Aus dem ›Magazin‹ hat er nur weniges übernommen.[8] Zu erwähnen sind hier nur:

›Neue Dramen. – »Junius« von Hans Blum – »York« von demselben. Leipzig, Duncker und Humblodt‹, in Nr. 21 vom 23. 5. 1885, S. 326–8 und in Nr. 22 vom 30. 5. 1885 im Jg. 54, 1885, S. 341–344.
›Die deutsche Litteraturentwicklung‹, in Nr. 50 vom 12. 12. 1885 im Jg. 54, 1885, S. 781–5, eine sehr ausführliche Rezension der von BLEIBTREU in der ›Revolution‹ so fleißig benutzten und zitierten ›Geschichte der deutschen Litteratur‹ von FRANZ HIRSCH, die 1884–5 bei WILHELM FRIEDRICH in Leipzig erschien.

In der Einleitung zur 3. Auflage übernimmt er einiges aus folgenden Beiträgen:

---

[7] A.a.O., S. 34.
[8] KARL BIESENDAHL, ›Karl Bleibtreu‹, Leipzig, W. Friedrich [o. J. = 1892], behauptet zwar S. 91, die ›Revolution‹ stelle »eine überarbeitete Sammlung seiner schneidigen Magazinaufsätze« dar; was aber ein Irrtum ist.

›Pro domo‹, in Nr. 17 vom 24. 4. 1886 des ›Magazins‹, Jg. 55, 1886,
S. 269–271.
›Neueste Lyrik‹, in Nr. 19 vom 8. 5. 1886 des ›Magazins‹, Jg. 55, 1886,
S. 289–295.
BLEIBTREUS ironische Glosse zu SPIELHAGENS »Offener Brief« in der
Rubrik: ›Litterarische Neuigkeiten‹, in Nr. 21 vom 21. 5. 1887 des
›Magazins‹, Jg. 56, 1887, S. 309.

Durch diese Entstehungsweise bekommt das Manifest etwas
Brüchiges, es treten Wiederholungen auf, einige Personen (wie
NAPOLEON, BYRON) und Bücher (wie ARNO HOLZ, ›Buch der
Zeit‹) werden zweimal besprochen. Auch fehlt manchmal der
innere Zusammenhang zwischen den einzelnen Kapiteln. Trotzdem war die Wirkung dieses »Kriegsmanifests des deutschen Realismus«⁹ sehr groß und es erschienen 1886 und 1887 rasch hinter
einander 3 Auflagen, die große Unterschiede zeigen, was beweist,
für wie wichtig BLEIBTREU damals eine fortwährende Korrektur
seiner Ansichten hielt. Die Schrift gehört denn auch zu den erfolgreichsten Büchern BLEIBTREUS.¹⁰
Er skizziert darin, gleichsam als Supplement zu HIRSCHS ›Geschichte der deutschen Litteratur‹, wie er selbst schreibt (S. 14),
die Dichtung seiner Zeit in sehr kritischer Weise. Er vergleicht
die zeitgenössische deutsche Literatur mit der ausländischen, aber
die kritische ›Theorie‹, die er dabei vertritt, ist alles andere als
klar und widerspruchsfrei. Im Mittelpunkt seiner Geschichts-

⁹ So formuliert von OTTOKAR STAUF VON DER MARCH in seinem
Aufsatz ›Karl Bleibtreu‹, S. 125–147, in: ›Litterarische Studien und
Schattenrisse (I. Reihe)‹, Dresden, E. Pierson, 1903, bes. S. 145–6.
¹⁰ Laut STAUF VON DER MARCH (vgl. Fußnote 1) sind BLEIBTREUS erfolgreichste Werke gewesen: sein Buch ›Dies irae‹ (1882, bis 1912 sechs
Auflagen), ›Paradoxe der konventionellen Lügen‹, welches Buch zwi-
schen 1885 und 1888 6 Auflagen erlebte (Berlin, Steinitz und Fischer);
›Wer weiß es? Erinnerungen eines französischen Offiziers unter Napo-
leon I.‹, das zwischen 1884 und 1894 6 Auflagen erlebte (die 1.–4. Aufl.
in Berlin, Eisenschmidt, die 5.–6. Aufl. Berlin, Steinitz). Sonst haben
BLEIBTREUS Werke kaum Erfolg gehabt, so daß 1920 die Mehrzahl
seiner Werke noch in EA lieferbar war, ein Teil bei CARL KRABBE,
Stuttgart, ein anderer Teil bei O. GRACKLAUER, Leipzig. Einige wenige
Werke bei WILHELM FRIEDRICHS Nachfolger: MAX ALTMANN in Leipzig.
Quelle: die 8 Seiten ›Anzeigen‹ am Schluß des Bandes von OTTOKAR
STAUF VON DER MARCH, ›Carl Bleibtreu‹, Stuttgart, 1920.

betrachtung steht der »Held«, das »Genie«, die als Typus vor
allem von NAPOLEON und BYRON verkörpert werden. Daneben
spielt die aus der Romantik stammende Idee des Weltschmerzes
und der in seiner Zeit stark verbreitete Pessimismus (SCHOPEN-
HAUER, EDUARD VON HARTMANN) eine große Rolle. Für den
Weltschmerz sind BYRON und DE MUSSET seine großen Vorbilder.
Daneben tritt dann aber das Werk ÉMILE ZOLAS. Sein Freund
MICHAEL GEORG CONRAD hatte ihn zur ZOLAlektüre angeregt.
Dieser hat selbst den großen französischen Naturalisten in seiner
Pariser Zeit, um 1880 herum, kennengelernt.[11] Bald stellt BLEIB-
TREU ZOLAS ›Germinal‹ [1885] neben den ›Kain‹ BYRONS, den
›Rolla‹ DE MUSSETS, und sogar GOETHES ›Faust‹. Den deutschen
ZOLA glaubt er in MAX KRETZER gefunden zu haben. Er fordert
einen neuen Realismus, der aber die subjektiv-idealistische Deu-
tung des Geschehens nicht preisgibt; er will Realismus und Ro-
mantik verschmelzen. So schreibt er als Zueignung an CONRAD
in seiner Novellensammlung ›Schlechte Gesellschaft‹ [Leipzig,
W. Friedrich, 1885] die bezeichnenden Verse:

»Realismus und Romantik – Worte sind nur, Worte sie:
Doch ihr Sinn schmilzt ineinander in der neuen Poesie«.[12]

So steht er gleichsam hilflos zwischen den Zeiten, er will sich für
die sozialen Probleme interessieren, ist aber zugleich ans Bürger-
tum gebunden. Das zeigt sich auch in seinem Stil, der oft sehr
pathetisch ist, aber unvermittelt in einen sehr nüchternen Jargon
hinüberwechselt. Er äußert in schroffer, apodiktischer Form seine
Ansichten und spricht manchmal so gönnerhaft, als wäre er der
Berater der »Jüngsten«. Trotz dieser und anderer Unzulänglich-
keiten, trotz seines grenzenlosen Subjektivismus, wurde das Buch
bald zur Programmschrift der jungen Generation. Man übte allerdings heftige Kritik an der Tatsache, daß er im Grunde nur seine
eigenen Werke als die wirklich modernen hinstellte; was übrigens
dazu führte, daß er die diesbezüglichen Stellen in der 2. und
3. Auflage abgeschwächt hat. Man ärgerte sich über seine schiefen

[11] Vgl. dazu die Anmerkung zu S. XXII, 14 ff. des BLEIBTREU'schen
Textes. Vgl. auch: M. G. CONRAD, ›Emile Zola‹, Berlin [1906] (›Die
Lit.‹, Bd. 28).
[12] Zitiert nach: HORST CLAUS, ›Studien zur Geschichte des deutschen
Frühnaturalismus‹, Halle, 1933, S. 28 und Fußn. 21 auf S. 92.

Urteile[13]: so hielt er ARENT für den bedeutendsten Lyriker, ARNO HOLZ dagegen für einen Reimklingler, er betrachtete CONRAD und HEIBERG als die »zwei Eckpfeiler der literarischen Zukunft« (S. 32) usw. Die Verbitterung, die bei ihm entstand, weil man nach seiner Meinung seine dichterischen Werke nicht genug beachtete, seine Dramen nicht aufführte, beeinflußte stark sein Urteil über die erfolgreichen Dichter der älteren Generation. Aber trotzdem beeindruckte die Schrift die jüngste Generation und trug, was vielleicht noch wichtiger ist, dazu bei, daß die Namen dieser jungen Dichter dem großen Publikum geläufiger wurden.

Außerdem ist hier der erste Ansatz zu dem zu finden, was er später sein »realistisches System« genannt hat. Schon hier gibt er genau an, was er eigentlich unter Realismus verstehen will (S. 29): »Unter diesem Namen versteht man diejenige Richtung der Kunst, welche allem Wolkenkukuksheim entsagt und den Boden der Realität bei Wiederspiegelung des Lebens möglichst innehält«. Oder, wie FABER[14] es formuliert: »Es ist eine Auseinandersetzung seiner romantischen Veranlagung mit den realistischen Einflüssen der Außenwelt. Während für ihn zuvor nur ein Realist Dichter sein konnte, sagt er jetzt: ›Ein wahrer Dichter ist ein Realist, weil er ein Dichter ist‹. Das Realistische ist für ihn die Voraussetzung des Idealistischen, wobei er freilich den Idealismus der alten Schule von *seinem* Idealismus trennt«. Ausführlich spricht BLEIBTREU über dieses »realistische System« in einem Aufsatz im ›Magazin‹, Jg. 56, 1887, S. 385–7: ›Ueber Realismus‹. So erklärt sich auch seine Polemik gegen WILHELM BÖLSCHE, der in seiner 1887 erschienenen Schrift ›Die naturwissenschaftlichen Grundlagen der Poesie. Prolegomena einer realistischen Aesthetik‹, Leipzig, Carl Reissner, weit konsequenter jeden Idealismus verwirft und eine Programmschrift liefert, die weit ausgeglichener und weniger subjektiv als BLEIBTREUS ›Revolution‹ ist. BLEIBTREU polemisiert denn auch sehr heftig gegen dieses Buch: in der Rubrik: ›Litterarische Neuigkeiten‹ im Maga-

[13] Schon EUGEN WOLFF, ›Die jüngste deutsche Litteraturströmung und das Princip der Moderne‹, Berlin, Eckstein, 1888, S. 16–21 und 24, formuliert diese Bedenken recht genau.

[14] Vgl. Fußn. 3, a.a.O., S. 36–37. Das BLEIBTREU-Zitat steht in dem Vorwort zur 3. Aufl., S. IX.

zin, Jg. 56, 1887, S. 222–3 bemerkt er S. 223: »Kurz, wie mit der alten ›idealen‹, wird auch mit der neuen ›realistischen‹ Aesthetik kein Hund vom Ofen gelockt. Die ›Wissenschaftlichkeit‹ ist der Tod der Poesie. Dann würde der Realismus wirklich zu Gottsched'schem Formalismus führen.« Seine »Definition« der Poesie lautet (a.a.O., S. 223): »Hocherhaben über neidisches Gekläff wie über die Blindheit unreifer Philister, schreitet die große Dichtkunst der Zukunft, des idealen Realismus und realen Idealismus, ihre dornige nebelverhüllte Bahn, hinauf zum Gipfel des Berges [...]. Ein wahrer Dichter ist realistisch, weil er ein Dichter ist. Aber ein Realismus ohne Poesie ist gar keine Poesie mehr.«

So kommt er zu seinen Ansichten über die Dichtungsgattungen, wie sie in der ›Revolution‹ zu finden sind. Wenn er Dichter beurteilt, bleiben all seine Urteile im Grunde »Gegenwartsurteile«, keine literarischen oder gar literarhistorischen Urteile. Deshalb muten seine Urteile heute so ungerecht an. Gerade sein Schwanken zwischen Romantik und Realismus, zwischen BYRON und ZOLA, machen sie aus unserer Sicht eher schief. Wie stark er der Tradition noch verhaftet ist, zeigen etwa auch, um ein sehr charakteristisches Beispiel zu nennen, seine zahlreichen Bibelzitate. Auch die (später immer schärfer werdende) Ablehnung der »Jüngstdeutschen«, zu der in der ›Revolution‹ schon Ansätze vorhanden sind, beruht auf dieser Unsicherheit. Sehr typisch ist in dieser Hinsicht seine Kritik an der Anthologie ›Moderne Dichter-Charaktere‹ in der ›Revolution‹, einer Anthologie, an der er selbst mitgearbeitet hatte! Dennoch versucht er in der ›Revolution‹, die jüngstdeutschen Dichter zu verteidigen und zu belehren; was dazu führte, daß seine Programmschrift von dieser Generation noch als Programmschrift akzeptiert und als realistisches Manifest begrüßt werden konnte. Aber sogar ein so freundlicher Kritiker wie CRISTALLER erkennt in seiner Kritik in der ›Gesellschaft‹, Jg. II, 1886, S. 379–380 Bleibtreus große Subjektivität nur allzu gut. Freilich hat BLEIBTREU in einer langen Entgegnung im ›Magazin‹, Jg. 55, 1886, S. 269–271 im Aufsatz: ›Pro domo‹ solche Kritik zu entkräften versucht, er bleibt aber auch hier genau so subjektiv wie in der Programmschrift, wo er der jüngsten Generation Größenwahn, Unreife, Cliquenbildung vorwirft. Später verrannte er sich immer mehr in seine subjektiven Auffassungen, so daß es ihm als Mitherausgeber der ›Gesellschaft‹

1889 passieren konnte, daß er GERHART HAUPTMANNS Drama
›Vor Sonnenaufgang‹ zur Veröffentlichung in der ›Gesellschaft‹
ablehnte![15]

Abschließend wäre zu BLEIBTREU als Kritiker grundsätzlich zu
sagen, daß seine Worte im Vorwort zur 3. Auflage der ›Revolution‹ (S. VI):

»Im *Einzelnen* muss Lob und Tadel in einer solchen Streitschrift ein übertreibendes Gepräge tragen, das vielleicht nicht
immer dem rein objektiven Standpunkt des Autors selbst entspricht. Und wie soll er erst sich selber gerecht werden!« seinen
Standpunkt vielleicht am besten wiedergeben. In all seinen
Kampfmanifesten, in seinen kritischen Aufsätzen in Zeitschriften,
vertritt er, wenn auch nicht immer explizit, diese Auffassung; sie
ist letzten Endes nichts anderes als eine Rechtfertigung seiner
Arbeit als Kritiker *und* als Dichter. Immer sieht er sich selbst
im Mittelpunkt und das dürfte wohl der tiefste Grund sein, daß
die Broschüre, die mit so großer Begeisterung von der Jugend
begrüßt wurde, doch so rasch ihre Wirkung verlor. Nur in den
Jahren 1885 und 1886, als seine Kritik noch nicht allzu program-
matisch war, sich auf den Kampf gegen das Alte und Überlebte
beschränkte, für ZOLA und dessen Kunst warb, war BLEIBTREUS
Wirkung groß. Der Geist seiner ›Revolution‹ wurde der Geist der
neuen Bewegung: er verhalf ZOLA in Deutschland zum Durchbruch und unbewußt schuf er auch das Bild des »Jüngsten
Deutschland«. Je mehr er sich aber von dieser Bewegung ab-
wandte und gegen sie polemisierte, desto geringer wurde sein
Einfluß. Aber der konsequente Naturalismus ist ohne die Vor-
arbeit der Jüngstdeutschen, zu denen BLEIBTREU, wie sehr er sich
auch gegen diese Auffassung sträubte, denn doch gehörte, nicht
denkbar. Darin liegt die große Bedeutung BLEIBTREUS und das
dürfte denn auch einen vollständigen, kommentierten Neudruck
der ›Revolution der Litteratur‹ rechtfertigen; denn die Lektüre
einer solchen Programmschrift zeigt deutlich, was die junge
Generation des frühen deutschen Naturalismus bewegte.

Die Rezeption der Broschüre, die hier nicht weiter geschildert
werden soll, hat BLEIBTREU auch selbst überrascht. Merkwürdigerweise hat gerade der Erfolg dieser Schrift aber dazu beigetra-

---

[15] Vgl. dazu FABER, a.a.O., S. 81–84.

gen, daß man BLEIBTREUS dichterische Arbeiten überhaupt nicht mehr zur Kenntnis nahm und daß er sich als Dichter durch die Veröffentlichung der Schrift gleichsam selbst zum Scheitern verurteilte. Außerdem übernahmen bedeutendere Dichter als er die Führung der naturalistischen Bewegung, so GERHART HAUPTMANN, ARNO HOLZ, auch JOHANNES SCHLAF usw. Um 1890 traten in Wien und im Kreise um STEFAN GEORGE neue Bewegungen hervor, die in ganz anderer Richtung die Lösung der Probleme suchten, die BLEIBTREU in seiner Broschüre berührt hatte; und in denen man, wie RUDOLF BORCHARDT in seiner ›Rede über Hofmannsthal‹ (1902 in Göttingen gehalten, 1907 erschienen), für die Bestrebungen des Naturalismus nur Spott und Hohn übrig hatte.

Für entscheidende Hilfe bei der Arbeit möchte ich folgenden Bibliotheken und Personen danken.

Unermüdlich haben mir bei der Arbeit geholfen: die Provinciale Bibliotheek, Leeuwarden, mit ihrem so reichen Bestand an Nachschlagewerken, die Koninklijke Bibliotheek im Haag, die UB Utrecht, und auch die UB Groningen und Amsterdam, sowie die Bibliotheek van de Vereeniging ter behartiging van de belangen des boekhandels, Amsterdam. Auch das Deutsche Literaturarchiv, Marbach (Herr REINHARD TGAHRT) half mir bei der Lösung einiger Probleme.

Für Hinweise auf Lücken, Irrtümer und Fehler wäre ich sehr dankbar.

Schließlich möchte ich dem Herausgeber der Reihe, GOTTHART WUNBERG, Tübingen, herzlichst für alle Hilfe, für seinen guten Rat und für sein Vertrauen danken!

Heerenveen/Holland, 1. Dezember 1972

Johannes J. Braakenburg

Zu den Anmerkungen

In den Anmerkungen habe ich Vollständigkeit angestrebt, aber dennoch wird mir manches entgangen sein. Sie sollen möglichst genau feststellen, wer die vielen, heutzutage oft völlig vergessenen und verschollenen Autoren waren, die BLEIBTREU erwähnt; die genauen Titel der Bücher, die er nennt, ermitteln; sowie, wenn möglich, den Fundort der Zitate und Anspielungen. Dies könnte eine genauere Interpretation des Textes ermöglichen und zu einer exakteren Festlegung der theoretischen Position BLEIBTREUS führen.

Alle Angaben zu den Personen wurden möglichst genau geprüft. Bei den bibliographischen Angaben wurde versucht, jedes Buch und jeden Aufsatz einwandfrei zu beschreiben, wenn möglich an Hand eines Exemplars. Viele Bücher und Zeitschriften gerade des Zeitraums 1880–1890 waren mir nicht zugänglich; ich habe daher jeden Titel mit Hilfe folgender Kataloge und Bibliographien überprüft:

›British Museum. General Catalogue of Printed Books to 1955‹. Compact Edition. Vol. 1–27, New York, 1967

›The National Union Catalog, Pre- 1956 Imprints‹. Vol. 1–229 (A–HANNEMANN, KARL (V)) [London], Mansell, 1968–1972. Für die noch fehlenden Buchstaben wurde benutzt:

›A Catalog of Books represented by Library of Congress printed Cards‹ [bis 1948], Vol. 1–167 und Suppl., Vol. 1–24, Washington, 1948 ff.

›Catalogue général des livres imprimés de la Bibliothèque Nationale‹. T. 1–209, Paris, 1897–1970

C. G. KAYSER, ›Vollständiges Bücherlexikon‹ [...], Th. 1–36, Leipzig, 1834–1911

HINRICHS' ›Bücherkatalog‹, Band 1–13, Leipzig, 1875–1913

›Gesammt-Verlags-Katalog des deutschen Buchhandels‹. Band 1–16, Münster, A. RUSSELL, 1881–1894.

Zu jedem Buch aus BLEIBTREUS Zeit habe ich, wenn möglich, auch den Verlag angegeben, denn oft ist nur so eine einwandfreie Identifizierung des Buches möglich. Außerdem wird auf diese Weise – wie etwa bei WILHELM FRIEDRICH – die wichtige Rolle sichtbar, die manche Verleger im Frühnaturalismus gespielt haben.

Um zu verhüten, daß die Anmerkungen allzu umfangreich wurden, habe ich mich häufig auf ergänzende bibliographische Angaben beschränkt. Für die genauen Titel der zitierten Werke verweise ich auf das Verzeichnis der Abkürzungen auf S. 111. WILPERT/GÜHRING gibt ein Verzeichnis der Erstausgaben der wichtigeren Autoren. Fehlt der Name bei WILPERT/GÜHRING, so habe ich die Bibliographien bei KOSCH[3], bzw. KOSCH[2] und BRÜMMER genannt. Dieses Verfahren ist nicht unproblematisch, weil all diese Nachschlagewerke leider nicht fehlerfrei sind, und ihre Angaben nur mit großer Vorsicht benutzt werden dürfen.

Bei der Sekundärliteratur habe ich auf die sehr umfassende und zuverlässige ›Internationale Bibliographie zur Geschichte der deutschen Literatur‹, Berlin, 1969–1972 verwiesen. Nur wenn dort der Name fehlt, habe ich die hervorragende Bibliographie von JOSEF KÖRNER (s. die Abkürzungen) genannt. Bei ausländischen Autoren wird auf EPPELSHEIMERS ›Handbuch der Weltliteratur‹ 1960 verwiesen. Auf diese Weise konnte zusätzliche Information, die aus Raumgründen fortgelassen werden mußte, wenigstens indirekt zugänglich gemacht werden.

Sehr ausführlich unterrichtet auch über Zeit und Dichter des Frühnaturalismus: ALBERT SOERGEL, ›Dichtung und Dichter der Zeit‹, Band I[21], Leipzig, 1928, S. 3–422; über die älteren Dichter des 19. Jahrhunderts: ERNST ALKER, ›Die deutsche Literatur im 19. Jahrhundert, 1832–1914‹, 3. Aufl., Stuttgart, 1969, gerade auch über die heute unbekannteren Autoren.

Abkürzungen

Bleibtreu, CARL BLEIBTREU, ›Revolution der Litteratur‹. Leipzig, W.
Revolution Friedrich, 1886[1], 1886[2], 1887[3].

Brümmer FRANZ BRÜMMER, ›Lexikon der deutschen Dichter und
Prosaisten vom Beginn des 19. Jahrhunderts bis zur Gegenwart‹. 6. Aufl. 8 Bände. Leipzig, 1913.

EA Erstauflage.

Epp. HANNS W. EPPELSHEIMER, ›Handbuch der Weltliteratur
von den Anfängen bis zur Gegenwart‹. 3. Aufl. Frank-
furt/M. 1960.

Ges. ›Die Gesellschaft‹. Jg. 1–18, 1885–1902. Reprint: Nendeln,
1970.

Int. Bibl. ›Internationale Bibliographie zur Geschichte der deutschen
Literatur‹. Gesamtredaktion: GÜNTER ALBRECHT und
GÜNTHER DAHLE. Band I; II, 1; II, 2, Berlin, 1969–1972.

Körner JOSEF KÖRNER, ›Bibliographisches Handbuch des deutschen
Schrifttums‹. 3. Aufl. Berlin, 1949. (Reprint: 1966).

Kosch[2] WILHELM KOSCH, ›Deutsches Literatur-Lexikon‹. 2. Aufl. 4
Bände. Bern, 1949–1958.

Kosch[3] ›Deutsches Literatur-Lexikon‹, begründet von WILHELM
KOSCH. 3. Aufl. Band I–III (Aal-Eichendorff), Bern, 1961
bis 1971.

Magazin ›Das Magazin für die Litteratur des In- und Auslandes‹.
Jg. 54–57. Leipzig/Berlin (später Dresden), 1885–1888.

Mod. D. ›Moderne Dichter-Charaktere‹ hrsg. von WILHELM ARENT.
Mit Einl. von HERMANN CONRADI und KARL HENCKELL.
Berlin, 1885.

Ruprecht ›Literarische Manifeste des Naturalismus‹. Ed. E. RUP-
RECHT. Stuttgart, 1962.

Scherr, JOHANNES SCHERR, ›Blücher. Seine Zeit und sein Leben‹.
Blücher 2. Aufl. 3 Bde. Leipzig, 1865.

Schlawe I FRITZ SCHLAWE, ›Literarische Zeitschriften. Teil I, 1885 bis
1910‹. 2. Aufl. Stuttgart, 1965 (Sammlung Metzler M 6).

Ssymank   PAUL SSYMANK, ›Leben Hermann Conradis‹, in: HERMANN
           CONRADIS ›Gesammelte Schriften‹, ed. PAUL SSYMANK und
           GUSTAV WERNER PETERS. München, 1911, Band I, S. XVII
           bis CCLIV.

W/G   GERO VON WILPERT und ADOLF GÜHRING, ›Erstausgaben
           deutscher Dichtung 1600–1960‹. Stuttgart, 1967.

Die Verlagsorte: Berlin, Leipzig, Stuttgart werden oft als Berl., Lpz.,
Stg. abgekürzt.

Anmerkungen

IV *Inhalt:* Die Seitenzahlen 24, 30, 42 sind falsch: sie gelten nur für die EA und sollten für die 3. Auflage lauten: 23, 29, 41.

Vorwort zur dritten Auflage

V, 2 *unverändert:* der Text der hier abgedruckten 3. A. stimmt mit dem der 2. A. genau überein, nur das Vorwort ist neu. Vgl. zu dem Problem des Verhältnisses der 3 Auflagen zu einander das Nachwort zur Textgestaltung, S. 192–5.

V, 19 *den schönen französischen Chanson:* gemeint ist hier: ›La Ménagerie, une chanson burlesque‹, von THEODORE P. K., einem nicht näher bekannten Franzosen. Das Gedicht erschien 1868 und der zitierte Text lautet französisch: »Cet animal est très méchant, quand on l'attaque il se défend«.

V, 22 *Spielhagen:* FRIEDRICH SPIELHAGEN [1829–1911], Romandichter und Theoretiker des Romans (vgl. seine ›Beiträge zur Theorie und Technik des Romans‹, Lpz., Staackmann, 1883); er wurde heftig von den Brüdern HART angegriffen: HEINRICH und JULIUS HART, ›Kritische Waffengänge‹, Lpz., O. Wigand, 1882–4, Heft 6: ›Friedrich Spielhagen und der deutsche Roman der Gegenwart‹ 1884 (Reprint: New York, 1969). Vgl. das Magazin, Jg. 56, 1887, S. 309, wo BLEIBTREU schreibt: »Von unbeschreiblicher Komik ist ein ›Offener Brief Friedrich Spielhagens‹ an den Feuilletonredakteur der ›National-Zeitung‹, in welchem er über die ungeheure Macht und rührige Industrie der Realisten-Häuptlinge jammert. Diese Missetäter hätten sich durch ihre Energie die Oberherrschaft in der gesammten Presse erobert. Mit stiller Rührung nehmen wir diese Anerkennung des verehrten Mannes entgegen, der doch in der Industrie selbst als geprüfter Meister vom Stuhle gilt«. Werke: W/G 1218–1220; über ihn: Int. Bibl. II, 1, 676–7 u. II, 2, 1071.

VI, 2 *Karl Frenzel:* [1827–1914], war der einflußreichste Kritiker Berlins (vgl. seine ›Berliner Dramaturgie‹, 2 Bde., Hannover, Rümpler, 1877), 1861–1908 war er Feuilletonredakteur und Theaterkritiker der Berliner ›Nationalzeitung‹, wurde aber den neuen Strömungen kaum gerecht, wenn auch seine ›Gesammelten Werke‹ 1890–2 in

6 Bdn. bei dem wichtigsten Verleger des deutschen Frühnaturalismus: WILHELM FRIEDRICH in Leipzig, erschienen sind. Vgl. W/G 361–2; Körner 436.

VI, 22 *Martin Greif:* eig. FRIEDRICH HERMANN FREY [1839–1911], besonders als Lyriker, aber auch als Dramatiker in seiner Zeit gefeiert, der durch seine ganz schlichte, scheinbar kunstlose Form volkstümlicher als GEIBEL wurde. Vgl. W/G 442–3; Int. Bibl. II, 1, 566 u. II, 2, 1062.

VI, 24 *Ibsen:* HENRIK IBSEN [1828–1906], norwegischer Dramatiker, neben ZOLA das entscheidende Vorbild für die deutschen Naturalisten, wenn auch später als ZOLA entdeckt. In seinen Dramen stellt er alle wesentlichen Elemente der Zeit (Vererbungs- und Milieutheorie, Befreiung des Individuums, Frauenemanzipation, Gebrauch der Alltagssprache, usw.) beispielhaft dar.

Sein Drama ›Rosmersholm‹ erscheint im Jahre 1887 in der deutschen Übersetzung der MARIE VON BORCH als erste Veröffentlichung des neuen Verlags von S. FISCHER in Berlin. Erstaufführung: 5. 5. 87 in Berlin. ›Die Wildente‹ erschien 1888 bei Fischer.

Vgl. Epp. 541–2. Zur IBSEN-Rezeption in Deutschland vgl. die wichtige ›Ibsen-Bibliographie‹ von FRITZ MEYEN, Braunschweig, 1928 und DAVID E. R. GEORGE, ›Henrik Ibsen in Deutschland. Rezeption und Revision‹. Göttingen, 1968. [Palaestra 251].

VII, 14 *Dostojewski:* FEDOR MICHAILOVICH DOSTOJEWSKI [1821–1881], der große russische Romandichter, dessen Roman ›Raskolnikow‹ 1882 in der deutschen Übersetzung von WILHELM HENCKEL bei W. Friedrich in Leipzig erschienen war. 1886 erschien bei demselben Verleger, übers. von WILHELM STEIN, der Roman ›Junger Nachwuchs‹. Vgl. Epp. 549–51.

VII, 19 *des unbekannten Gottes:* vgl. Apostelgesch. XVII, 21.

VII, 23 *Eugen Aram:* gemeint ist der Roman ›Eugene Aram‹ des englischen Schriftstellers und Staatsmannes EDWARD BULWER-LYTTON. Das 1832 erschienene Buch ist ein sehr erfolgreicher, schwülstiger Schauerroman, der einen berüchtigten Mörder dieses Namens als Hauptperson hat. Das Hauptwerk von BULWER, genau: EDWARD GEORGE EARLE LYTTON BULWER [1803–1873], war ›The last Days of Pompeii‹, 1834.

VII, 20 f. *Macbeth [...] Othello:* vier Trauerspiele von WILLIAM SHAKESPEARE [1564–1616].

VII, 28 *Germinal:* Roman von ZOLA: EMILE ZOLA [1840–1902], frz. Romandichter, das maßgebende Vorbild für die deutschen Naturalisten, besonders durch seine theoretischen Schriften und durch seinen riesigen Romanzyklus (20 Bände) ›Les Rougon-Macquart‹ [1871 bis 1893]. Auch MICHAEL GEORG CONRAD [1846–1927], das Haupt der

Münchner Naturalisten, und BLEIBTREU versuchten, solche Romanzyklen zu schaffen: so CONRADS ›Was die Isar rauscht, Münchener Roman‹, 2 Bde., 1888, fortgesetzt mit [II] ›Die klugen Jungfrauen‹, 3 Bde. 1889 und III ›Die Beichte des Narren‹, 1893, alle bei W. Friedrich in Lpz. erschienen. BLEIBTREUS Berliner Roman ›Größenwahn‹ erschien 1888 in 3 Bdn. bei demselben Verleger.

ZOLAS ›Germinal‹ erschien 1885 und wurde schon im selben Jahr übersetzt (von ERNST ZIEGLER [1847–1902]; Dresden, Minden, 1885).

Vgl. Epp. 561–2 und auch Int. Bibl. II, 1, 437.

VIII, 4 *Gaboriau:* ÉMILE GABORIAU [1835–1873], der Vater der frz. Kriminalgeschichte, stark von EDGAR ALLAN POE [1809–1848] beeinflußt, so in seinem ›L'Affaire Lerouge‹ [1866].

VIII, 31 *»Narr, ich werde rasend«:* SHAKESPEARES ›King Lear‹ II, 4, 287: »O fool, I shall go mad.«

IX, 21 *naturwissenschaftliche Studien:* Gemeint ist wohl das Buch von WILHELM BÖLSCHE [1861–1939], ›Die naturwissenschaftlichen Grundlagen der Poesie. Prolegomena einer realistischen Ästhetik‹. Lpz., Reissner, 1887. Vgl. zu BÖLSCHE: W/G 116–8; Int. Bibl. II, 1, 533–4.

X, 3 *Carlyle's Wort:* THOMAS CARLYLE [1795–1881], englischer Essayist, Schüler der deutschen idealistischen Philosophen und klassischen Dichter, die er in England bekannt machte; von sehr großem Einfluß auf das deutsche Geistesleben um die Jahrhundertwende, besonders durch seine Heldenverehrung: ›On Heroes, Hero-Worship and the Heroic in History‹ [1841]. Merkwürdigerweise war es außerordentlich schwierig und oft unmöglich, die CARLYLE-Zitate bei BLEIBTREU zu ermitteln, was mit der Rezeptionsgeschichte der CARLYLE'schen Schriften in Deutschland zusammenhängen könnte. – Das Zitat: »Haltet den Mund und arbeitet«: nicht ermittelt.

Vgl. Epp. 503–5.

X, 9 *Conradi:* HERMANN CONRADI [1862–1890], der radikalste und wohl auch der begabteste Dichter unter den Frühnaturalisten. Seine ›Gesammelten Werke‹ erschienen 1911 bei G. Müller in München (3 Bde.), hrsg. von PAUL SSYMANK und GUSTAV WERNER PETERS. SSYMANK gibt im ersten Band eine sehr ausführliche und gut dokumentierte Lebensbeschreibung. Vgl. W/G 193; Int. Bibl. II, 1, 543.

X, 11. 12 *Conrad Alberti:* Pseudonym für CONRAD SITTENFELD [1862 bis 1918], als Dramatiker, Erzähler und Kritiker wichtiger Vorkämpfer für den Naturalismus. Seine Novellen ›Riesen und Zwerge‹ erschienen 1887 bei Reissner, Lpz., die 2. A. 1889 bei W. Friedrich. Seine literarischen Ansichten verficht er in der Rede ›Der moderne Realismus und die Grenzen seiner Berechtigung‹, gesprochen im

Deutschen Literarischen Verein in Leipzig, erschienen 1889 in Hamburg, Verlagsanstalt und Druckerei. Vgl. W/G 5–6; Körner 482.

X, 19 *curulische Sessel:* Curulisch waren im alten Rom die Ämter, die den Beamten das Recht gaben, auf einem Wagen durch die Stadt zu fahren; ihr Amtssessel hieß die »sella curulis«.

X, 31 *Emil Peschkau:* [1856–? (nach 1935)], Schriftsteller, der sehr viel veröffentlicht hat, so 1884 in Frankfurt/Main bei Sauerländer den Roman aus der Gegenwart: ›Die Reichsgrafen von Walbek‹. Nur Kosch² III, 2017 und Brümmer V, 254–5 erwähnen ihn.

XI, 11 *Heute roth, morgen todt:* sprichwörtlich nach dem bekannten Kirchenlied von JOHANNES HEERMANN [1585–1647]: ›So wahr ich lebe, spricht dein Gott‹, im ›Evang. Kirchengesangbuch Niedersachsen‹, Hannover 1969, S. 326: Lied 169, Str. 6 Schluß: »Wer heut ist frisch, gesund und rot, / ist morgen krank, ja wohl gar tot.«

XI, 22 *kaum so erhöhen in Israel:* vgl. Jos. 3,7: »dich groß zu machen vor dem ganzen Israel«.

XI, 30 *Heine:* HEINRICH HEINE, eig. HARRY HEINE [1797–1856].

XII, 2 *Butzenscheibenminne:* unter Butzenscheibenlyrik versteht man die leicht archaisierende Lyrik der SCHEFFEL-Epigonen. Der Ausdruck stammt von PAUL HEYSE, der damit die gefällige Modepoesie der 80er und 90er Jahre im Stile RUDOLF BAUMBACHS und JULIUS WOLFFS treffen wollte. Der Terminus steht in HEYSES ›Versepistel‹ 1884 als Vorwort zur 100. Ausgabe von GEIBELS ›Gedichten‹ und auch in: PAUL HEYSE, ›Ausgewählte Gedichte‹, ed. ERICH PETZET, Stg./Berl., Cotta, 1920, S. 136–141.

XII, 5 *Ebers und Consorten:* GEORG EBERS [1837–1898], Ägyptologe und Romanschriftsteller, damals berühmt durch seine ägyptischen Romane, wie seinen Erstling: ›Eine ägyptische Königstochter‹, 3 Bde., Stuttgart, Hallberger, 1864.

Vgl. W/G 248–9; Int. Bibl. II, 1, 547–8.

Seine »Consorten« sind die zahlreichen romanschreibenden Professoren wie: FELIX DAHN [1834–1912], ADOLF HAUSRATH [1837 bis 1909], ERNST ECKSTEIN [1845–1900], die die sogenannten »Professorenromane« verfaßten.

XII, 15 *ein strenger Cato:* MARCUS PORCIUS CATO oder CATO MAIOR [234–149], typischer Vertreter des alten, sittenstrengen, republikanischen Rom.

XII, 16 *Marlitt:* EUGENIE MARLITT, Pseud. für EUGENIE JOHN [1825 bis 1887], die einen beispiellosen Erfolg als Verfasserin von Bestsellern hatte, wie mit dem Roman ›Goldelse‹, 1866 in der Zeitschrift ›Die Gartenlaube‹ veröffentlicht.

Vgl. Kosch² II, 1166; Körner 438.

XII, 26 *Calderon:* PEDRO CALDERÓN DE LA BARCA [1600–1681], großer Dramatiker des spanischen Barock, vgl. Epp. 266–8.

XII, 30 f. *Jambentheatraliker:* vgl. im Text S. 41 ff. und die Anm. dazu.

XIII, 6 *meine Werke:* vgl. das umfangreiche Verzeichnis bei W/G 93 bis 97. BLEIBTREU wurde von der Kritik vorgeworfen, er lobe seine eigenen Werke zu sehr. Gegen diesen Vorwurf wendet er sich hier. Er hat im übrigen in der hier abgedruckten 3. Aufl. schon viele Aussagen über seine eigenen Werke gemildert oder fallengelassen. In der Fußnote nennt er: ›Wer weiß es?‹ 5. Aufl., Berlin, Steinitz, 1884 [EA: 1884].

›Deutsche Waffen in Spanien‹. Berlin, Eisenschmidt, 1885.

›Der Nibelunge Noth. Eine Aventiure‹. Berlin, Auerbach, 1884.

›Dies Irae‹, neue verb. Aufl., Stuttgart, Krabbe, 1884 [EA: 1882, anonym erschienen!]

›Norwegische Novellen‹ = ›Aus Norwegens Hochlanden‹, Lpz., Unflad, 1883.

›Schlechte Gesellschaft. Realistische Novellen‹. Lpz., W. Friedrich, 1885.

XIII, 12 *meiner Lyrik:* bis 1887 erschienen: ›Lyrisches Tagebuch‹, Berlin, Steinitz, 1885; ›Lieder aus Tirol‹, Berlin, Steinitz, 1885; ›Welt und Wille, Gedichte‹, Dessau, Baumann, 1886.

XIV, 1 *Storm:* THEODOR STORM [1817–1888], vgl. W/G 1245–6; Int. Bibl. II, 1, 678–82 u. II, 2, 1072.

XIV, 4 *meine Versuche:* vgl. die Anm. zu S. XV, 7 ff.

XIV, 7–8 *Wildenbruch:* ERNST VON WILDENBRUCH [1845–1909], der einflußreichste Dramatiker der Zeit, von BLEIBTREU auf S. 42–3 freundlich beurteilt, aus unserer Sicht aber ein Epigone. Vgl. W/G 1396–7; Int. Bibl. II, 1, 696.

XIV, 8 *Ritterstücke:* wie etwa WILDENBRUCHS ›Harold‹, Berlin, Freund, 1882, und ›Die Karolinger‹, Berlin, Freund, 1882.

XIV, 9 f. *Stücke aus den Befreiungskriegen in Jamben:* so WILDENBRUCHS ›Väter und Söhne‹, Berlin, Freund, 1882; auch HANS BLUM [1841 bis 1910], ›York‹, Leipzig, Duncker und Humblodt, 1884, vgl. die Anm. zu S. 44, 24.

XIV, 18 f. *Richard Voss:* RICHARD VOSS [1851–1918], äußerst produktiver Verfasser von Dramen und Romanen; sein Roman ›Zwei Menschen‹, Stuttgart, 1911, war einer der größten deutschen Bucherfolge im 20. Jh., sein Drama ›Alexandra‹ [1886] erschien, wie fast alle seine Dramen, in Reclams UB [Nr. 2190]. Vgl. W/G 1318–21; Körner 459.

XIV, 22 *Paul Heyse:* [1830–1914], damals als einer der größten Dichter seit GOETHE betrachtet; war neben GEIBEL der führende Kopf des Münchner Dichterkreises, gilt heute als Epigone. Er schrieb ungeheuer viel, so umfassen seine ›Dramatischen Dichtungen‹ 38 Bände [1864–1905 erschienen]. – Seine »Schäkerei«: ›Die Weisheit Salomos‹ erschien 1886 als Band 17 der ›Dramatischen Dichtungen‹ bei Hertz in Berlin. Vgl. W/G 551–6; Int. Bibl. II, 1, 635–6 u. II, 2, 1067.

XIV, 24 *Alles ist eitel«*: vgl. Pred. 1, 2: »es ist alles eitel«.

XIV, 27 *wabernd:* hier: flackernd, zuckend wie eine Flamme (WAGNERS Ring!).

XIV, 28 *Schiller:* FRIEDRICH VON SCHILLER [1759–1805].

XIV, 29 *mein grosser Roman »Grössenwahn«:* der Berliner Schlüsselroman ›Größenwahn‹ erschien 1888 in Lpz. bei W. Friedrich in 3 Bänden. Der Stoff ist zwar naturalistisch, aber der Stil kaum. Vgl. die Anm. zu S. 58, 12 (OTTO VON LEIXNER).

XV, 2 *Platen's Zuruf »Etwas weniger, Freund, Liebschaften«:* AUGUST, GRAF VON PLATEN-HALLERMÜNDE [1796–1835], Lyriker, formstrenger Ästhet, von großem Einfluß auf die Münchener Dichterschule, C. F. MEYER, RILKE, GEORGE usw. Vgl. W/G 972–3; Int. Bibl. II, 1, 316–7 u. II, 2, 1040. Das Zitat steht im Epigramm ›Schiller‹: ›Werke‹, ed. G. A. WOLFF und V. SCHWEITZER, Lpz., 1895, Bd. I, S. 258.

XV, 7 ff. *Auch ich strebe danach:* die Dramen, die BLEIBTREU hier nennt, sind alle bei WILHELM FRIEDRICH in Leipzig erschienen und zwar erschien ›Schicksal‹ im Jahre 1888, ›Lord Byron‹ 1886 (›Lord Byrons letzte Liebe‹ und ›Seine Tochter‹) und ›Vaterland‹ 1887 (diese Sammlung umfaßt: ›Harold der Sachse‹, ›Der Dämon‹, ›Volk und Vaterland, Sociales Schauspiel‹). Vgl. zu diesen Dramen: FALK HARNACK, ›Die Dramen Carl Bleibtreus. Eine dramaturgische Untersuchung‹. Berlin, 1938, Germanische Studien, Heft 199, der S. 143–4 eine vollständige Bibliographie gibt.

XV, 11 *»Fiesco«:* SCHILLERS Drama: ›Die Verschwörung des Fiesco zu Genua. Ein republikanisches Schauspiel‹ erschien 1783 bei Schwan in Mannheim.

XV, 18 *die Bearbeitungen Zola'scher Romane:* ZOLAS Drama ›Thérèse Raquin‹ [1873] erschien 1887 in der Übersetzung von JOCZA SAVITS [1847–1915; Oberregisseur am Münchner Hoftheater, vgl. Kosch² III, 2391] bei S. Fischer, Berlin und wurde im Juni 1887 im Berliner Friedrich-Wilhelmstädtischen Theater gespielt; es erzielte aber nur einen geringen Erfolg. ›Renée‹ erschien in SAVITS' Übersetzung erst 1890, bei demselben Verleger. In Frankreich hat vor allem WILLIAM BERTRAND BUSNACH [1832–1907] viele Romane ZOLAS zu Theaterstücken verarbeitet, so etwa ›Nana‹ [1881], ›Pot-Bouille‹ [1885], ›Germinal‹ [1888] u. a.

XV, 21 *Das Stück wird demnächst in Scene gehen:* am 1. 11. 1887 fand

die erste Aufführung eines BLEIBTREUSchen Dramas statt: der Stutt-
garter Lessingverein brachte ›Volk und Vaterland‹ mit Laienspielern
zur Darstellung; die Regie hatte Bleibtreus Freund Dr. ALFRED
BIESENDAHL. Sonst aber fand zu der Zeit, in der sein Einfluß am
größten war [1885–1889] keine einzige Aufführung eines Dramas
statt, was ihn sehr verbitterte. Vgl. HARNACK, a.a.O. S. 124 ff. und
die Statistik S. 142.

XV, 23 *jüdische Franzosen-Nachäfferei:* für die deutsche Bühne um
1886 herum war das frz. Gesellschaftsstück von ALEXANDER DUMAS
D. J. [1824–1895], VICTORIEN SARDOU [1831–1908] und OCTAVE
FEUILLET [1821–1890] maßgebend, deutsche zeitgenössische Dramen
wurden wenig gespielt, mit Ausnahme der »Amüsierkomödien« eines
ADOLF L'ARRONGE [1838–1908], OSKAR BLUMENTHAL [1852–1917],
GUSTAV VON MOSER [1825–1903]. Vgl. dazu HEINRICH BULTHAUPT
[1849–1905], ›Dumas, Sardou und die jetzige Franzosenherrschaft
auf der deutschen Bühne‹, Berlin, Eckstein, 1887 (›Lit. Volkshefte‹
Nr. 4). Das Wort »jüdisch« weist auf einen antisemitischen Zug im
deutschen Frühnaturalismus hin, der auch etwa bei CONRADI zu
finden ist. Vgl. dazu: HORST CLAUS, ›Studien zur Geschichte des
deutschen Frühnaturalismus‹, Halle, 1933, S. 6.

XVI, 27 *eines von mir gefeierten socialen Romanciers:* Gemeint ist hier
MAX KRETZER [1854–1941], vgl. die Anm. zu S. 36, 14.

XVII, 6 ff. *Bacon:* FRANCIS BACON [1561–1626], englischer Staatsmann
und Essayist, wurde der Bestechlichkeit beschuldigt, als er »Lord
Chancellor« war und 1621 von einem parlamentarischen Ausschuß
verurteilt. Die Theorie, BACON sei der Verfasser der Dramen
SHAKESPEARES, hat BLEIBTREU nie vertreten, später aber war er der
Ansicht, RUTLAND und SOUTHAMPTON seien die wahren Verfasser.
Vgl. HARNACK, a.a.O., S. 25.

XVIII, 6 ff. *»Livre«:* ›Le Livre. Revue du Monde Littéraire‹ erschien
unter der Schriftleitung OCTAVE UZANNES seit 1880 in Paris bei
Quantin. Im 8. Jahrgang 1887 erschien der hier ausführlich zitierte
Aufsatz von LOUIS DE HESSEM (Pseud. für AUGUSTE LAVALLÉ [?–?],
der vor allem als Übersetzer tätig war, so hat er ANDERSEN, AUER-
BACH, FRANZOS, HAUFF, MACKAY, SACHER-MASOCH u. viele andere
ins Frz. übersetzt). Der Aufsatz heißt: ›Les Grands Éditeurs de
l'Allemagne‹ und steht a.a.O., S. 45–57, 112–123, 201–210. Das
Zitat über W. FRIEDRICH steht auf S. 121–123 und ist bis auf den
Schluß sehr genau von BLEIBTREU übernommen worden. Der Text
wurde auch in der ›Gesellschaft‹ abgedruckt: Jg. III, 1887, S. 594–7.
Auch das Magazin, Jg. 56, 1887, S. 508–9 druckt den Teil des Aufsatzes über W. FRIEDRICH ab, während der ganze Aufsatz auch 1887
als Buch im Verlag L. Zander, Lpz. erscheint. Titel: ›Les grands

éditeurs d‹Allemagne›. (Vgl. das Magazin, Jg. 56, 1887, S. 280.) In demselben Jahr hat DE HESSEM auch Rezensionen französischer Bücher im Magazin veröffentlicht: S. 239–242, 316–8, 421–4.

XVIII, 13 ff. *Wilhelm Friedrich:* [1851–1925], der wichtigste Verleger des deutschen Frühnaturalismus, gründete seinen Verlag 1878 in Leipzig, übernahm die Zeitschriften ›Das Magazin für die Litteratur des In- und Auslandes‹ im Jahre 1880 und die ›Gesellschaft‹ im Jahre 1887, so daß den jungen Dichtern 2 Zeitschriften zur Verfügung standen. Ab 1886 übernahm BLEIBTREU die Leitung des ›Magazins‹, 1888 f. war er neben M. G. CONRAD Mitherausgeber der ›Gesellschaft‹. FRIEDRICH sammelte in seinem Verlag nahezu die gesamte »Moderne«, das »Jüngste Deutschland« um sich, brachte ZOLA- und DOSTOJEWSKI-Übertragungen, die philosophischen Schriften EDUARD VON HARTMANNS [1842–1906], aber auch wissenschaftliche Zeitschriften und Bücher heraus. Binnen 15 Jahren veröffentlichte er über 1000 Werke. Er wollte einen universalistischen Verlag schaffen, scheiterte aber: seine Bücher wurden schlecht verkauft und der sog. ›Realistenprozeß‹ [1890] kostete ihn sehr viel Geld. 1892 machte er Konkurs, wonach er sich allmählich aus dem Geschäft zurückzog und alles seinem Freund HANS MERIAN [1857–1902] überließ. 1896 zog er sich in sein Haus am Gardasee zurück und verkaufte 1903 den Verlag an MAX ALTMANN, der sich auf theosophische Werke beschränkte. Gestorben ist er am 9. 10. 1925 in Brenzone sul Garda (Hinweis von MANFRED HELLGE, Düsseldorf-N.).

Vgl. den Nachruf im ›Börsenblatt für den deutschen Buchhandel‹ vom 22. 10. 1925, Nr. 248, S. 16295. Seine Papiere kamen in das ›Kgl. Sächs. Institut für Kunst- und Universalgeschichte‹, begr. von CARL LAMPRECHT, das aber 1942 restlos zerstört wurde und wobei 60 000 Autorenbriefe an FRIEDRICH verbrannten. Vgl. dazu K. H. SALZMANN, ›M. G. Conrad, W. Friedrich und die ›Gesellschaft«‹ in: ›Börsenblatt für den deutschen Buchhandel‹, Jg. 119, 1949 (Leipzig), S. 241–2, 252–3, 261–2.

Der »Realistenprozeß«: Im Jahre 1890 wurden WILHELM WALLOTH (Roman: ›Der Dämon des Neides‹), HERMANN CONRADI (Roman: ›Adam Mensch‹), CONRAD ALBERTI (Roman: ›Die Alten und die Jungen‹) und der Verleger WILHELM FRIEDRICH wegen des »anstößigen Charakters« dieser 3 Romane angeklagt und verurteilt. Der stenographische Bericht des Prozesses steht in der Ges., V, 1890, S. 1141–1232. WILHELM FRIEDRICHS Schrift: ›Litteratur und Strafgesetz. Verteidigungsschrift in dem Realistenprozeß [...]. Als Ms. gedruckt‹, Lpz., W. Friedrich 1890 ist nach Ssymank, S. CCXVII bis CCXVIII auf Grund der Aufzeichnungen CONRADIS von MERIAN und FRIEDRICH verfaßt worden und zählt 310 S.

XXI, 16 f. »*Magazin für Litteratur*«: 1880 übernahm Friedrich das
›Magazin für die Litteratur des In- und Auslandes‹, das 1832 von
Joseph Lehmann begründet wurde. Das Blatt ist für die Geschichte
des Frühnaturalismus sehr wichtig.

Vgl. zu der Geschichte des ›Magazins‹: Schlawe I, 22–24.

XXI, 24 f. *Histoire universelle des littératures:* seit 1883 bis 1889 sind
Band 2–10 dieses umfassenden Werkes erschienen. Für unseren Zweck
wichtig sind: Franz Hirsch, ›Geschichte der deutschen Litteratur‹,
3 Bde., 1884–5; Karl Bleibtreu, ›Geschichte der englischen Litteratur‹, 2 Bde., 1888.

XXII, 6 ff. *trois séries de traductions:* In der Reihe Romane sind folgende von de Hessem erwähnte Romane erschienen: Holger Drachmann [1846–1908, dänischer Dichter], ›Strandnovellen‹, übertr. von
E. v. Engelhardt, 1881, vgl. Epp. 641; Dostoievski, vgl. die Anm.
zu S. VII, 14 und Epp. 549–551, Bernardini: Francesco Bernardini
[1857–?], ›Novellen‹, Aus dem Ital. von A. v. Maillot, 1880 (Ital.
EA, Milano, 1879).

In der Reihe »poésie« erschienen 11 Bände: ›Dichtungen des Auslandes in vorzüglichen Übersetzungen‹, 1880–1882, so Dichtungen
von Giosuè Carducci [1835–1907], Geoffrey Chaucer [1340(?)
bis 1400], Jan Neruda [1834–1891], ›Rumänische Dichtungen‹,
übersetzt von Carmen Sylva und Mite Kremnitz, 1881, ²1883
(vgl. die Anm. zu S. XXIII, 1). In der Reihe »contes populaires
nationaux« ist etwa erschienen: die ›Armenische Bibliothek‹ hg. von
A. Joannissiani, Band 1–9, 1886–1888.

XXII, 14 ff. *noms nouveaux:* de Hessem nennt hier: Hermann Heiberg, vgl. die Anm. zu S. 30, 5 ff.; M. G. Conrad, vgl. die Anm.
zu S. 32, 1. Seine Bücher über Paris sind folgende: ›Parisiana. Plau-
dereien über die neueste Literatur u. Kunst der Franzosen‹, Breslau,
Schottländer, 1880; ›Pariser Kirchenlichter‹, Zürich, Verlagsmagazin,
1880; ›Französische Charakterköpfe‹, 2 Serien, Lpz., Reißner, 1881;
›Madame Lutetia! Neue Pariser Studien‹, Lpz., W. Friedrich, 1883;
›Lutetia's Töchter. Pariser-deutsche Liebesgeschichten‹, Lpz., W.
Friedrich, 1883.

XXII, 27 *B. de Suttner:* Bertha Freifrau von Suttner, geb. Gräfin
Kinsky [1843–1914] ließ 1883 unter dem Pseud. B. Oulot ihr
Erstlingswerk: ›Inventarium einer Seele‹ bei W. Friedrich erscheinen. Später wurde sie vor allem berühmt durch ihren pazifistischen
Roman: ›Die Waffen nieder!‹, Dresden, Pierson, 1889, der von großem Einfluß auf die Entwicklung der Friedensidee wurde. Vgl. W/G
1258–60; Int. Bibl. II, 1, 728 u. II, 2, 1077.

XXII, 27 f. vgl. zu Max Kretzer die Anm. zu S. 36, 14, zu Lilien-

CRON die Anm. zu S. 45, 5 ff., zu H. CONRADI die Anm. zu S. X, 9, zu W. WALLOTH die Anm. zu S. 20, 27.

XXIII, 1 *Carmen Sylva:* geb. 1843 als PAULINA ELISABETH OTTILIA LOUISA, PRINZESSIN ZU WIED, später durch ihre Verheiratung mit CARLOS I. Königin von Rumänien; ihre schwermütige Lyrik (Hauptwerk: ›Meine Ruh'‹, Berlin, A. Duncker, 1884) war sehr beliebt, bei W. FRIEDRICH erschienen von ihr nur: ›Jehova‹, 1882 und ›Pelesch-Märchen‹, 1883. Zusammen mit ihrer Hofdame MARIE CHARLOTTE [VON BARDELEBEN] KREMNITZ, die unter dem Pseud. MITE KREMNITZ schrieb [1852–1916], schrieb sie auch Romane und Novellen, etwa: ›Aus zwei Welten. Von Dito und Idem‹, Lpz., W. Friedrich, 1884. CARMEN SYLVA starb 1916. Vgl. zu ihr: Kosch³ II, Sp. 483–4; Körner 515–6. Zu MITE KREMNITZ vgl. Brümmer IV, 108–9.

XXIII, 6 *janvier dernier:* Anfang 1887 übernahm FRIEDRICH auch die Zeitschrift ›Die Gesellschaft‹, deren 1. und 2. Jg. in München bei G. Franz erschienen waren. BLEIBTREU wurde 1888 neben M. G. CONRAD, der die Zeitschrift von Anfang redigiert hatte, Schriftleiter. So besaß FRIEDRICH die 2 einflußreichsten Zeitschriften der »Moderne«, die aber nach 1890 rasch ihren großen Einfluß einbüßten. Die Ges. vertrat vor allem die Münchener Richtung des Naturalismus, während ab 1890 die Berliner Richtung mit ihrer Zeitschrift ›Freie Bühne‹ das literarische Leben beherrschte. Vgl. zur Geschichte der ›Gesellschaft‹: Schlawe I, S. 19–22.

Historische Entwickelung

1, 4 *erste Blütheperiode:* WILHELM SCHERER [1841–1886] unterscheidet in seiner sehr einflußreichen ›Geschichte der deutschen Literatur‹ [1883] drei Blüteperioden in der deutschen Dichtung, die Zeit um 600, die um 1200, die um 1800. SCHERER war stark von der positivistischen Milieutheorie beeinflußt, wie wir sie etwa auch bei dem englischen Historiker TH. BUCKLE finden, s. die Anm. zu S. 73, 23. BLEIBTREU aber nennt als erste Blütezeit die Zeit um 1200.

1, 8 ff. *Gottfried von Straßburg* [um 1200]: mhd. epischer Dichter: ›Tristan und Isolde‹. *Wolfram von Eschenbach* [um 1170–um 1220]: mhd. Dichter, Hauptwerk: ›Parzival‹. *Hartmann von Aue* [um 1168–um 1210]: Epiker und Lyriker; Werke: ›Erec‹, ›Iwein‹, usw. *Walther von der Vogelweide* [um 1168–um 1228]: der größte deutsche Minnesänger.

1, 15 ff. *Novalis:* Pseud. für FRIEDRICH LEOPOLD FREIHERR VON HARDENBERG [1772–1801], bedeutender Dichter und Denker der Frühromantik: W/G 934–5; Int. Bibl. II, 1, 312–6 u. II, 2, 1039–40.

Uhland: LUDWIG UHLAND [1787–1862], wichtiger Vertreter der sog. schwäbischen Romantik: W/G 1287–8; Int. Bibl. II, 1, 371–2, II, 2, 1048.

Eichendorf: JOSEPH, FREIHERR VON EICHENDORFF [1788–1856], bedeutender Dichter aus der jüngeren Romantik: W/G 263–4; Int. Bibl. II, 1, 1143–6 u. II, 2, 1017–8.

1, 20 *Goethe:* JOHANN WOLFGANG VON GOETHE [1749–1832].

1, 25 *Heliand:* um 830 entstandene poetische Erzählung des Lebens Jesu in altsächsischer Sprache; vgl. Int. Bibl. I, 440–1 u. II, 2, 956.

1, 28 *Luther's Bibelübersetzung:* MARTIN LUTHER [1483–1546] veröffentlichte 1534 zum erstenmal seine vollständige Bibelübersetzung, 1545 erschien die Ausgabe letzter Hand. Diese Übersetzung hatte einen sehr großen Einfluß auf die Entwicklung der neuhochdeutschen Schriftsprache. Vgl. Int. Bibl. I, 847–53 u. II, 2, 991–3.

2, 3 *Lessing:* GOTTHOLD EPHRAIM LESSING [1729–1781].

2, 3 *Hutten:* ULRICH VON HUTTEN [1488–1523], antirömischer, humanistischer Dichter (vgl. sein ›Gesprächsbüchlein‹, 1521), der von den frühen Naturalisten sehr bewundert wurde. So nennt BLEIBTREU in seiner Widmung der ›Revolution‹ (S. III) M. G. CONRAD den »ritterlichen Hutten der litterarischen Revolution«. Vgl. zu HUTTEN: Int. Bibl. I, 842–3 u. II, 2, 990–1.

2, 7 *Hirsch:* FRANZ HIRSCH [1844–1920] veröffentlichte 1884–5 bei W. FRIEDRICH seine ›Geschichte der deutschen Litteratur von ihren Anfängen bis auf die neueste Zeit‹, 3 Bde., die von BLEIBTREU oft benutzt und zitiert wird. HIRSCH war vor allem Literatur- und Kulturhistoriker, aber auch Dichter, vgl. Kosch² II, 992 und Brümmer III, 222.

2, 9 f. *die schiefe Beurtheilung Werther's durch Lessing:* in LESSINGS Brief an JOHANN JOACHIM ESCHENBURG [1743–1820] vom 26. 10. 1774: in LESSING's Werke, ed. C. C. REDLICH, Band 20, I, S. 587–8 (mit dem Kommentar), Berlin, Hempel, o. J. [= 1877]. HIRSCH behauptet in Bd II seiner ›Geschichte der dt. Lit.‹, S. 675, es wäre ein Brief LESSINGS an GOETHE! Vgl. auch noch LESSINGS Werke, ed. G. WITKOWSKI, Lpz., 1911, Bd. VII, S. 478, wo erwähnt wird, daß LESSING 1774–5 noch verfaßt hat: ›Werther der Bessere, Dramatisches Bruchstück‹.

2, 13 *Carlyle's Wort:* In dieser Form nicht ermittelt. Gemeint ist wohl: »Speak as I might, Goethe, to the great majority of you, would remain problematic, vague; no impression but a false one could be realized. Him we must leave to future times« in: ›On Heroes, Hero-Worship and the Heroic in History‹, 1841, Lecture V, vgl. ›Complete Works‹, New York, 1901, Vol. 19, p. 381.

2, 24 *corybantisch:* ausgelassen, wild, zügellos.

2, 25 *Napoleon's Vorschlag:* F. VON MÜLLER berichtet, NAPOLEON habe
zu GOETHE gesagt, als dieser ihn am 2. 10. 1808 in Jena besuchte,
er solle den Tod Cäsars schreiben, großartiger als Voltaire. »Kommen Sie nach Paris, ich fordere es durchaus von Ihnen.« Vgl. ›Goethes Gespräche‹, ed. W. HERWIG, Zürich, 1969, Bd. II, S. 335. Vgl.
auch TALLEYRANDS Bericht in seinen ›Mémoires‹, a.a.O., S. 336–9.

2, 34 *Schiller:* FRIEDRICH VON SCHILLER [1759–1805], auf S. 2 und 3
nennt BLEIBTREU zahlreiche Dramen SCHILLERS.

3, 24 *Salonthee-Romane:* seit dem Ende des 18. Jh. war der »ästhetische
Tee«, d. h. ein Dichterabend, sehr beliebt, bald aber auch verspottet,
besonders nach dem durch seine Seichtheit berüchtigten »Dresdener
Dichtertee«, den TIECK 1815 veranstaltete. HEINE, IMMERMANN, ja
sogar GEIBEL spöttelten über solche nach dem TIECK'schen Muster
eingerichteten Dichterabende, vgl. O. LADENDORF, ›Historisches
Schlagwörterbuch‹, 1906, S. 13–14. GOETHES Roman ›Wilhelm Meisters Lehrjahre‹ erschien 1795–6 bei Unger in Berlin, die ›Wahlverwandtschaften‹ 1809 bei Cotta in Tübingen. Vgl. noch bei HIRSCH,
Bd. III, S. 722 die »Theetischägyptern« bei EBERS!

3, 31 *Dioskuren:* fig.: unzertrennliche Freunde.

3, 35 *Kleist:* HEINRICH VON KLEIST [1777–1811].

Grabbe: CHRISTIAN DIETRICH GRABBE [1801–1836], ein von BLEIB-
TREU sehr bewunderter Dramatiker, Vorläufer des realistischen Dramas, von großem Einfluß auf den frühen Naturalismus. Vgl. W/G
436; Int. Bibl. II, 1, 562–6 u. II, 2, 1062.

4, 1 *ältere Stürmer und Dränger:* dazu gehörten für BLEIBTREU an
erster Stelle KLINGER und LENZ, aber auch HERDER, HAMANN, MA-
LER MÜLLER usw. könnten hier genannt werden. Der Einfluß der
Sturm- und Drangbewegung auf den frühen Naturalismus war
groß. Vgl. zum »Sturm und Drang«: Int. Bibl. I, 887–8 u. II, 2, 997.

4, 5 *Klinger:* FRIEDRICH MAXIMILIAN VON KLINGER [1752–1831], bedeutender Roman- und Theaterdichter der Sturm- und Drangepoche.
Vgl. W/G 684–5; Int. Bibl. I, 953–4 u. II, 2, 1003.

4, 6 *Reinhold Lenz:* JAKOB MICHAEL REINHOLD LENZ [1751–1792],
Freund des jungen GOETHE, einer der bedeutendsten Dichter des
»Sturm und Drang«, vor allem als Theoretiker (›Anmerkungen übers
Theater‹, 1774) und Dramatiker (›Der Hofmeister‹, 1774; ›Die Sol-
daten‹, 1776). Starb in geistiger Umnachtung. Vgl. W/G 777–8; Int.
Bibl. I, 961–3 u. II, 2, 1003. Besonders WILHELM ARENT (vgl. die
Anm. zu S. 55, 28) stand stark unter seinem Einfluß und hat sogar
1884 eine Mystifikation veröffentlicht: ›Reinhold Lenz. Lyrisches
aus dem Nachlaß, aufgefunden von Karl Ludwig‹, Berlin, Kamlah,
die sogar bei W/G unter LENZ zu finden ist: S. 778/23.

4, 13 f. *Grabbe:* vgl. die Anm. zu S. 3, 35. Er wird hier mit KLEIST verglichen und übermäßig gelobt. Es hat noch bis ins 20. Jh. gedauert, bis man die wirkliche Bedeutung KLEISTS erkannt hat.

4, 16 *»Der Hofmeister« von Lenz:* erschien 1774 anonym unter dem Titel: ›Der Hofmeister oder Vortheile der Privaterziehung. Eine Komödie‹, Leipzig, Wigand.

4. 18 *»Kabale und Liebe«:* Das Drama SCHILLERS erschien 1783 bei SCHWAN in Mannheim.

4, 27 *Grillparzer:* FRANZ GRILLPARZER [1791–1872], der bedeutendste Dramatiker des österreichischen Vormärz, vgl. W/G 449–50; Int. Bibl. II, 1, 376–80 u. II, 2, 1049–50.

4, 28 *Hebbel:* FRIEDRICH HEBBEL [1813–1863] wurde als Dramatiker des poetischen Realismus von den frühen Naturalisten befehdet.

4, 28 *Büchner:* GEORG BÜCHNER [1813–1837]; seine überragende Bedeutung als Dichter wurde erst von den späteren Naturalisten und von den Expressionisten erkannt, obwohl KARL EMIL FRANZOS [1848–1904] schon 1879 eine Gesamtausgabe hatte erscheinen lassen. Vgl. W/G 164; Int. Bibl. II, 1, 536–41 u. II, 2, 1058–9.

4, 34 *Deutschthümelei:* dieses Wort, im 19. Jh. entstanden, wird nur ironisch verwendet, vgl. O. LADENDORF, ›Hist. Schlagwörterbuch‹, 1906, S. 56.

4, 34 f. *Velleitäten:* = Willensregungen, Anwandlungen, Launen.

4, 35 *Heine:* HEINRICH HEINE [1797–1856].

4, 36 *das Junge Deutschland:* die stark politisch engagierte literarische Bewegung in Deutschland in den dreißiger Jahren des 19. Jh., von großem Einfluß auf die frühen Naturalisten. Vgl. Int. Bibl. II, 1, 400–3 u. II, 2, 1052.

4, 37 *die Achtundvierziger:* die politisch heftig bewegte Zeit um 1848 brachte viel revolutionäre Poesie hervor, vgl. dazu etwa die Sammlung: ›Der deutsche Vormärz, Texte und Dokumente‹, ed. JOST HERMAND, Stuttgart, Reclam, 1967, und ›Der deutsche Michel. Revolutionskomödien der Achtundvierziger‹, ed. HORST DENKLER, Stuttgart, Reclam, 1971.

5, 1 *politische Tendenzpoesie:* wie sie in der Zeit des Jungen Deutschland und der Achtundvierziger geschrieben wurde, etwa von GEORG HERWEGH [1817–1875], AUGUST HEINRICH HOFFMANN VON FALLERSLEBEN [1798–1874] und anderen Dichtern.

5, 2 *den Plateniden Geibel:* EMANUEL GEIBEL [1815–1884], vor allem Lyriker, Nachfolger PLATENS, Haupt der »Münchener Dichterschule«, der Tafelrunde des bayrischen Königs MAXIMILIAN II. [1811 bis 1864; König seit 1848], zu der die Dichter GEIBEL, HEYSE, FRIEDRICH MARTIN VON BODENSTEDT [1819–1892], HEINRICH LEUTHOLD [1827–1879], ADOLF FRIEDRICH GRAF VON SCHACK [1815–1894] u. A. gehörten, außerdem die literarische Gesellschaft »Das Krokodil«

(Hermann von Lingg [1820–1905] u. A.). Der Kreis vertrat ein klassisch-romantisches Kunstideal gegen den aufkommenden Realismus (starke Betonung der Form). Er kam seit 1852 zusammen, trat aber zum ersten Mal geschlossen auf im ›Münchener Dichterbuch‹ [1862]. Nach Geibels Tod wurde Heyse das Haupt des Kreises. Gerade gegen diesen Kreis richteten sich die Münchener Naturalisten unter der Führung M. G. Conrads. Auch Bleibtreus scharfe Ablehnung des »l'art pour l'art« richtet sich gegen diesen Kreis.

Arno Holz gab 1884 (Berlin, Parrisius) heraus: ›Emanuel Geibel. Ein Gedenkbuch‹. Dies war wohl auch einer der Gründe, warum ihn Bleibtreu so scharf ablehnte. Vgl. die Anm. zu S. 55, 18.

Die Bezeichnung »Platenide« stammt aus Heines Gedicht: ›Die Plateniden‹, ›Sämtliche Werke‹, ed. E. Elster, Bd. I, S. 409.

Vgl. zu Geibel: W/G 379–80; Int. Bibl. II, 1, 561–2 u. II. 2, 1062.

5, 3 *Minnesängerthum:* hier ist vor allem Julius Wolff [1834–1910] gemeint, vgl. Julius Hart, ›Julius Wolff und die »moderne« Minnepoesie‹, Berlin, Eckstein, 1887 (›Lit. Volkshefte‹, Nr. 3). Vgl. zu Wolff die Anm. zu S. 53, 14.

5, 4 *Scheffel:* Joseph Victor von Scheffel [1826–1886], der begabteste und volkstümlichste unter den epigonalen Dichtern der Jahrhundertmitte. Hauptwerk: der historische Roman ›Ekkehard‹, 1855. Vgl. W/G 1107–8; Int. Bibl. II, 1, 674–5 u. II, 2, 1071.

Die Poesie und der Zeitgeist

6, 2–3 [Das Motto] *Toujours les siècles du genie [...]:* aus Lamartines ›Méditations poétiques, X, Ode‹, Str. 10: »Toujours les siècles du génie / Sont donc des siècles des vertus!«, in: ›Œuvres poétiques complètes‹, ed. M. F. Guyard, Paris, 1963, p. 32.

6, 4 bis 7, 30 *›Ich erinnere mich, dass [...]* Das Zitat stammt aus Lamartines Aufsatz ›Des Destinées de la Poésie‹, verfaßt am 11. 2. 1834, abgedruckt in ›Œuvres‹, Bruxelles, 1848, Vol. I, p. 3–16, das Zitat auf S. 3–4. Es ist sehr gut übersetzt worden und nur ganz unwesentlich gekürzt.

Alphonse Marie Louis de Lamartine [1790–1869] wurde mit seiner 1820 erschienenen Gedichtsammlung ›Méditations poétiques‹ sofort berühmt und galt auch lange Zeit als der wichtigste frz. Romantiker. Vgl. Epp. 440–1.

8, 3 *Zeit der ersten décadence:* für Lamartine fängt die »décadence« also schon unter Napoleon I. an, aber das Wort kommt auch schon bei Montesquieu vor. In Deutschland ist das Wort von Friedrich

NIETZSCHE [1844–1900] eingeführt worden, vgl. ›Werke‹, ed. K. SCHLECHTA, Band 2, 1966, S. 903 (›Der Fall Wagner‹), dann bei HERMANN BAHR [1863–1934] in seinem Buch: ›Die Überwindung des Naturalismus‹, 1891, s. die Auswahl: ›Zur Überwindung des Naturalismus‹, ed. G. WUNBERG, Stuttgart, 1968, S. 53.

8, 6 *Napoleon:* BLEIBTREU hat NAPOLEON I. bewundert und ihn zum Helden eines Dramas gemacht: ›Schicksal (Napoleon)‹, 1885 als Ms.-Druck, Berlin, F. Bloch, Neufassung ›Schicksal (Napoleon)‹, Lpz., W. Friedrich, 1888. Vgl. zu der verwickelten Geschichte der verschiedenen Druckfassungen und Neubearbeitungen: FALK HAR- NACK, ›Die Dramen Carl Bleibtreus‹, Berlin 1938, S. 31–36. 1913 soll er noch ein riesiges ›»Kinodrama« Napoleon‹ geschrieben haben (HARNACK, a.a.O. S. 122–3). Die Aufführung des Dramas ›Schicksal‹ fand am 30. 1. 1890 in Freiburg statt (HARNACK, a.a.O. S. 125 f.). Andere Schriften zu NAPOLEON sind: ›Napoleon bei Leipzig‹, Berl., F. Luckhardt, 1885, ›Das Geheimnis von Wagram und andere Stu- dien‹, Dresden, Pierson, 1887, ›Napoleon I.‹, Dresden, Pierson, 1889. ›Der Imperator (Napoleon 1814)‹, Jena, Costenoble, 1893, ›Napo- leonische und Moltkesche Strategie‹, Wien, Seidel, 1902, ›Kritische Beiträge zu Napoleons Feldzügen‹, Wien, Seidel, 1903, ›Napoleon bei Leipzig‹, Leipzig, Luckhardt, 1904, ›Der Geniekaiser und die Welt‹, Berlin, Eckstein, 1905, usw.

8, 9 *Kant:* IMMANUEL KANT [1724–1804].
Herder: JOHANN GOTTFRIED HERDER [1744–1803], Theologe, Phi- losoph und Dichter, vor allem Theoretiker des Sturm und Drang und der deutschen Klassik. Vgl. W/G 532–5; Int. Bibl. I, 936–48 u. II, 2, 1002–3.

8, 13 *Tempora mutantur:* vollständig: »Tempora mutantur, nos et mutamur in illis«. Wahlspruch des Kaisers LOTHAR I. [795–855].

8, 19–20 *hitziges Duell mit Dame Staël:* vgl. die ausführliche Schilde- rung bei JEAN DE PANGE, ›Mme. de Staël et la découverte de l'Alle- magne‹, Paris, 1929.

8, 20 *Staël:* ANNE LOUISE GERMAINE BARONIN VON STAËL-HOLSTEIN, gen. MADAME DE STAËL [1766–1817], frz. Schriftstellerin, Gegnerin NAPOLEONS, mehrfach aus Paris verbannt, machte zahlreiche Reisen, u. a. nach Deutschland. Ihr Buch ›De l'Allemagne‹, bei dem AUGUST WILHELM VON SCHLEGEL [1767–1845] ihr literarischer Berater war, beeinflußte lange das Deutschlandbild der Franzosen: sie schilderte Deutschland als das Land politisch passiver Menschen, der Träumer und Denker. Die EA [1810] ließ NAPOLEON sofort einstampfen, 1813 erschien dann das Buch in London, 1814 in Paris, während auch die dt. Übersetzung schon 1814 in Berlin erschien.

8, 26 *Moniteur:* eig. ›Gazette nationale, ou le Moniteur universelle‹, begründet 1789 von CHARLES-JOSEPH PANCKOUCKE [1736–1798], schon bald die offizielle Zeitung Frankreichs, 1868 erloschen.

9, 1 *Halbgötter:* gemeint sind hier die großen frz. Dichter des »grand siècle«, wie PIERRE CORNEILLE [1606–1684], JEAN RACINE [1639 bis 1699], NICOLAS BOILEAU DESPRÉAUX [1636–1711] usw.

9, 5 f. *»Classizität«:* vgl. den Aufsatz von ERNST ECKSTEIN im Magazin, Jg. 55, 1886, S. 209–211: ›Das Dogma der Klassizität‹.

9, 15 *Ossian-Werther-Fieber:* OSSIAN: angeblich ein schottischer Dichter aus dem 3. Jh., dessen Werke, wie ›Fingal‹, ›Temora‹, einen ungeheuren Einfluß auf die Zeit hatten; sie sind aber eine Fälschung des schottischen Dichters JAMES MACPHERSON [1736–1796]. Vgl. Epp. 311.

Werther: GOETHES Briefroman: ›Die Leiden des jungen Werthers‹, 1774, hatte einen riesigen Erfolg auf dem europäischen Büchermarkt und einen ungeheuren Einfluß auf die Jugend der Zeit; er ist ein monumentaler Ausdruck der weltschmerzlichen Zeitstimmung und wurde etwa auch von NAPOLEON sehr bewundert, vgl. dazu: ›Goethes Gespräche‹, ed. W. HERWIG, Zürich, 1969, S. 333–4.

9, 16 *Goethe und Wieland:* CHRISTOPH MARTIN WIELAND [1733–1813], der wichtigste Vertreter der galanten Poesie in Deutschland. Vgl. W/G 1388–92; Int. Bibl. I, 1005–12 u. II, 2, 1007. Über NAPOLEONS Eindruck auf GOETHE und WIELAND unterrichten ausführlich ›Goethes Gespräche‹, ed. W. HERWIG, Zürich, 1969, Bd. II, S. 333–354.

9, 20 *»Ziffer und Säbel«:* Zitat aus LAMARTINE, vgl. S. 6, Z. 27–8: frz. »chiffre et sabre«: ›Des Destinées de la Poésie, Œuvres‹ I, Bruxelles, 1848, p. 4.

9, 26 *einen unschuldigen Buchhändler:* JOHANN PHILIPP PALM [1766 bis 1806] wurde am 26. 8. 1806 auf Befehl NAPOLEONS erschossen, weil er die anonyme Flugschrift: ›Deutschland in seiner tiefen Erniedrigung‹, [Altdorf], 1806 veröffentlicht hatte. O. TSCHIRCH versucht in der ›Hist. Zeitschr.‹ 165, S. 47–71 nachzuweisen, daß der ehemalige Pfarrer PHILIPP CHRISTIAN GOTTLIEB YELIN der Verfasser der Flugschrift war, auch M. HOLZMANN u. H. BOHATTA, ›Dt. Anonymen-Lexikon‹, Bd. VII [1928] S. 114, Nr. 2747 sind dieser Meinung. Vgl. zu PALM: ›Allgemeine Deutsche Biographie‹, Band XXV, S. 102–4. Die Flugschrift ist von M. RIEGEL neugedruckt worden: M. RIEGEL, ›Der Buchhändler J. P. Palm‹, 1938. Vgl. Körner 353.

9, 29 *Lützen:* gemeint ist hier die Schlacht bei Großgörschen am 2. 5. 1813, vgl. J. Scherr, Blücher III, 78.

9, 30 *Fichte.* JOHANN GOTTLIEB FICHTE [1762–1814], idealistischer Philosoph. Vgl. J. SCHERR, ›Menschliche Tragikomödie‹,[3] 1884, Bd. 8, S. 115–137.

9, 32 *Stein, Schöne, Scharnhorst:* gemeint sind hier: KARL REICHSFREI-

HERR VOM UND ZUM STEIN [1757–1831], liberaler, preußischer Staatsmann, der die Verwaltung Preußens reformierte. Vgl. J. Scherr, Blücher II, 259 ff.

SCHÖNE: BLEIBTREU meint hier: THEODOR VON SCHÖN [1773–1856], einen der bedeutendsten Mitarbeiter STEINS, dessen ›Politisches Testament‹ er verfaßte. Anfang 1813 förderte er mit DOHM, STEIN und YORCK die Errichtung der ostpreußischen Landwehr. Vgl. J. Scherr, Blücher II, 272 f. und III, 38 ff.

SCHARNHORST: GERHARD VON SCHARNHORST, preußischer Heerführer und Heeresreformator [1755–1813].

9,33 *Streifzüge von Schill und Dörnberg:* FERDINAND VON SCHILL [1776–1809] unternahm 1809 einen tollkühnen Zug gegen die Festung Magdeburg, der mißlang. WILHELM KASPAR FERDINAND FREIHERR VON DÖRNBERG [1768–1850] war die Seele des Aufstandes in Hessen, 1809. Vgl. J. Scherr, Blücher II, 293.

9,34 f. *Brandschrift Jean Paul's:* JEAN PAUL, eig. JOHANN PAUL FRIEDRICH RICHTER [1763–1825], deutscher Romandichter, veröffentlichte 1808 seine politische Schrift: ›Friedenspredigt an Deutschland‹ und 1809 die Fortsetzung: ›Dämmerungen für Deutschland‹, vgl. J. Scherr, Blücher II, 263.

9,36 *»Ideologie«:* vgl. S. 8, 8, und J. SCHERRS Bemerkung in Band II, S. 340 seines BLÜCHER-Buches: unter NAPOLEON wird: »die Rede-, Schreib- und Druckfreiheit auf's Härteste verpönt und vervehmt, alles idealische Streben als ›Ideologie‹ verworfen und geächtet [...]«.

9,38 f. *hatte Lessing die geistige Losreissung proklamiert:* so etwa in GOTTHOLD EPHRAIM LESSINGS: ›Erziehung des Menschengeschlechts‹ [1780].

10,1 f. *Die Königin Luise:* LUISE VON MECKLENBURG-STRELITZ [1776 bis 1810], heiratete 1793 FRIEDRICH WILHELM III., der von 1797 bis 1840 König von Preußen war. Sie war bei der Bevölkerung sehr beliebt und hatte großes Interesse für die deutsche Literatur. GOETHES Lied steht in ihrem Tagebuch zum 5. 12. 1806. Vgl. zu ihr: J. Scherr, Blücher II, 120–3, 196–7, 236–8 und 255.

10,7 *Berserkerparole des alten Blücher:* GERHARD LEBERECHT FÜRST BLÜCHER VON WAHLSTATT [1742–1819], preußischer Marschall, deutscher Feldherr in den Befreiungskriegen 1813–5. J. SCHERRS Biographie: ›Blücher. Seine Zeit und sein Leben‹. 3 Bde. Leipzig, 1865[2] ist eine wichtige Quelle für Bleibtreus Anschauungen über diese Zeit. Ein Berserker ist eine Gestalt aus den altisländischen Sagas und Symbol für wilden Kampfesmut und Ingrimm. Die Parole: »Herunter muß er doch!« bei J. Scherr, Blücher II, 222: »Der Bonaparte muß herunter! [...] Herunter muß er!« Vgl. auch die Fußnote 51 auf S. 222–3. Dasselbe Zitat in etwas anderer Form auch in J. Scherr, ›Menschliche Tragikomödie‹,[3] 1884, Bd. VIII, S. 147.

10, 8 f. *Die Worte:* »*Nichtswürdig [...]*«: genau: »Nichtswürdig ist die Nation, die nicht / Ihr Alles freudig setzt an ihre Ehre«: Schiller, ›Jungfrau von Orleans‹, I, 5, (Dunois).

10, 9 ff. »*Wir wollen sein [...]*«: aus Schillers ›Wilhelm Tell‹, II, 2, (Rösselmann).

10, 12 *Panegyrikus:* feierliche Lobrede.

10, 14 »*Geometriker*«: vgl. das Lamartine-Zitat: S. 6, 11.

10, 25 f. *Perserkriege:* die für das Schicksal der griechischen und der europäischen Kultur entscheidenden Kriege zwischen den Persern und Griechen [494–445].
Hohenstaufen: Deutsches Kaiserhaus, das 1138–1254 regierte.
Königin-Elisabeth-Aera: Die Regierungszeit der Königin Elisabeth I. von England [1533–1603; sie regierte seit 1558], die die Blütezeit der englischen Renaissance war, bes. des Dramas (Shakespeare, Marlowe usw.).

10, 26 *Epoche Calderons:* Im 17. Jh. führte Spanien auf geistigem Gebiet noch immer, politisch aber nicht mehr. Pedro Calderón de la Barca [1600–1681] war einer der wichtigsten Dramatiker des spanischen Barock. Vgl. Epp. 266–8.

10, 28 *Dante:* Dante Alighieri [1265–1321], der Schöpfer der adligen Liebeslyrik in Italien und des großen geistlich-philosophischen Epos: ›La Divina Commedia‹. Vgl. Epp. 169–73.

10, 28 *Petrarka:* Francesco Petrarca [1304–1374], Begründer der ital. Renaissance und des Humanismus. Hauptwerk: ›Il Canzonieri‹ (Liebeslyrik). Vgl. Epp. 203–4.

10, 29 *Cavaliersepoche Louis Quatorzes:* die Blütezeit der frz. Lit. im 17. Jh.

10, 30 *Byron:* George Gordon Lord Byron [1788–1824], der englische Dichter, den Bleibtreu am meisten bewunderte und dem er in seiner ›Geschichte der englischen Literatur‹, Lpz., W. Friedrich, 1888, Bd. II, S. 151–321, einen großen Abschnitt widmete. Zu Byron hat er sonst noch veröffentlicht: ›Der Traum. Aus dem Leben des Dichterlords. Roman‹. Berlin, Schleiermacher, 1880. ›Lord Byron. Zwei Dramen‹, Lpz., W. Friedrich, 1886. ›Byron der Übermensch. Sein Leben und seine Dichtungen‹. Jena, Costenoble, 1897. ›Byrons Geheimnis. Drama‹. Zürich/Lpz., Schröter, 1900. ›Das Byron-Geheimnis‹ (Essay), Lpz./München, G. Müller, 1912.
Vgl. zu Byron: Epp. 427–8.

10, 38 *Hugo:* Victor Hugo [1802–1885], die repräsentative Gestalt und der Wortführer der frz. Romantik, vgl. Epp. 437–9.

10, 38 *Voltaire:* François Marie Arouet, gen. Voltaire [1694–1778], der wichtigste Vertreter der frz. Aufklärung, ungeheuer fruchtbarer Schriftsteller, vgl. Epp. 321–3.

11,1 *Juvenal:* DECIMUS JUNIUS JUVENALIS [um 60–nach 127], römischer Satiriker, vgl. Epp. 97.

11,17 *Pope:* ALEXANDER POPE [1688–1744], engl. klassizistischer Dichter und Essayist. Vgl. Epp. 304–5.

11,18 *Encyclopädisten:* die Mitarbeiter an der ›Encyclopédie ou Dictionnaire raisonné des sciences, des arts et des métiers‹, EA Paris 1751–72, der »Summa« der frz. Aufklärung, hrsg. von DIDEROT und D'ALEMBERT: LOUIS DIDEROT [1713–1784] und JEAN LE ROND D'ALEMBERT [1717–1783] hatten mit der ›Encyclopédie‹ einen kaum zu überschätzenden Einfluß auf die europäische Aufklärung. Vgl. Epp. 325–6.

11,18 *Medicäer:* Das Haus MEDICI war ein mächtiges Geschlecht in der Republik Florenz im 15. Jh.; besonders LORENZO IL MAGNIFICO [1449–1492] und sein Bruder GIULIANO [1453–1478] verkörperten das Fürstenideal der Frührenaissance.

11,18 *Pietro Aretino:* [1492–1556], geistvoller, aber völlig skrupelloser Literat, bewundert und gefürchtet wegen seiner Briefe und Schmähgedichte. Vgl. Epp. 210.

11,22 *Fontanes:* LOUIS MARQUIS DE FONTANES [1757–1821], frz. Schriftsteller und Staatsmann; befreundet mit CHATEAUBRIAND, verfaßte 1814 die Absetzungsurkunde NAPOLEONS I., wurde unter LUDWIG XVIII. Mitglied des Staatsrats, verfaßte (klassizistische) Gedichte.

11,24 *Juvenal:* s. die Anm. zu S. 11,1.

11,24 *Boccaccio:* GIOVANNI BOCCACCIO [1313–1375], genialer Erzähler, Hauptwerk: ›Il Decamerone‹, entstanden zwischen 1348 u. 1353. Vgl. Epp. 304–5.

11,25 *Rabelais:* FRANÇOIS RABELAIS [1494–1553], der bedeutendste Romandichter der frz. Frührenaissance, berühmt durch seine burlesken Romane: ›Pantagruel‹ [1532] und ›Gargantua‹ [1534–62]. Vgl. Epp. 228–9.

11,25 *Fischardt:* JOHANN FISCHART, GEN. MENTZER [±1547–±1591], der bedeutendste dt. Satiriker und protestantische Publizist im Zeitalter der Gegenreformation, ein höchst origineller Sprachschöpfer, etwa in seiner Übersetzung von RABELAIS' ›Gargantua‹: ›Geschichtsklitterung‹ [1575]. Vgl. Int. Bibl. I, 827–8 u. II, 2, 988.

11,25 *Hutten, Swift:* zu HUTTEN vgl. die Anm. zu S. 2, 3. JONATHAN SWIFT [1667–1745], engl. Satiriker: ›Gulliver's Travels‹ [1726] als Hauptwerk. Vgl. Epp. 303–4.

11,29 *der Idealismus Rousseau's:* der frz. Dichter JEAN JACQUES ROUSSEAU [1712–1771] schwärmte für einen »Idealismus des Herzens«

und hatte großen Einfluß auf HERDER, den Sturm und Drang und die frz. Revolution. Vgl. Epp. 323–5.

11, 30 *»après nous le déluge«:* berühmter Ausspruch der MARQUISE DE POMPADOUR [1720–1764].

11, 33 *Barbier:* AUGUSTE BARBIER [1805–1882], frz. Satiriker, dessen Satire ›La Curée‹ (auf die Nutznießer des neuen Regimes) im August 1830 in der ›Revue de Paris‹ erschien und ihn berühmt machte. Seine ›Jambes‹ [1831] wurden von den Ereignissen des Jahres 1830 inspiriert, er geriet aber bald danach in Vergessenheit.

11, 33 *die Staël:* vgl .die Anm. zu S. 8, 20.

11, 35 *Klopstock:* FRIEDRICH GOTTLIEB KLOPSTOCK, Wegbereiter der deutschen Empfindsamkeit und des Sturm und Drang. Vgl. W/G 686–7; Int. Bibl. I, 955–959.

11, 36 *»Heilige Allianz«:* eine Sept. 1815 gegründete Allianz der Monarchen des griech.-orth. Rußland, des kath. Österreich und des prot. Preußen, der alle europ. Monarchen beitraten (mit Ausnahme des Papstes und des Sultans). METTERNICH benutzte die Allianz, die erste übernationale Friedensorganisation der Neuzeit, als wirksames Machtinstrument seiner konservativen Politik. KLEMENS WENZEL NEPOMUK LOTHAR FÜRST VON METTERNICH [1773–1859], österr. Staatsmann.

11, 37 *Byron:* vgl. die Anm. zu S. 10, 30.

11, 38 *Shelley:* PERCY BYSSHE SHELLEY [1792–1822], einer der großen engl. Lyriker. Vgl. Epp. 428–9.

12, 2 *Milton:* JOHN MILTON [1608–1674], der wichtigste Dichter des englischen Puritanismus; sein Hauptwerk: ›Paradise lost‹ [EA 1667]. Vgl. Epp. 283.

12, 2 *Bunyan:* JOHN BUNYAN [1628–1688], religiöser Schriftsteller des engl. Puritanismus des 17. Jh. Seine Allegorie ›The Pilgrim's Progress‹ [1678, 2. T. 1684] wurde weltberühmt. Vgl. Epp. 285.

12, 3 *Hugo:* vgl. die Anm. zu S. 10, 38.

12, 17 *Holberg:* LUDVIG BARON VON HOLBERG [1684–1754], dänischer Lustspieldichter, Begründer der dänischen Nationalliteratur. Sein Meisterwerk: ›Den politiske Kandstoeber‹ [1722] (›Der politische Kannegießer‹). Vgl. Epp. 383–4.

12, 27 *Girondisten:* Vertreter der Besitzbürger in der frz. Revolution und in der Gesetzgebenden Versammlung (La Législative); politisch waren sie Republikaner und Föderalisten. Juli 1793 von den Jakobinern, die eine zentrale Verwaltung und die Verfügung über das Privateigentum durch den Staat zur Linderung der Volksnot forderten, gestürzt.

12, 29 *Danton:* GEORGES DANTON [1759–1794], frz. Revolutionär, auf Betreiben ROBESPIERRES April 1794 hingerichtet.

12,30 *Robespierre:* MAXIMILIAN DE ROBESPIERRE [1758–1794], frz.
Rechtsanwalt und Revolutionär, war Jakobiner, betrieb die Verurteilung LUDWIGS XVI., seit 1793 als Präsident des Wohlfahrtsaus-
schusses Diktator; Höhepunkt der Schreckensherrschaft, jedoch 1794
abgesetzt und hingerichtet. Die von BLEIBTREU zitierten Worte rief
er aus, als der Konvent die Anklage und Verhaftung ROBESPIERRES
beschlossen hatte: »La république? Elle est perdue, car les fripons
triomphent!«, was J. Scherr, Blücher I, 309 mit den Worten übersetzt: »Die Räuber triumphiren.« Auch in SCHERRS ›Menschliche
Tragikomödie‹ zitiert: 3. A., Band VII, S. 21 (Lpz., 1884).

13,8 *Süssholzraspelei:* in der Ges. I, 1885, S. 330, schreibt BLEIBTREU,
laut BISMARCK sei die Poesie »ideologische Süßholzraspelei«. (In den
›Berliner Briefen II: Das Preußentum und die Poesie‹, S. 329–335).

13,10 *Theetischästhetik:* vgl. die Anm. zu S. 3,24.

13,16–18 *diese zwei goldenen Aussprüche Lord Byron's:* Das Zitat:
»Poesie ist nur Leidenschaft« steht im ›Don Juan‹, Canto IV, 106, 7:
»Dash into poetry, which is but passion«. Das Zitat: »Ich hasse alle
Poesie, die blosse Fiction ist« steht: ›Don Juan‹, Canto VI, 8, 3:
»But I detest all fiction even in song.«

13,20 *l'art pour l'art:* vgl. zur Geschichte dieses »Feldgeschreis«: GEORG
BÜCHMANN, ›Geflügelte Worte‹[32], Berlin 1972, S. 423 f., der als
erster Verwender des Ausspruchs VICTOR COUSIN [1792–1867]
nennt, der ihn 1818 in seinen 1836 gedruckten Vorlesungen ›Du vrai,
du beau et du bien‹ zum ersten Mal verwendet hat. Vgl. die Anm.
zu S. 5, 2.

14,23 *Franz Hirsch:* vgl. die Anm. zu S. 2,7. Das »Kapitel« steht in
seiner ›Geschichte der deutschen Litteratur‹, 1885, Band III, Kap. 14,
S. 757: »Dramatik, Wissenschaft, Kritik der Gegenwart. Das jüngste Deutschland.«

14,27 *Coryphäen der Blaustrümpfelei*, Blaustrümpfelei als verächt-
liches Wort für die literarischen Bestrebungen der Verfasserinnen
der Moderomane des 19. Jh. Vgl. zur Geschichte dieses aus dem
Englischen (»blue-stocking«) stammenden Begriffes: G. BÜCHMANN,
›Geflügelte Worte‹[32], Berlin, 1972, S. 663 f. In der EA seiner Broschüre nennt BLEIBTREU hier die Namen folgender Modeschriftstel-
lerinnen: die VELY = EMMY VELY, Pseud. für EMMA SIMON [1848 bis
1934], vgl. Brümmer VII, 257–8; FRAU VON BÜLOW = BABETTE
BÜLOW GEB. EBERTY [1850–1927], vgl. Brümmer I, 377; FRL. E.
WERNER = Pseud. für ELISABETH BÜRSTENBINDER [1838–1918], vgl.
Brümmer I, 392–3.

14,37 *Carlyle:* vgl. die Anm. zu S. X, 3. Sein Wort zu Falstaff, der
komischen Hauptgestalt in SHAKESPEARES ›Henry IV, Part I and II‹,

nicht ermittelt. Die komische Musterung der Rekruten findet sich in
›Henry IV, Part II‹ III, 2.

15, 2 f. *Prinz Heinz:* Prinz Heinz, der spätere König HENRY V. von
England, besiegte die Franzosen 1415 bei Azincourt. Er regierte
1413–1422, und wurde 1387 geboren.

15, 4 ff. *Bulwer:* EDGAR GEORGE BULWER, LORD LYTTON [1803–1873],
engl. Politiker und Schriftsteller. Vgl. Epp. 493. Das indirekte Zitat
nicht ermittelt, obwohl viele Stellen bei ihm anklingen, so etwa:
›England and the English‹, 2 vols., London, 1833, Vol. I, p. 163–4.

15, 9 *den Weizen vom Spreu sondern:* nach Matth. 3, 12, jetzt sprichwörtlich.

15, 20 *Adolf Stern:* eig. ADOLF ERNST [1835–1907] hat einige Litera-
turgeschichten verfaßt, so die ›Geschichte der neuern Litteratur von
der Frührenaissance bis auf die Gegenwart‹, 6 Bde. Leipzig, Bibl.
Institut, 1883–5 und die hier gemeinte: ›Die deutsche Nationalliteratur vom Tode Goethe's bis zur Gegenwart‹, Marburg, Elwert,
1886, vgl. zu WILDENBRUCH und VOSS: S. 168–9 bzw. S. 172. Vgl.
Int. Bibl. II, 1, 678.

15, 20 *Wildenbruch:* vgl. die Anm. zu S. XIV, 7 ff. und zu S. 35, 23.

15, 25 *Richard Voss:* vgl. die Anm. zu S. XIV, 18 f.

15, 26 *Sapienti sat:* eig. »Dictum sapienti sat«, so bei PLAUTUS, ›Persa‹
4, 7, 19 (726) und TERENZ, ›Phormio‹, 3, 3, 8 (541).

Der historische Roman

16, 20 *Freytag:* GUSTAV FREYTAG [1816–1895]: vor allem als Dichter
bekannt, obgleich er auch Historiker, Politiker und Journalist war.
Besonders wichtig als realistischer Zeitroman deutschen Stils: sein
Roman ›Soll und Haben‹ [1855]; wichtig auch seine ›Bilder aus der
deutschen Vergangenheit‹ [1859–62 in 4 Bdn.]. Vgl. W/G 364–5;
Int. Bibl. II, 1, 559–61 u. II, 2, 1061.

16, 21 *Scheffel:* JOSEPH VICTOR VON SCHEFFEL [1826–1886], vgl. die
Anm. zu S. 5, 4.

16, 22 *Freytag's »Ahnen«:* ›Die Ahnen. Romane des deutschen Hauses.‹
6 Bde., Leipzig, Hirzel, 1873–1881, das Vorbild für den »Professo-
renroman«, vgl. die Anm. zu S. XII, 5.

17, 14 *Ingo:* Band I der Reihe ›Die Ahnen‹ heißt: ›Ingo und Ingraban‹,
1873.

17, 30 *Walter Scott:* [1771–1832], der Begründer des historischen Romans der europäischen Romantik. Hauptwerk: die 29 ›Waverley-
Romane‹, die 1814–1831 in 74 Bänden erschienen. Vgl. Epp. 425–6.

17, 30 *Willibald Alexis:* Pseud. für HEINRICH GEORG WILHELM HÄ-

RING [1798–1871], der »märkische WALTER SCOTT«, der in seinen zahlreichen historischen Romanen vor allem die brandenburgisch-preußische Geschichte romantisiert. Vgl. W/G 8–10; Int. Bibl. II, 1, 530 u. II, 2, 1058.

18, 2 *Ivanhoe:* dieser Roman SCOTTS erschien 1820 und spielt im ausgehenden 12. Jh.

18, 3 *Thierry:* JACQUES NICOLAS AUGUSTIN THIERRY [1795–1856], frz. Historiker. BLEIBTREUS Wort: »sein Plan« bezieht sich auf seine ›Histoire de la conquête de l'Angleterre par les Normands‹ [1825].

18, 13 *Ludwig XI.:* in SCOTTS ›Quentin Durward‹, 1823.
Maria Stuart: in SCOTTS ›The Abbot‹, 1820.
Cromwell: in SCOTTS ›Woodstock, or the Cavalier. A Tale of the year 1651‹, 1826.

18, 16 *W. Alexis:* vgl. die Anm. zu S. 17, 30. Das auffällige Eintreten BLEIBTREUS für ALEXIS mag damit zusammenhängen, daß ALEXIS' Romane zum Teil im 19. Jh. und in Berlin spielen.

18, 26 *»Ruhe ist die erste Bürgerpflicht«:* dieser Roman erschien in 5 Bänden 1852 in Berlin bei Barthol.

18, 27 *»Isegrimm«:* dieser »vaterländische Roman« erschien 1854 in 3 Bdn. bei Barthol in Berlin.

18, 34 *Scheffel's »Ekkehart«:* ›Ekkehard. Eine Geschichte aus dem zehnten Jahrhundert‹ erschien 1855 bei Meidinger in Frankfurt/M. Vgl. die Anm. zu S. 5, 4.

19, 13 *Steinhausen:* HEINRICH STEINHAUSEN [1836–1897], Pfarrer, Erzähler mit religiösem Einschlag. Sein Roman ›Irmela. Eine Geschichte aus alter Zeit‹, erschien 1881 in Leipzig bei Böhm. Vgl. Kosch[2] IV, 2834–5, Körner 447.

19, 16 *Jensen:* WILHELM JENSEN [1837–1911], Erzähler mit ungeheuer umfangreichem Œuvre, bei dem vor allem die Naturschilderungen hervorragen. Vgl. W/G 627–31; Int. Bibl. II, 1, 640.

19, 17 *C. F. Meyer:* CONRAD FERDINAND MEYER [1825–1898], vgl. W/G 860–1; Int. Bibl. II, 1, 742–6 u. II, 2, 1078.

19, 21 *Hutten:* C. F. MEYERS ›Huttens letzte Tage. Eine Dichtung‹. Leipzig, Haessel, 1871.

19, 22 *H. Friedrichs:* HERMANN FRIEDRICHS [1854–1911], vgl. auch die Anm. zu S. 39, 15 und 51, 25. Die hier erwähnte Novelle ›Das Mädchen von Antiochia‹ bibliographisch nicht ermittelt, sie dürfte in einer Zeitschrift erschienen sein. Sie steht auch im Band ›Liebeskämpfe‹, Zürich, Verlagsmagazin, 1888 und im 3. Band der ›Gesammelten Werke‹, die 1899 in Berlin bei Freund und Jeckel erschienen. Vgl. Brümmer II, 287–8.

19, 29 f. *Gerhard von Amyntor:* Pseud. für DAGOBERT VON GERHARDT [1832–1910], Dichter, Erzähler und Satiriker, dessen historischer

Roman ›Frauenlob‹ 1885 in 2 Bdn. bei W. Friedrich in Leipzig erschien. Das Buch wurde von BLEIBTREU ausführlich rezensiert im
Magazin, Jg. 54, 1885, S. 236–7. Seine sehr zahlreichen Schriften
verzeichnen Kosch² I, 637 und Brümmer II, 354–5.
Vgl. auch die Anm. zu S. 34, 5 ff.

19, 34 *Ebers:* GEORG EBERS [1837–1898], vgl. die Anm. zu S. XII, 5.

19, 35–20, 4 *Hirsch:* das Zitat in der ›Geschichte der deutschen Literatur‹, Band III, S. 722–3; BLEIBTREU zitiert nicht ganz genau. Vgl.
zu HIRSCH die Anm. zu S. 2, 7. Vgl. die ausführliche Rezension
dieses Buches von BLEIBTREU im Magazin, Jg. 54, 1885, S. 781–785,
die teilweise in die ›Revolution der Litteratur‹ übernommen worden
ist.

20, 17 *Eckstein's römische Romane:* ERNST ECKSTEIN [1845–1900] gehört zu den Verfassern der sog. »Professorenromane«. Vgl. die
Anm. zu S. XII, 5.
Hier sind gemeint: ›Die Claudier, Roman aus der römischen Kaiserzeit‹, 3 Bde., Wien, Steyermühl, 1881, und ›Prusias, Roman aus dem
letzten Jahrhundert der röm. Republik‹, 3 Bde., Leipzig, Reißner,
1884 (laut Brümmer II, 103: 1883!). Vgl. W/G 254–6; Int. Bibl. II,
1, 547–8.

20, 23 *Edmund Friedemann:* [1847–? (wohl um 1923)]. Sein einziger
Roman ›Catilina‹ erschien 1886 in Minden, bei Bruns (2 Bde.). Er
war Rechtsanwalt und Notar in Berlin und hat sonst nur noch einige
Schriften zum Problem des Antisemitismus veröffentlicht, wie: ›Das
Judentum und Richard Wagner‹, Berlin, W. Adolf, 1893, ›Jüdische
Moral und christlicher Staat‹, Berlin, S. Croman, 1893, ›Der Anti-
semitismus im alten Rom‹, Berlin, Duncker, 1893. Nur Brümmer er-
wähnt ihn: Bd. II, 279.

20, 27 *Wilhelm Walloth:* [1856–1932], verfaßte vor allem historische
Romane, wie der hier erwähnte Roman ›Octavia‹, Leipzig, W.
Friedrich, 1885, den BLEIBTREU auch rezensiert hat: Ges. I, 1885,
S. 817 (›Neue Bücher‹). Er wurde in weiten Kreisen bekannt durch
den »Realistenprozeß« 1890, vgl. die Anm. zu S. XVIII, 13 und zu
S. 56, 34. Vgl. zu ihm: Kosch² IV, 3204 und Brümmer VII, 316–7.

21, 4 *Der Nibelunge Noth:* 1884 erschien BLEIBTREUS »Aventiure« in
Berlin bei Auerbach, das Buch wurde später von W. FRIEDRICH
übernommen. BLEIBTREUS Interesse für das Nibelungenlied zeigte
sich 1887 auch in seinem Versuch, den Dichter des Epos zu ermitteln:
›Die Entdeckung des wahren Nibelungendichters‹ in: ›Das Geheimniß von Wagram und andere Studien‹, Dresden, E. Pierson, 1887,
S. 191–240.

21, 11 *Julius Wolff:* [1834–1910], typischer Vertreter der Butzenscheibenlyrik, vgl. die Anm. zu S. XII, 2. Seine Romane: ›Der Sülfmei-

ster. Eine alte Stadtgeschichte‹, 2 Bde., 1883 und: ›Der Raubgraf. Eine Geschichte aus dem Harzgau‹, Berlin 1884, sind tatsächlich beim Verleger GROTE erschienen.

21,18 *Felix Dahn:* [1834–1912], einer der erfolgreichsten Vertreter der sog. Professorenromane, besonders mit seinem vierbändigen Roman: ›Ein Kampf um Rom‹, Lpz., Breitkopf und Härtel, 1876. Vgl. W/G 208–11; Int. Bibl. II, 1, 543.

21,28 *»Odhins Trost«:* DAHNS ›Odhuns Trost. Ein nordischer Roman aus dem elften Jahrhundert‹, erschien 1880 in Leipzig, Breitkopf und Härtel.

21,35 *Wolfgang Kirchbach:* [1857–1906], vgl. zu ihm die Anm. zu S. 32, 10 und 56, 25. Sein Roman ›Salvator Rosa‹ erschien 1880 in 2 Bdn. bei Breitkopf und Härtel in Leipzig und wurde von BLEIB-TREU in der Ges. rezensiert: Ges. I, 1885, S. 557 ff.

21,37 *F. Pflug:* FERDINAND PFLUG [1823–1888], Erzähler, Berliner Stadtverordneter, verfaßte sehr viele Werke, die Kosch² III, 2043 und Brümmer V, 275–6, verzeichnen. Eine »Kriegsnovelle« von ihm ist: ›Aus den Tagen des großen Königs‹, Lpz., Schlicke, 1864. 1886 erschien von ihm: ›Hodica. Vaterländischer, kulturgeschichtlicher Roman‹, Rostock, Hinstorff.

Die erotische Epik

23,6 *Paul Heyse:* vgl. die Anm. zu S. XIV, 22. Seine gesammelten ›Romane und Novellen‹ erschienen in 3 Serien, 40 Bänden vom Jahre 1902–1912 bei Cotta in Stuttgart, seine ›Gesammelten Werke‹ in 38 Bdn., 1872–1914 und ›Neue Serie‹: 42 Bände, 1901 ff. auch bei Cotta.

23,24 f. *Richard Voss:* s. die Anm. zu S. XIV, 18 f.

24,1 *Clauren:* HEINRICH CLAUREN, eig. KARL GOTTLIEB SAMUEL HEUN [1771–1854], ein viel gelesener Trivialschriftsteller, der mit seinen pseudoromantischen, versteckt-lüsternen Erzählungen einen großen Erfolg hatte. Vgl. W/G 189; Int. Bibl. II, 1, 275 (s. v. Hauff) u. II, 2, 1030, auch: II, 1, 109.

WILHELM HAUFF [1802–1827] ließ unter CLAURENS Namen 1826 seinen Kolportageroman ›Der Mann im Mond‹ erscheinen, wurde aber 1827 zu einem Widerruf, der ›Controverspredigt‹ gezwungen. Vgl. W/G 506.

24,6 *Aristophanes:* [455–um 385], der bedeutendste Vertreter der atti-schen Komödie. Vgl. Epp. 69–70.

24,11–12 *über Karl II. Stuart:* KARL II., König von England [1630 bis 1685, reg. 1660–1685].

John Wilmot, 2nd Earl of Rochester [1647–1680], einer seiner frivolen Freunde schrieb über ihn: »We have a pretty, witty king / Whose word no man relies on: / He never said a foolish thing, / And never did a wise one.« Wilmot: vor allem bedeutend durch seine satirischen Dichtungen: ›Poems on several occasions‹, Antwerp (= London), 1680.

24, 16 *»L'Arrabiata«:* diese Novelle Heyses erschien im Erstdruck unter dem Titel: ›La Rabbiata‹ in: ›Argo. Belletristisches Jahrbuch für 1854‹, hrsg. von Theodor Fontane und Franz Kugler, Dessau, Katz, 1854. 1855 erschien sie in: ›Novellen, 1. Sammlung‹, Einzelausgabe 1858, beide Berl., Hertz; unter dem Titel ›L'Arrabiata‹ erschien sie 1880 bei Hertz in Berlin.
Theodor Fontane [1819–1898]; Franz Theodor Kugler [1808 bis 1858], vgl. Brümmer IV, 130–1.

24, 27 *Don Juan-Motiv:* ein literarisch sehr oft benutztes Motiv, vgl. dazu: Elisabeth Frenzel, ›Stoffe der Weltliteratur‹[3], Stuttgart, 1970, S. 154–9. Byrons gesellschaftskritisches Epos, das Fragment blieb, läßt Fabel und Personen des Stoffes völlig fallen; ihn interessierte nur der Don Juan als Typ des unwiderstehlichen Liebhabers.

24, 31 *Kain-Problem:* vgl. E. Frenzel, a.a.O. S. 386–9. Byrons ›Cain. A Mystery‹ erschien 1821; Kain wird hier als Typ des weltschmerzlich zerrissenen Nihilisten gezeichnet, Adah als erste liebende Frau.

24, 34 *Sardanapal:* Byrons Tragödie ›Sardanapalus‹ erschien zusammen mit der Tragödie ›The Two Foscari‹ im Jahre 1821 und ist Goethe gewidmet. Myrrha ist eine ionische Sklavin, die Geliebte Sardanapals.

25, 7 *Venus Urania:* die Göttin der hohen, himmlischen Liebe.

25, 8 *Venus Vulgivaga:* die Göttin der Liebe als gemeine, umherschweifende Wollust.

25, 27 *toujours perdrix:* = immer Rebhuhn!, als Ausruf der Übersättigung und des Widerwillens.

25, 32–3 *Des Scherbensuchers Richard Voss:* Voss hat das Buch ›Scherben. Gesammelt von einem müden Manne‹ anonym in Zürich beim Verlagsmagazin erscheinen lassen: 1878 die 1. Folge, 1880 die 2. Folge. Die 1. Folge erschien 1882 in 2. Aufl. Bleibtreu nennt das Werk (im Magazin, Jg. 54, 1885, S. 342) ein »dickleibiges Lexikon für alle Spielarten des Pessimismus, von dämonischer Zerrissenheit bis zum Zolaismus«. Vgl. auch die Anm. zu S. 29, 25.

25, 38–26, 2 *»Alles voll Unnatur [...]«:* Lord Byron über Lewis' ›Monk‹: »...I looked yesterday at the worst parties of the ›Monk‹ [...] They have no Nature – all the sour cream of cantharides« in seinem Diary, 6. Dec. 1813, abgedruckt in: Byron, ›A Self-Portrait.

Letters and Diaries, 1798 to 1824‹, ed. P. Quennell, 2 vols., London, 1950, John Murray, Vol. I, p. 235. Dasselbe Zitat auch bei J. Scherr, ›Geschichte der Englischen Literatur‹, Lpz., 1854, S. 168, Fußn. 54, wo die Übersetzung lautet: »[...] Sie sind voll Unnatur, Alles ist saurer Rahm von Kanthariden«. Matthew Gregory (»Monk«) Lewis [1775–1818], berühmter Verfasser sadistischer Schauergeschichten, wie die 1796 erschienene makabre Schauergeschichte ›The Monk‹, dt. 1799 unter dem Titel ›Die blutige Gestalt mit Dolch und Lampe‹, Neudruck 1962 unter dem Titel ›Der Mönch‹.

26, 4 *Storm und Keller:* Theodor Storm [1817–1888] und Gottfried Keller [1819–1890].

26, 6 *Hirsch:* vgl. die Anm. zu S. 2, 7 und 19, 35. Der Passus über Storm steht in der ›Geschichte der dt. Lit.‹, Band III, S. 684 (»Jedenfalls wird Storms Kraft bei weitem überschätzt«), über Keller, Bd. III, S. 684–6, wo er (S. 684), vor allem, was seine Novellen betrifft, der »originellste, kraftvollste deutsche« Erzähler genannt wird.

26, 19 *»Liebesleid und Liebeslust«:* Shakespeares ›Love's Labour Lost‹ heißt in der Übersetzung von Ludwig Tieck [Baudissin]: ›Liebes Leid und Lust‹.

26, 21 *Spielhagen:* Friedrich Spielhagen (1829–1911], vgl. die Anm. zu S. V, 22.

26, 23 *»sensational novels«:* gemeint sind Spielhagens liberal-zeitkritische Romane, die stark unter dem Einfluß Gutzkows stehen, wie seine ›Problematischen Naturen‹, Berlin, Janke, 1861. Karl Gutzkow [1811–1878), vgl. die Anm. zu S. 28, 18.

26, 38 *in seinen kritisch-theoretischen Erörterungen:* Spielhagens ›Beiträge zur Theorie und Technik des Romans‹. Leipzig, Staackmann, 1883. 1898 erschien noch eine Fortsetzung: ›Neue Beiträge zur Technik der Epik und Dramatik‹, Lpz., Staackmann.

27, 16 *Lasalle:* Ferdinand Lassalle [1825–1864], der Führer der ersten deutschen sozialdemokratischen Bewegung, veröffentlichte zahlreiche Schriften und Reden zur Arbeiterfrage, Rechtsphilosophie usw. Vgl. Kosch² II, 1468; Brümmer IV, 191–2; Int. Bibl. II, 1, 643.

27, 17 *»In Reih und Glied«:* erschien 1867 in 5 Bdn. bei Janke in Berlin.

27, 18 *Mirabeau:* Honoré Gabriel Riqueti, Graf von Mirabeau [1749–1791], frz. Staatsmann, der nach 1789 ein glänzender Redner in den États généraux war, aber vor der Revolution ein ausschweifendes Leben geführt hatte.

27, 19 *Fanfaronneur:* Prahler.

27, 23 *Rakowitza-Grachus:* die Brüder Gracchus waren römische Politiker und Reformer, wie es Lassalle auch sein wollte. Rakowitza

spielt auf seinen Tod an: »Im Sommer 1864 ging Lassalle nach der
Schweiz, wo er wegen der Helene Dönniges mit dem rumänischen
Edelmann von Racowitza in ein Duell verwickelt wurde, das für
L. eine tödliche Verwundung zur Folge hatte. Er erlag derselben am
31. August 1864«: Brümmer IV, 192.

28, 8 *des Pudels Kern:* vgl. GOETHE, Faust I, Z. 1323: »Das also war
des Pudels Kern!«.

28, 14 *der alte Gutzkow:* KARL FERDINAND GUTZKOW [1811–1878]
war das große Vorbild für SPIELHAGENS Romankunst. Er spielte
anfangs eine wichtige Rolle im »Jungen Deutschland«, schrieb später
sehr umfangreiche Romane, für die er eine neue Technik entwickelte:
die Romane des »Nebeneinander«, so: ›Die Ritter vom Geiste‹
9 Bde., Lpz., Brockhaus, 1850–1 und ›Der Zauberer von Rom‹,
9 Bde., Lpz., Brockhaus, 1859–61. Vgl. zu ihm: W/G 468–70; Int.
Bibl. II, 1, 568–9 u. II, 2, 1062.

28, 16 *Max Waldau:* eig. RICHARD GEORG SPILLER VON HAUENSCHILD
[1825–1855], der in seinen anonym erschienenen zeitkritischen Romanen scharfe Kritik am deutschen Adel, besonders am schlesischen,
übte, so in: ›Aus der Junkerwelt‹, 2 Bde., Hamburg, Hoffmann und
Campe, 1850, ›Nach der Natur. Lebende Bilder aus der Zeit‹, 3 Bde.,
Hamburg, Hoffmann und Campe, 1850. Bekannt wurde auch seine
Kanzone: ›O, diese Zeit‹, die 1850 bei demselben Verleger erschien.
Vgl. Kosch² II, 852–3, Brümmer III, 96 (der als richtigen Namen
angibt: RICHARD GEORG VON HAUENSCHILD); Int. Bibl. II, 1, 693.

28, 20 f. *Hamerling's Epik:* ROBERT HAMERLING, eig. RUPERT JOHANN
HAMMERLING [1830–1889], österreichischer, epigonaler Dichter, der
dem Münchener Dichterkreis nahestand und vor allem wegen seiner
epischen Dichtungen berühmt wurde.
Vgl. W/G 484–5; Int. Bibl. II, 1, 706–7.

28, 23 *Ahasver:* HAMERLINGS epische Dichtung ›Ahasver[us] in Rom‹,
Hamburg, Richter, 1866, die 14. Aufl. erschien dort 1885.

28, 24 *der alte Jonson:* SAMUEL JOHNSON [1709–1784], engl. Schriftsteller, vor allem berühmt durch seine ›Dictionary of the English
Language‹ [1755] und seine ›Lives of the English Poets‹, urspr.
Titel: ›Prefaces, biographical and critical, to the works of the English Poets‹, 1779–1781. Dort schreibt er ausführlich über MILTON:
in der Ed. von GEORGE BIRKBECK HILL, Oxford, 1905, Vol. I,
p. 84–200, über MILTONS Versform S. 191–4, wo er schreibt: »But
whatever be the advantage of rhyme I cannot prevail on myself
to wish that Milton had been a rhymer, for I cannot wish his work
to be other than it is; yet like other Heroes he is to be admired
rather than imitated.« Offensichtlich hat BLEIBTREU den Text falsch
verstanden. Vgl. zu JOHNSON: Epp. 306–7.

28, 26 *Stedman:* EDMUND CLARENCE STEDMAN [1835–1908], amerikanischer Dichter und führender Kritiker; ein wichtiges kritisches
Werk ist sein Buch: ›Victorian Poets‹, Boston (Mass.) 1876, wo die
von BLEIBTREU genannte Stelle zu finden ist, und zwar auf S. 160.
Sie lautet genau: »Here [in TENNYSONS ›Poems‹, 1842], at last, we
observe the ripening of that blank-verse which had been suggested
in the »Oenone«. Consider TENNYSON's handling of this measure, –
the domino of a poetaster, the state garment of a lofty poet«.

28, 29 f. *»Danton und Robespierre«:* Tragödie in 5 Aufzügen. Hamburg, Richter, 1871.

28, 34 *das Messalinische Bacchantenthum:* nach MESSALINA, der wegen
ihrer Ausschweifungen berüchtigten dritten Gemahlin des altrömi-
schen Kaisers CLAUDIUS; daher übertragen: eine schamlose Frau.
Bacchanten: das wilde und ausgelassene Gefolge des BACCHUS bei
der Feier seines Festes, übertragen: trunkene Schwärmer.

Der Realismus

29, 6 f. *die »Realistische Schule« [...]:* In HIRSCH: ›Geschichte der dt.
Lit.‹, Band III, S. 744–749, über BLEIBTREU S. 748–9.

29, 11 *Kotzebu:* AUGUST VON KOTZEBUE [1761–1819], verfaßte zahllose, in jener Zeit sehr erfolgreiche Komödien, die die Bühne der
Goethezeit beherrschten, von den zünftigen Literatoren aber wegen
ihrer trivialen Effekte verachtet wurden. Vgl. W/G 708–14; Int.
Bibl. II, 1, 308–11 u. II, 2, 1039.

29, 11 *Birch-Pfeiffer:* CHARLOTTE BIRCH-PFEIFFER [1800–1868], dt.
Schauspielerin und Bühnenschriftstellerin, deren rührselige Theater-
stücke (und auch Romane) überaus erfolgreich waren. Vgl. Kosch³ I,
Sp. 520–2; Körner 396.

29, 14 ff. *Schiller:* Das Zitat steht in SCHILLERS Gedicht: ›Das Mädchen
von Orleans‹, Schluß der letzten Strophe. FRIEDRICH VON SCHILLER
[1759–1805].

29, 19 *Naturalisten:* in spezifisch literarischem Sinne wohl zunächst
von ÉMILE ZOLA [1840–1902] (vgl. die Anm. zu S. VII, 28) geprägt,
so in seinen zahlreichen kritischen Arbeiten, wie ›Le roman expéri-
mental‹, 1880, ›Le naturalisme au théâtre‹, 1881 usw. und auch in
dem Vorwort zu dem frühen Roman ›Thérèse Raquin‹, 1867. Vgl.
den wichtigen Aufsatz von IRMA VON TROLL-BOROSTYANI [1849 bis
1912] in der Gesellschaft, II, 1886, S. 215–226: ›Die Wahrheit im
modernen Roman, 1. Der französische Naturalismus‹. (Teilabdruck
bei Ruprecht, S. 71–81). Die Verfasserin war eine damals sehr bekannte Frauenrechtlerin aus Wien, außerdem Erzählerin und Publi-
zistin. Vgl. Kosch² IV, 3054, Brümmer VII, 221.

29, 23 *der Salon-Promethide Voss:* RICHARD VOSS [1851–1918], vgl.
die Anm. zu S. XIV, 18 f. ›Promethide‹ (= Titane) wohl Anspielung
auf GERHART HAUPTMANNS [1862–1946] 1885 erschienene Dichtung
›Promethidenloos‹? Sie erschien in Berlin bei Ißleib, wurde aber
bald nach Erscheinen zurückgezogen. BLEIBTREU zitiert im Vorwort
der 2. Auflage der ›Revolution‹ den Schluß der ›Widmung‹ (S. 5)
des Werkes und sagt, diese Dichtung überrage »an Grösse der Con-
ception, Adel und Schwung der Sprache das verkrüppelte Knieholz
der üblichen Poetasterei titanenhaft« (S. XXIV).

29, 24 *»Von der Gasse«* steht in der 2. Aufl. der anonym erschienenen
›Scherben. Gesammelt von einem müden Mann‹, Zürich, Verlags-
magazin, 1882. Vgl. die Anm. zu S. 25, 32–3 und das Magazin,
Jg. 54, 1885, S. 342.

30, 4 *Reuter und Rabe:* FRITZ REUTER [1810–1874] und WILHELM
RAABE [1831–1910], diese realistischen Erzähler fanden bei den jungen Naturalisten Anerkennung.

30, 5 *Hermann Heiberg:* [1840–1910], Erzähler, der eine Fülle von
Romanen verfaßte; »ein flacher Unterhaltungsschriftsteller« (Ruprecht, S. 85), zu seiner Zeit aber als Bahnbrecher der Moderne ge-
schätzt. Sein bedeutendstes Werk ist wohl sein Roman ›Apotheker
Heinrich‹, Lpz., W. Friedrich 1885, der sehr ausführlich und überaus
günstig von ERNST VON WOLZOGEN in der Ges. I, 1885, S. 515–7
besprochen wurde. WOLZOGEN [1855–1934, vgl. Brümmer VIII,
36–8] hält das Buch für »einen der besten deutschen Romane« und
spricht dem Roman eine »ähnliche Bedeutung für die Entwickelung
unserer Litteratur« zu, wie sie FLAUBERTS ›Madame Bovary‹ für die
französische gehabt habe! (S. 517). Auch BLEIBTREU hält ihn für
einen »Eckpfeiler« der neuen Literatur. Vgl. W/G 520–1; Brümmer
III, 121–2 und HANS MERIAN, ›Hermann Heiberg‹. Leipzig, W.
Friedrich, 1891.

30, 27 *»Eine vornehme Frau«:* erschien 1886 bei W. Friedrich in Leipzig.

30, 34 *die Venus von Medicis:* die mediceische Venus, die schönste Darstellung der Göttin und eines der größten Bildhauerwerke der
Antike, das sich in der Kunstkammer des Hauses MEDICI in Florenz
befand.

31, 5 *sub specie aeterni:* vgl. SPINOZAS [1632–1677] »sub specie aeter-
nitatis« in seiner ›Ethica‹, 5, 29–31. Der Satz steht genau so in
BLEIBTREUS Kritik des Werkes ›Oktavia‹ von WILHELM WALLOTH
in der Ges. I, 1885, S. 817. Vgl. die Anm. zu S. 10, 27.

31, 16 *der alte Carlos von Gagern:* CARLOS VON GAGERN [1826–1885]
schrieb außer einigen Werken über die politische Lage in Mexiko
[1862] Rezensionen für die beiden führenden Zeitschriften der jun-

gen Generation, die ›Gesellschaft‹ und das ›Magazin‹. In der Gesell-
schaft I, 1885, S. 840 rezensierte er GÜNTHER WALLINGS Dichtungen
›Von Lenz zu Herbst‹, Leipzig, W. Friedrich, 1884. GÜNTHER WAL-
LING hieß eig. CARL ULRICI [1839–1896; vgl. Kosch² IV, 3087,
Brümmer VII, 242]. Im Magazin, Jg. 54, 1885, S. 598–9 bespricht
er MAX NORDAUS Buch ›Paradoxe‹.
Er veröffentlichte: ›Todte und Lebende. Erinnerungen 1. und 2.
Reihe‹, Halle, Abenheim, 1884. Posthum veröffentlichte M. G. CON-
RAD: ›Schwert und Kelle. Aus dem Nachlasse des Verfassers hrsg.
von M. G. Conrad‹, Lpz., W. Friedrich, 1888. Über ihn schreiben
M. G. CONRAD, ›Meine Erinnerungen an C. v. G.‹, Ges. III, 2, 1887,
S. 599–604 und LUDWIG KUNWALD (Wien). ›Ein Held der Feder und
des Schwerts‹ in: Ges. III, 2, 1887, S. 628–646. Er rezensierte auch:
BLEIBTREUS ›Kraftkuren. Realistische Novellen‹, in dem Magazin,
Jg. 54, 1885, S. 488–490.

31, 19 *Zola und Maupassant:* zu ZOLA vgl. die Anm. zu S. VII, 28 und
zu S. 29, 18. GUY DE MAUPASSANT [1850–1893], naturalistischer
Schriftsteller, vor allem berühmt durch seine über 200 ›Contes‹; bis
heute in dieser Gattung unübertroffen. Vgl. Epp. 562–3.

31, 21 *Die Neue Poesie:* vgl. zu BLEIBTREUS Forderungen vor allem
seine beiden Aufsätze in der Ges. I, 1885, S. 553–9 (›Neue Lyrik‹)
und S. 891–3 (›Andere Zeiten, andere Lieder!‹).

32, 1 *M. G. Conrad:* MICHAEL GEORG CONRAD [1846–1927] war einer
der wichtigsten und einflußreichsten Vertreter des frühen Naturalismus in Deutschland, das geistige Haupt der Münchener Gruppe
der Naturalisten, Begründer und bis 1901 (Mit-)Herausgeber der
Zeitschrift ›Die Gesellschaft‹, die im 1. Jahrgang den bezeichnenden
Untertitel: ›Realistische Wochenschrift für Litteratur, Kunst und
öffentliches Leben‹ trug. Das Blatt war weit mehr als das ›Magazin‹
ein Organ der modernen Bewegung in der Literatur, bekämpfte die
überlebte epigonale Kunst und trat besonders für ZOLA und DOSTO-
JEWSKI ein. Vgl. Ruprecht S. 55–58 und Schlawe I, S. 19–22. Vgl.
auch die Anm. zu S. VII, 28; W/G 191–3; Int. Bibl. II, 1, 543.

32, 1 f. *»Todtentanz der Liebe«:* erschien mit dem Untertitel ›Münchener Novellen‹ 1885 bei W. Friedrich in Leipzig.

32, 4 *die kritischen:* so seine zahlreichen Bücher über Paris und Frankreich, die die Anm. zu S. XXII, 14 und andere, die W/G verzeichnet. Wichtig sind noch seine Lebenserinnerungen: ›Von Emile Zola
bis Gerhart Hauptmann, Erinnerungen zur Geschichte der Moderne‹, Lpz., H. Seemann, 1902.

32, 7–8 *Conrad und Heiberg:* daß BLEIBTREU hier CONRAD und HEI-
BERG »die zwei Eckpfeiler der literarischen Zukunft« nennt, ist immer als Beispiel für BLEIBTREUS schlechten literarischen Geschmack

betrachtet und ihm verübelt worden. Andererseits müßte doch bemerkt werden, daß 1886/7 kaum andere Gestalten zu nennen gewesen wären.

32, 10 *Wolfgang Kirchbach:* [1857–1906], Dramatiker, Erzähler und Lyriker, hatte großen Einfluß auf das »Jüngste Deutschland«. Seine Satire auf die Münchener Dichterschule: ›Münchner Parnaß‹ erschien in der Ges. I, 1885, S. 74–81. Von ihm erschienen etwa: ›Salvator Rosa‹, Roman, Leipzig, Breitkopf und Härtel, 1880 (vgl. die Anm. zu S. 21, 35); ›Kinder des Reichs‹, 2 Bde., Lpz., W. Friedrich, 1883. Die 2. Aufl. erschien 1885 bei demselben Verleger unter dem Titel ›Nord! Vaterländische Novellen‹; die 32, 26–7 genannte ›Berliner Novelle‹ gehört zu diesem »Cyclus«. Vgl. Kosch² II, 1275; Brümmer III, 465–6.

32, 38 *»Lebensbuch«:* KIRCHBACHS ›Lebensbuch, Gesammelte kleinere Schriften‹ erschien 1885 in München bei O. Heinrichs; M. G. CONRADS Kritik in der Ges. I, 1885, S. 955.

33, 9 *Sealsfield:* CHARLES SEALSFIELD, eig. KARL ANTON POSTL [1793 bis 1864] schrieb zahlreiche »Ethnographische Erzählungen«, die vor allem in Amerika spielen und neben einer großen dichterischen Begabung einen tiefen Blick für die Völkerpsychologie zeigen, so in seinem berühmtesten Buch: ›Das Cajütenbuch oder Nationale Charakteristiken‹, Zürich, Schultheß, 1841. Vgl. W/G 1191–2; Int. Bibl. II, 1, 716–7 u. II, 2, 1075.

33, 14 *Trelawny:* EDWARD JOHN TRELAWNEY [1792–1881], engl. Abenteurer, dessen autobiographische Aufzeichnungen hochbedeutsam sind; befreundet mit SHELLEY und BYRON. Werke: ›Adventures of a younger son‹, London, 1831, und ›Recollections of the last days of Shelley and Byron‹, London, 1858, vgl. die Anm. zu S. 94, 14. Er nahm mit BYRON 1824 am griechischen Freiheitskampf teil. BYRONS Urteil über ihn war allerdings nicht sehr günstig, vgl. HAROLD NICHOLSON, ›Byron. His last journey. April 1823–April 1824‹, London, 1948, S. 96–8.

33, 15 f. *Balzac verschuldet diese Mythe:* HONORÉ DE BALZAC [1799 bis 1850], berühmter frz. Romandichter des Realismus. Hauptwerk: ›La Comédie Humaine‹: 86 Geschichten, die 1842–48 in 17 Bdn. erschienen. Er schreibt: »Les Treize étaient tous des hommes trempés comme le fut Trelawney, l'ami de Lord Byron, et, dit-on, l'orginale du ›Corsaire‹« in: ›Préface de la 1re édition de Ferragus‹, 1833, Roman aus der Reihe: ›La Comédie Humaine‹, in: ›Œuvres Complètes‹, ed. MARCEL BOUTERON et HENRI LONGNON, Vol. XIII, p. 7, Paris, 1948. Vgl. zu BALZAC: Epp. 517–9.

33, 17 *»Corsair«:* BYRONS ›The Corsair. A tale‹ erschien 1814. TRELAWNEY lernte BYRON aber erst 1818 kennen.

33, 20 »*Daredjan*« *von Suttner:* ARTHUR GUNDACCAR FRHR. VON
SUTTNER [1850–1902] ließ ›Daredjan. Mingretisches Sittenbild‹
1885 in München bei O. Heinrichs erscheinen. Vgl. zu ihm: Kosch²
IV, 2940, Brümmer VII, 144–5.

33, 20–1 *M. G. Conrad's Pariser Studien:* vgl. die genauen Titel in der
Anm. zu S. XXII, 24 f.

33, 21 f. *G. Allan's rumänische Skizzen:* G. ALLAN, eig. MITE KREM-
NITZ, GEB. MARIE VON BARDELEBEN [1852–1916], Frau eines Arztes
und Mitarbeiterin von CARMEN SYLVA (vgl. die Anm. zu S. XXIII, 1)
schrieb unter diesem Pseud.: ›Aus der rumänischen Gesellschaft.
2 Romane‹. Leipzig, Thiel, 1882 [= 1881]. Ihr Buch ›Rumänische
Skizzen‹, eingel. und übers. von MITE KREMNITZ erschien 1877 in
Bukarest. Die bei Kosch und Brümmer sonst noch erwähnten Titel
bibliographisch nicht ermittelt. Vgl. Kosch³ I, Sp. 71, Kosch² II, 1395
und Brümmer IV, 108–9.

33, 22 f. *Rosenthal-Bonin:* HUGO ROSENTHAL-BONIN [1840–1897]:
Verfasser von Abenteurerromanen wie ›Der Bernsteinsucher‹, Lpz.,
Schlicke, 1880, ›Der Diamantschleifer‹, Stg., DVA, 1881, ›Die Tier-
bändigerin‹, Stg., DVA, 1884, ›Das Haus mit den zwei Eingängen‹,
Stg., DVA, 1886, usw. Vgl. Kosch² III, 2312, Brümmer VI, 53–4.

33, 23–35 *Meine »Kraftkuren« [...]:* BLEIBTREU erwähnt hier folgende
eigene Werke:
Z. 23 ›Kraftkuren. Realistische Novellen‹, Lpz., W. Friedrich, 1885.
Z. 30 ›Norwegische Novellen‹ = ›Aus Norwegens Hochlanden‹. 3
Novellen. Lpz., Unflad, 1883.
Z. 32 ›Dies Irae. Erinnerungen eines französischen Offiziers an
Sedan‹. Stuttgart, Crabbe, 1882 (anonym erschienen; erst nachdem
die frz. Übersetzung großen Erfolg gehabt hatte, erschienen auch in
Deutschland viele Auflagen).
Z. 35 ›Napoleon bei Leipzig. Studie‹. Berlin, Luckhardt, 1885.

34, 1 *meine übrigen militärischen Gemälde:* BLEIBTREU, der Sohn des
berühmten Schlachtenmalers GEORG BLEIBTREU, hat zahllose Schlachten und Kriege geschildert, vgl. die Aufzählung bei W/G 93–4 und
Brümmer I, 254–5.

34, 5 f. *Gerhard von Amyntor:* eig. DAGOBERT VON GERHARDT [1832
bis 1910], vgl. die Anm. zu S. 19, 29 f. Der Roman ›Vom Buchstaben zum Geiste. Roman aus der Gegenwart‹ erschien 1886 in 2
Bdn. in Leipzig bei W. Friedrich.

34, 12 *Friedrich Lange:* [1852–1918], norddt. Schriftsteller, dessen Geschichte ›Harte Köpfe‹ 1885 bei W. Friedrich in Leipzig erschien.
Vgl. Kosch² II, 1457 und Brümmer IV, 176.

34, 27 *Die sogenannten Naturalisten:* hier trennt BLEIBTREU explizit
die Naturalisten, die nur das Sexuelle schildern, von den Realisten,

die auch den anderen Leidenschaften im Menschen einen Platz ein-
räumen.

35, 14 f. *Romeo und Julia,* ein frühes Trauerspiel von WILLIAM SHAKE-
SPEARE [1564–1616], dem später Tragödien wie ›Hamlet‹, ›Macbeth‹, ›Lear‹ folgen.

35, 23 *Ernst von Wildenbruch:* vgl. die Anm. zu S. XIV, 7–8.

35, 25 *seine ersten Novellensammlung:* ›Novellen‹, Berlin, Freund,
1882.

35, 26 *seine »neuen Novellen«:* ›Neue Novellen‹, Berlin, Freund, 1885;
die Sammlung enthält: ›Die heilige Frau‹, ›Die Danaide‹, ›Das
Riechbüchschen‹.

35, 30 f. *eine Kollegin von Paula Erbswurst:* Anspielung nicht ermittelt.

36, 14 *Max Kretzer:* [1854–1941] hat die Berliner Verhältnisse, die er
in seinen Romanen und Novellen schildert, aus eigener Anschauung
kennengelernt. Dadurch wirken seine ersten Bücher auch sehr wirk-
lichkeitsgetreu, wenn auch Sprache und Stil oft recht salopp sind. Er
verteidigt seine Berliner Romane im Magazin, Jg. 54, 1885, S. 669
bis 671: ›Zur Entwicklung und Charakteristik des »Berliner Romans«‹. BLEIBTREU bewunderte seine Romane sehr und schrieb eine
sehr ausführliche Rezension über KRETZERS ›Drei Weiber‹ im Magazin, Jg. 55, 1886, S. 308–310. Seine besten Romane sind: ›Die Be-
trogenen‹, 2 Bde., Berlin, Kogge, 1882. ›Die Verkommenen‹, 2 Bde.,
Berlin, Luckhardt, 1883, ›Meister Timpe‹, Berlin, S. Fischer, 1888.
Vgl. W/G 722–3; Int. Bibl. II, 1, 642.

36, 38 *Die Verkommenen:* Berliner Roman, 2 Bde., Berlin, Luckhardt,
1883.

37, 1 *die übrigen Romane:* vgl. W/G 722–3 und HORST CLAUS, ›Studien
zur Geschichte des deutschen Frühnaturalismus‹, Jena, 1933, S. 82
bis 87; J. E. KLOSS, ›Max Kretzer‹, Lpz., 1905².

37, 25 *der Grundsatz: »Eins ist noth«:* nach Lukas 10, 42: »eins aber
ist not.«

37, 28–9 *Zola's »Germinal«:* vgl. die Anm. zu S. VII, 28 und auch
G. CRISTALLER, ›Zolaismus, am »Germinal« erklärt‹, in der Ges. I,
1885, S. 647–650.

37, 30 *Dickens:* CHARLES DICKENS [1812–1870], der große Erzähler
des 19. Jh. in England. Vgl. Epp. 494–6.

37, 33 *»Drei Weiber«:* Berliner Kultur- und Sittenroman, 2 Bde.,
Jena, Costenoble, 1886, BLEIBTREUS Rezension im Magazin, Jg. 55,
1886, S. 308–10.

37, 34 *Thackeray:* WILLIAM MAKEPEACE THACKERAY [1811–1863], bedeutender Romandichter des engl. Realismus. Hauptwerk: ›Vanity
Fair‹ [1847–8]. Vgl. Epp. 496.

37, 38 *»Im Riesennest«:* Diese ›Berliner Geschichten‹ erschienen 1886 bei Reißner, Lpz.

38, 1 *Andersen:* HANS CHRISTIAN ANDERSEN [1805–1875], dänischer Dichter, vor allem berühmt durch seine ›Eventyr‹ (Märchen), EA 1835. Vgl. Epp. 538–9.

38, 4 *Demimonde:* In der Vorrede zur 2. Aufl. der ›Revolution‹ sagt BLEIBTREU: »Es ist mir nahe gelegt worden, ob ich nicht ein paar Kapitel über das »Literarische Rowdiethum« und die »Literarische Demimonde« vom Stapel lassen wolle« (S. XXV), besonders über die »Blaustrumpfliteratur«, aber er läßt dieses »Damoklesschwert« »für später hängen« (S. XXVI), vgl. die Anm. zu S. 14, 27.

38, 13 *ein Anderer:* BLEIBTREU selbst.

38, 17 f. *den Roman »Der Traum«:* 1880 erschien BLEIBTREUS ›Der Traum. Aus dem Leben des Dichterlords‹ in Berlin bei Schleier-macher.

38, 21 f. *»Schlechte Gesellschaft«:* erschien 1885 bei W. Friedrich, Lpz. Ausführlich rezensiert von HERMANN HEIBERG [1840–1910] im Magazin, Jg. 55, 1886, S. 427–9 und von FRIEDRICH LANGE [1852 bis 1918] in der Ges. I, 1885, S. 839–40. Vgl. zu HEIBERG die Anm. zu S. 30, 5 und zu LANGE die Anm. zu S. 34, 12.

38, 26 f. *Th. Fontane:* THEODOR FONTANE [1819–1898].

38, 55 *Rudolf Lindau:* RUDOLF VON LINDAU [1829–1910], Diplomat und Erzähler feinsinniger Novellen: ›Die kleine Welt. 3 Novellen‹, Berlin, Paetel, 1880; ›Wintertage. 3 Erzählungen aus Frankreich‹, Breslau, Schottländer, 1883, usw. Vgl. W/G 800; Int. Bibl. II, 1, 646.

39, 1 *Oscar Welten:* eig. GEORG DOLESCHAL [1844–1894], Dramatiker und Erzähler im Stile ZOLAS, der auch Beiträge zu der ›Gesellschaft‹ geliefert hat. Wichtig seine Studie: ›Zola-Abende bei Frau von S. Eine kritische Studie in Gesprächen‹. Lpz., Unflad, 1883. Novellen: ›Buch der Unschuld. Neue Novellen‹, Berlin, Ißleib, 1885. Vgl. Kosch² IV, 3290 und Brümmer VII, 389.

39, 6 *Fritz Mauthner:* [1849–1923], Erzähler, Satiriker und Philosoph, der u. A. veröffentlichte: ›Die Sonntage der Baronin‹. Novellen. Zürich, Schmidt, 1881, ›Der neue Ahasver. Roman aus Jung-Berlin‹. 2 Bde. Dresden, Minden, 1883, ›Berlin W. Drei Romane‹, 3 Bde., Dresden, Minden, 1886–90 usw. Seine »ätzende Satire« vor allem in seinen Parodien: ›Nach berühmten Mustern. Parodistische Studien‹. 2 Bde., Stuttgart, Spemann, 1878 bzw. Bern, Frobeen, 1880. Vgl. die Anm. zu S. 64, 30.

Vgl. W/G 835–7; Int. Bibl. II, 1, 649. Übrigens hat auch BLEIBTREU ein Bändchen Satiren veröffentlicht: ›Götzen‹, Lpz., W. Friedrich, 1887.

39, 12 *W. von Hillern:* WILHELMINE VON HILLERN [1836–1916], die in ihren Romanen pathetische Leidenschaft mit nüchternem Kitsch verband, so in: ›Ein Arzt der Seele‹, Berlin, Janke, 1869, ›Die Geier-Wally‹, Berlin, Paetel, 1875 usw. Vgl. Kosch² II, 985 u. Brümmer III, 214.

39, 13 *O. Berkamp:* eig. OLGA VON OBERKAMP [1849–?], deren Buch ›Karyathiden‹ 1883 in Berlin bei Walter und Apolant erschien. 1888 veröffentlichte sie: ›Wogen der Sündfluth. Novellen‹. 2 Bde., Berlin, Ißleib. Nur Brümmer V, 164 erwähnt sie.

39, 15 *Hermann Friedrichs:* eig. WILHELM HERMANN FRIEDRICHS [1854 bis 1911], leitete 1884–5 das Magazin, war ein vertrauter Freund LILIENCRONS [1844–1909], dessen Briefe er 1911 edierte. Vor allem als Lyriker tätig. Schrieb für die EA der ›Revolution‹ das Gedicht ›Das Ça ira der Muse‹ (S. IV–V), auch abgedruckt im Magazin, Jg. 55, 1886, S. 1. Hier wohl erwähnt wegen seines Romans ›Margarete Menkes‹, Lpz., W. Friedrich, 1885. Vgl. die Anm. zu S. 19, 22 und zu S. 51, 25.

39, 24 *R. Elcho:* RUDOLF ELCHO [1839–1932], vor allem Novellendichter, so etwa: ›Die Wandervögel und andere Geschichten‹. Berlin, Hofmann, 1881, ›Goldene Schwingen‹, Roman. Berlin, Freund und Jeckel, 1886, usw. Vgl. Kosch² I, 431 u. Brümmer II, 129–30.

39, 30 *Sacher-Masoch:* LEOPOLD RITTER VON SACHER-MASOCH (Pseud. auch: CHARLOTTE ARAND, ZOË VON RODENBACH) [1836–1895]. Seine ersten Novellen bildeten einen wichtigen Beitrag zur Entwicklung des Realismus in Österreich, so die 4-bändige Novellenfolge: ›Das Vermächtnis Kains‹, Stg., Cotta, bzw. Bern, Frobeen, 1870–7; später wurden seine erotischen Geschichten der Hauptteil seines Schaffens, so schon in der Novelle, auf die BLEIBTREU anspielt: ›Venus im Pelz. Novelle‹, Lpz., Leipziger Verlag 1870. Vgl. W/G 1076–9; Int. Bibl. II, 1, 715.

39, 34 *K. E. Franzos:* KARL EMIL FRANZOS [1848–1904], vor allem Schilderer seiner Heimat Galizien, so in: ›Die Juden von Barnow. Novellen‹. Stg., Hallberger, 1877, ›Moschko von Parma. Geschichte eines jüdischen Soldaten‹. Lpz., Duncker und Humblodt, 1880. Vgl. W/G 352–3; Int. Bibl. II, 1, 704–5.

39, 37 *Hans Hopfen:* HANS RITTER VON HOPFEN [1835–1904], anfangs Lyriker, später verfaßte er Romane und Novellen und ist ein nicht unwichtiger Verbindungsmann zum Naturalismus, so mit: ›Verdorben zu Paris‹, 2 Bde., Stg., Kröner, 1868, ›Arge Sitten‹, 2 Bde., Stg., Körner, 1869, usw. Vgl. W/G 595–6; Körner 437.

39, 37 *Rosegger:* PETER ROSEGGER [1843–1918] aus der Steiermark, ein talentvoller Dichter von Bauernromanen, die in seiner Heimat

spielen, so in seinem Meisterwerk: ›Die Schriften des Waldschulmeisters‹. Preßburg, Heckenast, 1875.
Vgl. W/G 1056–60; Int. Bibl. II, 1, 713–4.

39, 37 *Ganghofer:* LUDWIG GANGHOFER [1855–1920] schrieb zahllose, überaus beliebte Unterhaltungsromane, vgl. W/G 376–8; Int. Bibl. II, 2, 253–4.

40, 1 *Anzengruber:* LUDWIG ANZENGRUBER [1839–1889], mit seinen Romanen und Dramen der wichtigste Vertreter des frühen österreichischen Naturalismus. Vgl. W/G 19–21; Int. Bibl. II, 1, 701–2 u. II, 2, 1073.

40, 4 f. *Berthold Auerbach:* eig. MOYSES BARUCH AUERBACHER (als Pseud. auch THEOBALD CHAUBER) [1812–1882], mit BLEIBTREU befreundet, wurde berühmt durch seine ›Schwarzwälder Dorfgeschichten‹: EA 1843–53, Mannheim, Bassermann, 1871 vollständig bei Cotta in Stuttgart. Vgl. W/G 30–32; Int. Bibl. II, 1, 531.

40, 10 f. *»Diethelm von Buchenberg«:* ist eine der ›Schwarzwälder Dorfgeschichten‹ und erschien 1852 unter dem Titel: ›Die Geschichte des Diethelm von Buchenberg‹.

40, 16 *Motto:* das Motto von ZOLA genau so bei M. G. CONRAD in seinem Aufsatz: ›Zola und Daudet II‹ in der Ges. I, 1885, S. 800–805, das »Motto« auf S. 803. Bei ZOLA selbst nicht ermittelt.

Das Drama

Vgl. zum ganzen Abschnitt: SIGFRID HOEFERT, ›Das Drama des Naturalismus‹. Stuttgart, 1968 (Sammlung Metzler M 75).

41, 5 *den »Grachus« von Wilbrandt:* ADOLF VON WILBRANDT [1837 bis 1911], leitete 1881–1887 mit großem Erfolg das Wiener Burgtheater. Seine Dramen sind epigonal, oft dekadent und pervers, so die hier genannte Römertragödie: ›Gracchus, der Volkstribun‹, Wien, Rosner, 1872, die mit dem Schillerpreis ausgezeichnet wurde. Vgl. W/G 1394–5; Int. Bibl. II, 1, 696.

41, 12 f. *so etwas ist noch nie dagewesen:* solche Anachronismen treten aber auch beim von BLEIBTREU so bewunderten CHRISTIAN DIETRICH GRABBE [1801–1836] auf, etwa in seinem Drama ›Hannibal‹ [1835]!

41, 26 *Coriolan:* vgl. SHAKESPEARES Tragödie: ›Coriolanus‹.

42, 3 *Wildenbruch:* vgl. die Anm. zu S. XIV, 7 ff. und zu S. 35, 23.

42, 12 f. *Kleist's »Hermannsschlacht«:* erst 1821 erschienen: in den ›Hinterlassenen Schriften‹, hrsg. von LUDWIG TIECK [1773–1853], dann 1826 in den ›Gesammelten Schriften‹. HEINRICH VON KLEIST [1777 bis 1811].

42, 16 *»Die Karolinger«:* Trauerspiel, erschien als EA 1882 bei Freund in Berlin.

42, 18 f. *»Väter und Söhne«:* Schauspiel. Berlin, Freund, 1882.

42, 22 *»Harold«:* Trauerspiel. Berlin, Freund, 1882.
Diese Dramen von BLEIBTREU auch scharf kritisiert in dem Aufsatz: ›Neue Dramen‹ im Magazin, Jg. 54, 1885, S. 326–328, bes. S. 327, wo er fast dieselben Worte wie hier benutzt.

42, 25 *Edith Schwanenhals:* diese »historisch gegebene Figur« hieß: EADGYTH OF THE SWAN-NECK, die Mätresse des englischen Königs HAROLD II. [1022?–1066], der 1066 in dem Kampf gegen die Normannen fiel.

42, 26 *Max- und Theklaaffaire:* die Liebesgeschichte von Max und Thekla in SCHILLERS ›Wallenstein‹ [1800].

42, 27 *»Christof Marlow«:* ›Christoph Marlow, Trauerspiel‹, Berlin, Freund, 1884.

42, 30 f. *war der Stoff bereits von Tiek gegeben:* LUDWIG TIECK [1773 bis 1853], einer der führenden und fruchtbarsten Dichter der sog. älteren Romantik, der später Romane und Novellen schrieb, die bereits zum Realismus überleiteten, behandelt den MARLOWE-Stoff in seiner Novelle: ›Dichterleben. Erster Teil‹. Erstdruck in: ›Urania 1826‹, dann in den ›Schriften‹ XVIII, 295. Jetzt in den ›Werken‹, ed. M. THALMANN, München, 1965, Bd. III, S. 333–420. CHRISTOPHER MARLOWE [1564–1593] war der bedeutendste englische Dramatiker vor SHAKESPEARE, vgl. Epp. 234–5. Vgl. zu TIECK: W/G 1272–5; Int. Bibl. II, 1, 369–71 u. II, 2, 1047–8.

43, 1 f. *eine ganz gewöhnliche Ehebruchsgeschichte:* nach seiner Meinung bringt BLEIBTREU selbst in seinem eigenen Drama ›Harold der Sachse‹ diese »historischen Motive höheren Stils«. Nach seinen eigenen Angaben ist das Drama schon 1882 entstanden, es erschien aber erst 1887 im Bande: ›Vaterland. 3 Dramen‹, Lpz., W. Friedrich. Vgl. dazu: FALK HARNACK, ›Die Dramen Bleibtreus‹, Berlin 1938, S. 37. Als Quelle diente ihm: EDWARD BULWER, LORD LYTTON [1803–1873], ›Harold, the Last of the Saxon Kings‹, London, 1848. Vgl. zu BULWER die Anm. zu S. 15, 3.

43, 6 *der »Mennonit«:* Trauerspiel, erschien auch 1882 bei Freund in Berlin.

43, 6 *Kothurnstücke:* hier pejorativ gemeint: eine Anspielung auf die schwülstige Schreibart WILDENBRUCHS.

43, 11 *Hans Herrig:* [1845–1892], Epiker und Dramatiker, mit BLEIBTREU und MAX KRETZER befreundet. Hauptwerke: ›Mären und Geschichten‹, Berlin, F. Luckhardt, 1879; die Epen: ›Die Schweine‹ und ›Der dicke König‹, humoristisch-satirische Werke, erschienen 1876 bzw. 1885 bei demselben Verleger, der ab 1886 auch HERRIGS ›Gesammelte Schriften‹ veröffentlichte. Er verfaßte auch Operntexte: ›Drei Operndichtungen‹, Berlin, Luckhardt, 1881 und hatte großen Erfolg mit seinem LUTHER-Festspiel: ›Luther. Ein kirchliches Festspiel zur Feier des 400jährigen Geburtstages Martin Luthers in Worms‹, Berlin, Luckhardt, 1884. Vgl. die Anm. zu S. 49,4. Vgl. Kosch² II, 948, Brümmer III, 170–1.

44, 9 *Claquenbühne:* wo gedungene Beifallsklatscher für den ›Erfolg‹ sorgten.

44, 14 *»Schicksal«:* dieses »jüngste« Drama BLEIBTREUS erschien als Bühnenmanuskript: Berlin, Felix Bloch, 1885, als Buchausgabe erst 1888 bei W. Friedrich in Leipzig. Vgl. zur verwickelten Textgeschichte: FALK HARNACK, a.a.O. S. 31–36.

44, 17 *»Byron's letzte Liebe«:* entstand 1879 (F. HARNACK, a.a.O. S. 20), erschien 1881 im Druck als Bühnenmanuskript, die umgearbeitete endgültige Fassung erschien 1886 im Bande: ›Lord Byron. Zwei Dramen‹, Lpz., W. Friedrich.

44, 20 *Das Wunder hör ich wohl, [...]:* nach GOETHES ›Faust‹ I, Z. 765: »Die Botschaft hör ich wohl, allein mir fehlt der Glaube«.

44, 22 *die Gebrüder Hart:* vgl. die Anm. zu S. 55, 4–6.
Das einzige Drama von HEINRICH HART [1855–1906], das hier in Betracht käme, wäre: ›Sedan. Eine Tragödie‹, Lpz., O. Wigand, 1882. JULIUS HART [1859–1930] schrieb: ›Don Juan Tenorio. Eine Tragödie‹, Rostock, Meyer, 1881 und: ›Der Rächer. Eine Tragödie‹, Lpz., Mutze, 1884. Sie gehören zu den weniger bedeutenden Werken der Brüder.

44, 24 *Hans Blum:* HANS GEORG MAXIMILIAN BLUM [1841–1910] verfaßte außer einigen historischen Romanen (›Herzog Bernhard‹, Lpz., C. F. Winter, 1885; ›Hallwyl und Bubenberg‹, Lpz., C. F. Winter, 1886) das Drama ›York‹, Lpz., Duncker und Humblodt, 1884, das von BLEIBTREU ausführlich rezensiert wird: im Magazin, Jg. 54, 1885, S. 326–8 und 341–4. Vgl. Kosch³ I, Sp. 597–8, Brümmer I, 261–2.

44, 24 *W. Henzen:* KARL GEORG WILHELM VON HENZEN [1850–1910], Pseudonym: FRITZ VON SACKEN (oder: SAKKEN), volkstümlicher Dramatiker, Dramaturg am Leipziger Stadttheater seit 1882. Einige Dramen sind: ›Bettina de Monk‹, Berlin, F. Luckhardt, 1881; ›Die Pfalzgräfin‹, Lpz., Edelmann, 1882; ›Martin Luther‹, Lpz., Reißner, 1883; ›Ulrich von Hutten‹. Lpz., Reißner, 1884, usw. Vgl. Kosch² II, 931 u. Brümmer III, 158–9.

44, 27 *Phryne:* urspr. Name einer Dirne im alten Athen, jetzt eine verführerische, sehr freche Schöne.

44, 29 *Gottschall's »Pitt und Fox«:* CARL RUDOLF VON GOTTSCHALL (Pseud. CARL RUDOLF) [1823–1909] schrieb Lyrik, Epik und Dra-

men, gehörte ursprünglich zum »Jungen Deutschland«, später aber
»staatsbejahend«. Das Drama: ›Pitt und Fox, Lustspiel in 5 Auf-
zügen‹ erschien 1865 in den ›Dramatischen Werken‹, Band I, Lpz.,
Brockhaus, die 2. Aufl. erschien 1884 bei demselben Verleger. (Die
Angabe von W/G 430/15 ist falsch.) Vgl. zu ihm: W/G 430–2,
Brümmer II, 414–6; Körner 458.

44, 32 f. *H. Bulthaupt:* HEINRICH ALFRED BULTHAUPT [1849–1905],
Dramatiker und Dramaturg, schrieb u. A. die Dramen: ›Gerold
Wendel (aus dem Bauernkrieg)‹, Oldenburg, Schulze, 1885, ›Imogen,
Bearb. von Shakespeares Cymbeline‹, Oldenburg, Schulze, 1885,
›Eine neue Welt‹, Oldenburg, Schulze, 1885. Als Dramaturg schrieb
er etwa: ›Dramaturgie der Classiker‹, 2 Bde., Oldenburg, Schulze,
1883. Vgl. Kosch³ II, Sp. 331–2, Brümmer I, 381–382; Int. Bibl. II,
1, 541.

44, 34 f. *»müden Mannes«* = RICHARD VOSS, vgl. die Anm. zu S. 29, 25.

44, 36 *»Zaren-Mohren«:* RICHARD VOSS, ›Der Mohr des Zaren. Schauspiel. Nach einem Fragment von Puschkin‹, Frankfurt/Main, Koe-
nitzer, 1883. Mit diesem Drama geht BLEIBTREU im Magazin, Jg. 54,
1885, S. 342–3, besonders streng ins Gericht. So verspottet er auch
den Schlußsatz: »Die Kuh frißt Gras.«, den er auch in unserem Text
S. 45, 3 und S. 46, 2 einige Male nennt.

45, 5 f. *Detlev von Liliencron:* FRIEDRICH AXEL ADOLF DETLEV, FREI-
HERR VON LILIENCRON [1844–1909] hat mit seinen Gedichten, Novellen und Dramen auf die junge Generation großen Einfluß aus-
geübt. Er war mit W. FRIEDRICH befreundet, der ihn immer finan-
ziell unterstützte, auch zu einer Zeit, als er noch gar keinen Erfolg
hatte. Vgl. zu LILIENCRON auch die Anm. zu S. 49, 23.
Vgl. W/G 795–6; Int. Bibl. II, 1, 645–6 u. II, 2, 1068.

45, 6 *»Knut der Herr«:* dieses Drama LILIENCRONS erschien 1885 bei
W. Friedrich, Lpz.

45, 8 *»Die Pogwisch und Rantzau«:* richtig: ›Die Rantzow und die
Pogwisch. Schauspiel in 5 Akten‹ erschien 1885 in Berlin, »Als
Manuskript gedruckt«. 1886 erschien bei WILHELM FRIEDRICH die
normale Ausgabe (fehlt bei W/G). Vgl. dazu das Magazin, Jg. 55,
1886, S. 144, wo diese Ausgabe angezeigt wird. Fehlt sonst in allen
großen Bibliographien.

45, 19 *»Trifels und Palermo«:* erschien 1886 bei W. Friedrich.

45, 21 *meinen Roman:* ›Der Nibelunge Noth. Eine Aventiure‹, er-
schien 1884 bei Auerbach in Berlin, später: Leipzig, W. Friedrich.
Neue Ausgabe 1905 unter dem Titel ›Kaiser und Dichter‹ in Reclams
UB Nr. 4701–2.

45, 27 *Lindau:* PAUL LINDAU [1839–1919], gefürchteter Berliner Kritiker, Redakteur der Zeitschriften ›Die Gegenwart‹ und ›Nord und

Süd‹, schrieb auch Romane nach Tagesskandalen der Zeit. Vgl. zu
ihm: HEINRICH und JULIUS HART, ›Kritische Waffengänge‹, Heft 2:
›Paul Lindau als Kritiker‹, Berlin, 1882, S. 9–43.
Vgl. auch: W/G 797–9; Int. Bibl. II, 1, 646.

45, 27 *Blumenthal:* OSKAR BLUMENTHAL [1852–1917], erfolgreicher
Macher zahlreicher Salonlustspiele; so schrieb er die Z. 37–40 ge-
nannten Werke: ›Der Probepfeil‹, Berlin, Freund und Jeckel, 1884;
›Die große Glocke‹, id., 1885; ›Ein Tropfen Gift‹, Berlin, Lassar,
1886. Ein Lustspiel ›Sammt und Seide‹ habe ich bibliographisch nicht
ermitteln können, vielleicht nur als Bühnenmanuskript gedruckt?
1887 erschien noch: ›Der schwarze Schleier‹, Dresden, Pierson, 1887.
Vgl. zu ihm: EUGEN WOLFF, ›Zur Litteraturfähigkeit der modernen
Bühnenproduktion‹, in: Magazin, Jg. 55, 1886, S. 751–755; EUGEN
WOLFF, ›Oskar Blumenthal, der Dichter des deutschen Theaters und
der deutschen Presse‹, Berlin, Eckstein, 1887 (›Lit. Volkshefte‹ 1).
Vgl. auch: Kosch³ I, Sp. 609–11, Brümmer I, 266–7; Int. Bibl. II,
1, 533.

45, 33 *Moseriade:* Anspielung auf GUSTAV VON MOSER [1825–1903],
der zahllose Lustspiele, Possen und Schwänke verfaßt hat, vgl. W/G
887–90; Brümmer V, 41–3; Int. Bibl. II, 1, 655.

45, 35 f. *Sardou [...]:* Hier nennt BLEIBTREU vier überaus erfolgreiche
frz. Komödienverfasser: VICTORIEN SARDOU [1831–1908], ÉMILE
AUGIER [1820–1889], HENRI MEILHAC [1831–1897] und EUGÈNE-
MARIN LABICHE [1815–1888], die auch auf den deutschen Bühnen
große Erfolge erzielten. Vgl. BLEIBTREUS Aufsatz: ›Émile Augier
und der Realismus‹, in der Ges. V, 1889, IV. Qu., 1767–70, und
HEINRICH BULTHAUPT, ›Dumas, Sardou und die jetzige Franzosenherrschaft auf der deutschen Bühne‹, Berlin, Eckstein, 1887 (›Lit.
Volkshefte‹, 4).

45, 42 *L'Arronge:* ADOLF L'ARRONGE (eig. ADOLF AARON) [1838 bis
1908] schrieb viele Lustspiele, zum Teil zusammen mit G. VON
MOSER (S. Anm. zu 45, 33), die fast alle bei ED. BLOCH's Theater-
korrespondenz (= LASSAR) in Berlin erschienen sind. Seit 1888 war
er Leiter des Deutschen Theaters in Berlin. Vgl. W/G 753–4, Brümmer IV, 190–1; Int. Bibl. II, 1, 643.

46, 2 *»Die Kuh frisst Gras«:* vgl. die Anm. zu S. 44, 36.

46, 3–4 *»Die Loreley«:* soll 1885 erschienen sein, vgl. Brümmer IV, 191,
der das Trauerspiel aber ein »Lustspiel« nennt. Das Werk war
bibliographisch jedoch nicht zu ermitteln. Es steht allerdings in
ADOLF L'ARRONGES ›Gesamtausgabe der dramatischen Werke‹,
4 Bde., Berlin, 1908, Band 2, S. 1–107. Von einer »Gretchen-Apo-
theose« und einem »Chorus mysticus am Schluß« (wie in GOETHES
›Faust, 2. Teil‹) ist in dieser Fassung aber keine Rede.

46, 8 *J. Grosse:* JULIUS WALDEMAR GROSSE [1828–1902], Feuilleton-
redakteur in München und später (ab 1870) Generalsekretär der
Deutschen Schiller-Stiftung in Weimar; er stand dem Münchener
Dichterkreis nahe. Seine ›Gesammelten dramatischen Werke‹ erschie-
nen in 7 Bdn. in Leipzig bei Weber, 1870. Vgl. W/G 457–9, Brümmer
II, 455–457; Körner 441.

46, 15 ff. *»Sedan«:* vgl. die Anm. zu S. 44, 22.
WILDENBRUCH und BULTHAUPT: vgl. die Anm. zu S. 42, 3 ff. und zu
S. 44, 32 f.

Die Lyrik

47, 8 *F. Hirsch:* vgl. die Anm. zu S, 2, 7 und BLEIBTREUS Rezension im
Magazin, Jg. 54, 1885, S. 781–785.

47, 10 ff. *Therese, geb v. Droste-Hülshoff:* [1845–1929], die Frau FELIX
DAHNS, dessen ›Balladen und Lieder‹ 1878 in Lpz. bei Voigtländer
erschienen sind. Vgl. Kosch[3] II, Sp. 943–4, Brümmer I, 457, der angibt, sie sei eine Nichte der bekannten Dichterin ANNETTE VON
DROSTE-HÜLSHOFF gewesen. Zu F. DAHN vgl. die Anm. zu S. 21, 18.

47, 15 *Annette von Droste:* ANNETTE (ANNA ELISABETH) VON DROSTE-
HÜLSHOFF [1797–1848].

46, 16 f. *Martin Greif:* vgl. die Anm. zu S. VI, 22. Vgl. noch BLEIB-
TREUS ausführliche Würdigung GREIFS im Magazin, Jg. 55, 1886,
S. 760–762, wo er sagt, er habe sich im *Prinzip* durchaus zu Meister
GREIF bekehrt.

47, 18 f. *O. v. Redwitz:* OSCAR FREIHERR VON REDWITZ [1823–1891],
dessen Versepos ›Amaranth‹ [1849] wegen der Verherrlichung des
christl. Mittelalters bes. in katholischen Kreisen sehr beliebt war.
›Odilo‹ erschien 1878 bei Cotta in Stuttgart. Vgl. W/G 1009; Int.
Bibl. II, 1, 668–9.

48, 1 f. *»Meine theuren Hallenmünder [...]«:* Schluß des Gedichts
›Plateniden‹ von HEINRICH HEINE, gegen PLATEN [1796–1835] gerichtet. In: ›Sämtl. W.‹, ed. E. ELSTER, I, 409.

48, 9 *Brosamen:* vgl. Matth. 15, 27.

48, 20 *Robert Burns:* [1759–1796], schottischer Nationaldichter, Lyriker der heimatlichen Welt, für BLEIBTREU »der größte Lyriker aller
Zeiten, das eigentliche lyrische Urgenie« (s. die Ges. I, 1885, S. 892),
von großem Einfluß auch auf die spätere Heimatkunst (FRIEDRICH
LIENHARD [1865–1929]). Vgl. Epp. 420–1.

48, 31 *»Bruce bei Bannocburn«* = eig. ›Scots wha hae‹ oder ›Bruce's
Address to his Army, before the Battle of Bannockburn‹.

48, 32 *»Is there for honest poverty«:* eig.: ›For a' that and a' that‹.

48, 34 f. *»Die lustigen Bettler«:* ›The Jolly Beggars, a Cantata‹, Glasgow 1799.

49, 3 *Lingg:* HERMANN VON LINGG [1820–1905], Freund GEIBELS, schrieb Balladen, historische Dramen und Erzählungen; sein Epos ›Die Völkerwanderung‹, 3 Bde., 1866–8, wird als sein Hauptwerk betrachtet. Vgl. W/G 801; Int. Bibl. II, 1, 646 u. II, 2, 1069.

49, 5 *Hans Herrig:* vgl. die Anm. zu S. 43, 11.

49, 13 *Romanzero:* HEINRICH HEINES ›Romanzero‹ erschien 1851.

49, 23 *Detlev von Liliencron:* [1844–1909] vgl. die Anm. zu S. 45, 5 f. Seine Gedichtsammlung: ›Adjutantenritte und andere Gedichte‹ erschien 1883 bei W. Friedrich, Lpz., als sein erstes gedrucktes Werk.

49, 25 *Uhland:* JOHANN LUDWIG UHLAND [1787–1862].

49, 26 f. *Makart'sche Lyrik:* HANS MAKART [1840–1884], akademischer Allegorien- und Historienmaler; seine überladenen Dekorationen beeinflußten stark die Mode und Wohnungsausstattung der Gründerjahre. Vgl. auch WILHELM ARENTS Gedicht: ›À la Makart‹ in: Mod. D., S. 18–19.

50, 18 *Heines »Der alte Märchenwald«:* steht in der Vorrede zur 3. A. [1839] zum ›Buch der Lieder‹, Z. 1: »Das ist der alte Märchenwald!«, ›S. Werke‹, ed. E. ELSTER, Bd. I, S. 8.

50, 18 f. *»Der Schwan im Weiher«:* in ›Lyrisches Intermezzo‹. Nr. 59: ›Es fällt ein Stern herunter‹, Str. 3: »Es singt der Schwan im Weiher«, a.a.O. Bd. I, S. 89.

50, 23–4 *Das Lyrische Schaffen von Karl Bleibtreu:* s. die Anm. zu S. XIII, 12.

50, 35 *Wilhelm Röseler:* FRIEDRICH WILHELM RÖSELER [1848–1899], Redakteur und freier Schriftsteller. Seine »Gedichte« etwa: ›Nordische Eichen. Meiner Heimath Chronik in Dichtungen‹. Berlin, Weile, 1876 und das epische Gedicht: ›Dornröschen. Ein Liebeslied in 10 Gesängen‹. Garding, Lühr und Dircks, 1882. Vgl. Kosch² III, 2281 u. Brümmer VI, 48.

51, 7 *Oberst H. von Reder:* HEINRICH VON REDER [1824–1909], Verfasser zahlreicher Lyrikbände, gehörte trotz des Altersunterschiedes mit CONRAD usw. doch zu den Mitarbeitern der ›Gesellschaft‹. Seine ›Federzeichnungen aus Wald und Hochland‹ erschienen 1885 in München, Heinrichs. Vgl. Kosch² III, 2176, Brümmer V, 402; Körner 442.

51, 15 *Lenau:* Pseud. von NIKOLAUS FRANZ NIEMBSCH, EDLER VON STREHLENAU [1802–1850], österreichischer Dichter, dessen schwermütige Lyrik stark vom Weltschmerz bestimmt wird. Vgl. W/G 776–7; Int. Bibl. II, 1, 709–10 u. II, 2, 1074.

51, 25: *Hermann Friedrichs:* [1854–1911]. Die erwähnten Gedichte ›Gestalt und Empfindung‹ bilden die 3. Abteilung in der Sammlung

›Gedichte‹, Lpz., W. Friedrich, 1885. Das Buch wird eingehend von
Wolfgang Kirchbach in der Ges. I, 1885, S. 753–4 besprochen und
auch von Bleibtreu in seinem Aufsatz ›Neue Lyrik‹, Ges. I, 1885,
S. 575 erwähnt. Die Sammlung enthält als 1. Abteilung die schon
früher erschienenen Gedichte ›Erloschene Sterne‹ [Zürich, Schmidt,
1884] und als 2. Abt. den epischen Zyklus ›Oktavia‹. Die 3. Abt.
›Gestalt und Empfindung‹ enthält »eine Reihe dem Leben entnom-
mene Anekdoten und Ereignisse« (W. Kirchbach, a.a.O., S. 753).

51,34 *Alberta v. Puttkammer's Poesie:* Alberta von Puttkammer
(eig. Puttkamer) [1849–1923], Lieder und Balladendichterin, auch
Übersetzerin, veröffentlichte: ›Kaiser Otto III., Drama‹, Glogau,
Flemming, 1883; ›Dichtungen‹, Lpz., E. Schlömp, 1885; ›Akkorde
und Gesänge‹, Straßburg, Heitz, 1889, usw. Vgl. Kosch² III, 2132
und Brümmer V, 368.

51,35 *ihr »Moses«:* gemeint ist wohl das Gedicht ›Moses' Tod‹, S. 56
bis 61 in den ›Dichtungen‹, 1885. Vgl. Bleibtreus Rezension in der
Ges. I, 1885, S. 558–9.

51,37 *Graf Strachwitz:* Moritz Carl Wilhelm Graf von Strachwitz [1822–1847], Lieder- und Balladendichter: ›Gedichte. Gesamtausgabe‹, Breslau, 1850. Vgl. W/G 1246; Int. Bibl. II, 1, 682.

52,17 f. *Th. Nötig:* Theobald Nöthig [1841–1925], Fabrikdirektor,
mit H. von Reder befreundet, ließ seine ›Gedichte‹ 1875 in Breslau,
Trewendt und Granier, erscheinen; 1884 erschien die 2. Aufl. unter
dem Titel: ›Lichter und Schatten‹ in Breslau bei Woywod. Vgl.
Kosch² III, 1901 und Brümmer V, 158.

52,26 *Alfred Friedmann:* [1845–1923] Berliner, vorwiegend Erzähler,
verfaßte aber auch Dramen und Lyrik, so seine Sammlung ›Leicht-
sinnige Lieder‹, Hamburg, Richter, 1878, ›Lieder des Herzens‹, Berlin, Rosenbaum und Hart, 1889, usw. Die Dichtung ›Seraphine‹ hat
er aber nicht geschrieben. 1886 (laut Russells ›Gesammt-Verlags-
Katalog‹, 1893, Band XVI, Sp. 313, aber: 1885!) erschien: ›Sera-
phina. Eine Erzählung zwischen Wellen und Wogen von *⁎*. Mit
einem Vorwort von Alfred Friedmann‹, Minden, Bruns. Laut M.
Holzmann-H. Bohatta, ›Dt. Anonymen-Lexikon‹, Bd. VII [1928],
S. 396, Nr. 9364 ist Friedmann nur der Verfasser des Vorworts und
ist der Dichter unbekannt.

52,30 *seine zahlreichen epischen Dichtungen:* so etwa ›Optimistische
Novellen‹, Lpz., W. Friedrich, 1883, ›Merlin, Orpheus, (2 Gesänge)‹,
Wien, Rosner, 1874, ›Die Vestalin. Ein epischer Sang aus römischer
Zeit‹, Lpz., Lenz, 1880, usw. Vgl. Kosch² I, 571 und Brümmer II,
281–2.

53,5 *das sogenannte »Junge Deutschland«:* Bleibtreu selbst benutzt
diesen Ausdruck in seinem Aufsatz: ›Andere Zeiten, andere Lieder!‹,

Ges. I, 1885, S. 892. Der Begriff ist identisch mit dem des »Jüngsten Deutschland«, der auch häufig zur Bezeichnung dieser Periode diente, so etwa bei BLEIBTREU in seinem Aufsatz: ›Das Jüngste Deutschland‹ im Magazin, Jg. 56, 1887, S. 553-5 und von ADALBERT VON HANSTEIN als Titel seines Buches über den Naturalismus: ›Das jüngste Deutschland‹, Leipzig, Voigtländer, 1900, [8]1905; HANSTEIN war Dichter und Literaturhistoriker, Prof. an der TH Hannover und lebte 1861-1904 (vgl. zu ihm: Brümmer III, 71). Auch wurde spöttisch die Bezeichnung »Gründeutschland« benutzt, wohl zuerst im ›Aeolsharfenalmanach, Bd. 2‹, Berlin, Freund und Jeckel, 1888, S. 72, dann von KARL HENCKELL als Titel eines 1890 erschienenen Gedichts (in der Sammlung ›Trutznachtigall‹, 1890, auch abgedruckt in dem Band ›Gedichte‹, Zürich, Karl Henckell, 1898, S. 342-5). 1893 benutzt FRIEDRICH KIRCHNER [1848-1900] das Wort als Titel seines Buches über die jüngste Dichtung: ›Gründeutschland. Ein Streifzug durch die jüngste deutsche Dichtung‹, Wien u. Lpz., Kirchner und Schmidt, 1893, vgl. vor allem S. VII. Vgl. zu KIRCHNER: Brümmer III, 468.

53, 10 f. *»Moderne Dichtercharaktere«:* der junge Dichter WILHELM ARENT [1864-?] (vgl. die Anm. zu 55, 28) veröffentlichte 1885 im Selbstverlag die Anthologie: ›Moderne Dichter-Charaktere‹, mit programmatischen Einleitungen von HERMANN CONRADI [1862 bis 1890] und KARL HENCKELL [1864-1929], (auch abgedruckt bei Ruprecht, S. 43-49.) Das Buch hat große Bedeutung für die Entwicklung des frühen Naturalismus: zum ersten Mal treten die jungen Dichter geschlossen vor die Öffentlichkeit, obgleich auch ältere Dichter, die gar nicht zu dieser Gruppe gehörten, zu Wort kommen, wie WOLFGANG KIRCHBACH und ERNST VON WILDENBRUCH. 21 Dichter sind vertreten, während BLEIBTREU selbst im gesondert paginierten Anhang 8 »Originalbeiträge« liefert, wozu ARENT bemerkt: »Noch im letzten Augenblick vor Schluß der Redaktion sandte der Verfasser des »Lyrischen Tagebuchs« die nachfolgenden *Original*beiträge, ›aus Interesse für das bedeutsame Unternehmen‹ ein« (S. 1 des Anhangs). Um so auffälliger ist deshalb die negative Bewertung des Bandes in der ›Revolution‹ und in BLEIBTREUS Rezension in der Gesellschaft I, 1885, S. 553-9. Er liefert sogar eine Parodie des Bandes in seinem Roman ›Größenwahn‹, Lpz., W. Friedrich, 1888, Bd. III, S. 160-246. Übrigens erschienen auch Parodien in dem ›Aeolsharfenalmanach‹, Band II, 1888, S. 72-83 unter dem Titel »Gründeutschland« und von der Hand von OTTO SCHMIDT-CABANIS [1838-1903] unter dem Titel ›Pessimistbeet-Blüten jüngstdeutscher Lyrik. Gesammelt und hrsg. von O. Schmidt-Cabanis‹, Berlin, Pfeilstücker, 1887. 1886 erschien eine 2. Aufl. unter dem Titel ›Jung-

deutschland‹ in Berlin bei Thiel, eine Titelauflage, wo aber die
1. programmatische Einleitung und die Biographien fehlen. Rezensionen der Mod. D. verzeichnet Ssymank, S. CIV; vgl. auch OTTO
ERNST, ›Das Elend der modernen Lyrik‹, im Magazin, Jg. 55, 1886,
S. 355–358. (OTTO ERNST, Pseud. für OTTO ERNST SCHMIDT [1862
bis 1926], vgl. W/G 276–8 u. Brümmer VI, 235–6) und auch: ERD-
MANN GOTTREICH CRISTALLER, [1857–1922]: ›Realistisch-Kritisches
zur Lyrik. Aus Anlass von Arents »Jungdeutschland«‹ in dem Magazin, Jg. 55, 1886, S. 311–313 u. 340–342. BLEIBTREUS Antwort,
a.a.O., S. 348–9.

53, 14 *Julius Wolff:* [1834–1910], Vertreter der Butzenscheibenlyrik,
veröffentlichte 1875 in Berlin bei Grote: ›Der Rattenfänger von
Hameln. Eine Aventiure‹, und 1881 bei demselben Verleger: ›Singuf.
Rattenfängerlieder‹. Über ihn schreibt HENCKELL in der Einl. zu
den Mod. D., S. VI: »[…] dem gewandten Versifex JULIUS WOLFF,
der sein glattes Persönchen malerisch in das bunte Costüm des fahrenden Sängers gehüllt hat […]«. Vgl. BLEIBTREUS Rezension: ›Ein
Buch über Julius Wolff‹ im Magazin, Jg. 55, 1886, S. 140–1, wo er
ALFRED RUHEMANNS Buch über WOLFF [1886] bespricht. Vgl. W/G
1416–7; Int. Bibl. II, 1, 697.

53, 15 *Hirsch:* im III. Band seiner ›Geschichte der Dt. Lit.‹, S. 734–5,
vgl. die Anm. zu 2, 7.

53, 24 *Butzenscheibenlyrik:* vgl. die Anm. zu S. XII, 2.

53, 25 *Baumbach:* RUDOLF BAUMBACH [1840–1905], Vertreter der sog.
Butzenscheibenlyrik: Vgl. W/G 66; Int. Bibl. II, 1, 532.

53, 25 *Scheffel:* vgl. die Anm. zu S. 5, 4.

54, 3 *Osteologe:* Knochenkundiger; spielt auf GOETHES Forschungen
zur Knochenkunde an, die zur Entdeckung des Zwischenkieferkno-
chens führten.

54, 21 *Grundsatz:* Variante zu Mephistos Worten in GOETHES ›Faust I‹,
Z. 1995–6: »Denn eben wo Begriffe fehlen, / Da stellt ein Wort zur
rechten Zeit sich ein.«

54, 25 *»Purgatorio«:* HERMANN CONRADIS Gedicht ›Purgatorio‹ in
Mod. D., S. 96 f. Vgl. zu CONRADI die Anm. zu S. X, 9.

54, 27 *»Anathem«:* CONRADIS Gedicht ›Anathem‹, in Mod. D., S. 100.

54, 28–30 *»Bruder Manfred«:* OSKAR HANSENS Gedicht: ›Komm Bruder Manfred‹, in Mod. D.: S. 200. Auf S. 199 sein Gedicht ›Manfred‹. Über HANSEN war nur zu ermitteln, daß er 1863 in Hildes-
heim geboren wurde und 1884 in Wien Buchhändler war. Er war
»mit seinen einundzwanzig Jahren lebenssatt«: A. v. HANSTEIN,
›Das jüngste Deutschland‹, Lpz., 1900, S. 55. Fehlt sonst in allen
Nachschlagewerken. Das Zitat lautet genau: »Komm Bruder Manfred, reiche mir die Hand / Herüber aus dem ungeheuren Nichts.«

54, 33 *Messiaspsalmen«:* stammen von GEORG GRADNAUER aus Magdeburg [1866–?] und stehen in den Mod. D., S. 210–216. Nähere Daten über ihn nicht ermittelt. BLEIBTREU teilt in der Revolution S. 63, 38 noch mit: »Der gedankenreiche Gradnauer hat ›leider für alle Zeit der poetischen Produktion entsagt‹«. Dieses Zitat nicht ermittelt, jedenfalls nicht in der Biographie auf S. 299 der Mod. D. Vgl. K. BLEIBTREU im Magazin, Jg. 56, 1887, S. 554 (Rezension der Anthologie: ›Aus eigener Kraft‹, hrsg. von RICHARD SIEGEMUND [1862–1908; vgl. Brümmer VI, 426], Großenhain, Baumert und Ronge, 1887. »Dieser [= K. M. HEIDT, 1866–1901] füllt mit Promethiden-Psalmen die Lücke, welche G. Gradnauer (Messiaspsalmen in der Arentschen Anthologie) dem Jüngsten Deutschland riss, indem er »für alle Zeiten der dichterischen Produktion entsagte«. Dieser unersetzliche Verlust wurde uns auch wiederholt von W. Arent angedroht; allein so oft er entsagte, immer ist er wieder da, von den Todten auferstanden«. Vgl. zum Topos des »Messias« in der Literatur des späten 19. Jh.: GOTTHART WUNBERG, ›Utopie und fin de siècle‹, DVjs 43, 1969, S. 685–706, bes. S. 687–690.

55, 2 *Schiller, erste Periode:* Das Zitat: »Ich bin ein Mann [...]« aus SCHILLERS Gedicht: ›Kastraten und Männer‹, Str. 8, urspr. in der ›Anthologie auf das Jahr 1782‹.

55, 4 *Oskar Linke:* [1854–1928]. Archäologe und ein schwärmerisch Griechenland feiernder Dichter, der jedes antike Versmaß beherrschte. Er veröffentlichte u. A.: ›Jesus Christus. Eine Dichtung‹. Norden, Fischer, 1880, ›Milesische Märchen‹, Lpz., Reißner, 1881, ›Das Bild des Eros. Neue milesische Märchen‹, 1. Bd., Jena, Costenoble, 1882, ›Leukotheo, ein Roman aus Alt-Hellas‹, 3 Bde., Berlin, Janke, 1884, usw. Seine Gedichte stehen in den Mod. D., S. 25–45. Vgl. Kosch² II, 1544, Brümmer IV, 276.

55, 4 *Hamerling:* vgl. die Anm. zu S. 28, 26 f.: ROBERT HAMERLING [1830–1889].

55, 5 *Julius Hart's Rhapsodien:* in den Mod. D., S. 46–75.

55, 6 f. *Heinrich Hart's Didaktik:* in den Mod. D., S. 171–196. HEINRICH [1855–1906] und JULIUS [1859–1930] HARTS Bedeutung beruht vor allem auf ihrer für den jungen Naturalismus grundlegenden kritischen Tätigkeit, vor allem in den 6 Heften der ›Kritischen Waffengänge‹, 1882–4, Lpz., Wigand. Später veröffentlichten sie noch andere kritische Schriften, über die Schlawe, I, S. 16–19 referiert. HEINRICH HARTS Riesenepos ›Das Lied der Menschheit‹ [1888 bis 1896] wurde nicht vollendet, es erschien in Großenhain, bei Baumert und Ronge, in 3 Bdn., 1888–96. JULIUS war dichterisch reicher begabt, wie seine Sammlungen: ›Homo sum‹, Großenhain,

Baumert u. Ronge, 1890 und ›Triumph des Lebens‹, Florenz, Diede-
richs, 1898, beweisen. Vgl. W/G 499–501; Int. Bibl. II, 1, 571.

55, 9 *Karl Henckell:* FRIEDRICH KARL HENCKELL [1864–1929], Lyriker,
der durch seine soziale Lyrik vor allem auf die sozialdemokratische
Arbeiterschaft wirkte. Er schrieb die 2. Einl. zu den Mod. D., S. V
bis VII. Seine Beiträge stehen auf S. 271–289. Zu seinen frühesten
Veröffentlichungen gehörten: ›Umsonst. Ein sociales Nachtstück‹.
Berlin, Ißleib, 1884, ›Poetisches Skizzenbuch‹, Minden, Bruns, 1885,
mit einem Vorwort von HEINRICH HART.
Vgl. W/G 529; Int. Bibl. II, 1, 632. Auch: Brümmer III, 151.

55, 12 *Leiden des vierten Standes:* vgl. sein Gedicht: ›Das Lied vom
Arbeiter‹, in Mod. D., S. 280–1. Auch im ›Poetischen Skizzenbuch‹,
S. 55–6.

55, 13 *Thomas Hoods »Lied vom Hemde«:* THOMAS HOOD [1799 bis
1845], englischer Dichter. Hier ist sein soziales Gedicht: ›The Song
of the Shirt‹ gemeint.

55, 18 *Arno Holz:* [1863–1929]. Zweifellos der begabteste Dichter
unter den Mitarbeitern der Mod. D., seine Beiträge auf S. 136–162.
Nach sehr traditionellen Anfängen, wo er noch stark von GEIBEL
beeinflußt wurde, erscheint 1886 [recte: 1885!] sein ›Buch der Zeit.
Lieder eines Modernen‹, Zürich, Verlagsmagazin, wo er wirklich
moderne, naturalistische Lyrik bot, vor allem neu in der Stoffwahl,
weniger neu noch in der Form. Er erhielt dafür 1885 den Augsbur-
ger Schillerpreis. BLEIBTREU bespricht das Buch in der Ges. I, 1885,
S. 627–8, wo er die »eminente Sprachvirtuosität, wahre Empfindung
und reiche Gedankenfülle« rühmt, andererseits aber HOLZ' »unheimliche Neigung zum Posieren und Spreizen« rügt. In der ›Revolution‹ urteilt er weit strenger und wohl auch ungerechter. Auch
LILIENCRON bespricht das Buch im Magazin, Jg. 54, 1885, S. 483–4.
Zusammen mit JOHANNES SCHLAF [1862–1941] verfaßte er zwei
Werke, die zu den wichtigsten Veröffentlichungen des Naturalismus
gehören: die Novellen ›Papa Hamlet‹, Berlin, Ißleib, 1889 (unter
dem Pseud. BJARNE P. HOLMSEN), 1890 das Drama ›Die Familie
Selicke‹, Berlin, Ißleib. Er wurde der unentwegte Experimentator
und Theoretiker, der in seinem ›Phantasus‹, Berlin, Sassenbach, 1899,
später stark umgearbeitet und erweitert, die Thesen seiner theoreti-
schen Bücher: ›Die Kunst. Ihr Wesen und ihre Gesetze‹, 2 Bde.,
Berlin, Ißleib, bzw. Schuhr, 1891–2 und ›Die Revolution der Lyrik‹,
Berlin, Sassenbach, 1899, zu verwirklichen suchte. Vgl. W/G 593–5;
Int. Bibl. II, 1, 638–9 u. II, 2, 1068.

55, 24 *den seligen Herwegh:* GEORG HERWEGH [1817–1875], seine
revolutionären Gedichte erschienen 1841–3 unter dem Titel ›Ge-

dichte eines Lebendigen‹, 2 Bde. in Zürich/Winterthur, Lit. Comptoir. Vgl. W/G 538–9; Int. Bibl. II, 1, 633–5 u. II, 2, 1067.

55, 28 *Wilhelm Arent:* eig. WILHELM ARENDT [1864–?], veröffentlichte unter zahlreichen Pseudonymen und unter dem Namen WILHELM ARENT sehr viele Gedichtbände, war Schauspieler, zog sich aber nach einem Nervenzusammenbruch aus der Öffentlichkeit zurück. Als Pseudonyme benutzte er: KOSAKAUTE, HANS DERLON, KARL LUDWIG, WILHELM CESARI, EUGEN DÜSTERHOFF. Er war der Hrsg. der Mod. D., veröffentlichte selbst 1885 die Gedichtsammlung ›Aus tiefster Seele‹, Berlin, Nauck, die 2. A. erschien 1886 unter dem Titel ›Kunterbunt. Lyrische Federzeichnungen‹, Berlin, F. Thiel. Berüchtigt wurde seine Mystifikation: ›Reinhold Lenz. Lyrisches aus seinem Nachlaß, aufgefunden von Karl Ludwig‹, Berlin, Kamlah, 1884. BLEIBTREU hielt ihn für einen weit bedeutenderen Dichter als er war. Vgl. W/G 22; Brümmer I, 73–4 (offensichtlich lebte er 1913 noch).

55, 33 f. *»Versuchung des heiligen Antonius«:* Dieses Werk OSKAR LINKES erschien 1885 bei Bruns in Minden.

55, 35 *Atta Troll:* HEINRICH HEINE [1797–1856]: ›Atta Troll. Ein Sommernachtstraum, 1847.

55, 35 *Bimini:* erschien 1869 in HEINES Nachlaßband: ›Letzte Gedichte und Gedanken‹, vgl. ›Sämtl. Werke‹, ed. E. ELSTER, Band 2, S. 125 bis 147.

55, 35 *Lazzis:* possenhafte Schwänke, Witzworte.

55, 36 *die »Hebräischen Melodien« Heine's:* erschienen 1851 im ›Romanzero‹, Buch 3.

56, 3 *Shelley'scher »Pantheismus der Liebe«:* BLEIBTREU hielt SHELLEYS Lyrik nur für »primitive Naturpoesie« (›Gesch. d. Engl. Lit.‹ II, 149), S. 144 schreibt er über Shelleys Pantheismus: »Gar bald erkannte er sich als *Pantheisten«.* Er hauche der kalten Materie »den Geist der intellektuellen Schönheit ein, der sich allmählich zum Geist der Liebe erweitert«. Bei W. ARENT heißt das 4. Buch der Sammlung ›Kunterbunt‹, Berlin, Thiel, 1886: »Pantheismus«.

56, 10 *»Freie Rhythmen«:* der Titel des 6. Buches der Sammlung ›Kunterbunt‹. Schon im 1. Buch ›Silhouetten‹ steht a.a.O., S. 20–22 ein Gedicht: ›Freie Rhythmen‹.

56, 11 *Reinhold Lenz:* vgl. den Schluß der Anm. zu S. 55, 28.

56, 24 *Attis-Sage:* ATTIS ist ein kleinasiatischer Vegetationsgott, Symbol der Blüte und des Hinsterbens. Vgl. ›Lexikon der alten Welt‹, Zürich, Artemis, Sp. 393–4.

56, 25 *pantheistische Lyrik:* Auch KARL HEINRICH KECK [1824–1895] betont in seiner Rezension des Bandes ›Gedichte‹ von WILHELM ARENT, Berlin, Kamlah, 1884 in dem ›Deutschen Litteraturblatt‹

[begründet 1878 von WILHELM HERBST, 1889 erloschen], Nr. 50, ARENTS »pantheistische Sehnsucht nach dem Aufgehen in das ›All-Eine‹.« (Zitiert im Anhang zur Sammlung ›Kunterbunt‹ [1886], S. 128–9).

56, 32 *Wolfgang Kirchbach:* [1857–1906], vgl. die Anm. zu S. 21, 35 u. S. 32, 10. In den Mod. D. stehen seine Gedichte auf S. 257–270. Laut A. v. HANSTEIN, ›Das jüngste Deutschland‹, Lpz., 1900, S. 50, hat er, ebenso wie ERNST VON WILDENBRUCH, der auf S. 240–256 u. a. mit seinem berühmten ›Hexenlied‹ vertreten ist, öffentlich erklärt, daß sie »durchaus nicht zu dieser ›jungen Generation‹ gerechnet zu werden wünschen«, was laut HANSTEIN in dem gerade von JOSEF KÜRSCHNER [1853–1902] gegründeten ›Schriftstellerzeitung‹ (nicht ermittelt) geschehen sein soll. Vgl. zu dieser Angelegenheit: WILHELM ARENT im »Sprechsaal« der Zeitschrift: ›Das Magazin‹, Jg. 55, 1886, S. 62, wo als Nummern der ›Schriftstellerzeitung‹ über diese Angelegenheit: Nr. 24, 1885 und Nr. 1, 1886 genannt werden; dort schreiben BLEIBTREU bzw. ARENT darüber. Vgl. zu KÜRSCHNER: Kosch² II, 1424. KIRCHBACHS ›Ausgewählte Gedichte‹ erschienen 1883, Lpz., W. Friedrich.

57, 1 *Leopardi:* GRAF GIACOMO LEOPARDI [1798–1837], typisch romantischer Denker-Dichter-Typ, der als Künstler kraft seines Formwillens abseits stand. Hauptwerke: ›Canti‹, 1836, und ›Pensieri‹, 1845. R. HAMERLING und PAUL HEYSE haben seine Werke übersetzt, vgl. Epp. 447–8.

57, 5 *Wilhelm Walloth:* [1856–1932], vgl. die Anm. zu S. 20, 27. Seine ›Gedichte‹ erschienen 1885, Lpz., W. Friedrich, in den Mod. D. ist er aber nicht vertreten.

57, 8 *schwäbische Dichterschule:* die schwäbischen Romantiker, die sich um LUDWIG UHLAND [1787–1862] und JUSTINUS KERNER [1786 bis 1862] scharten.

57, 10 *F. Avenarius:* FERDINAND AVENARIUS [1856–1923]. Als Gründer der Zeitschrift ›Kunstwart‹ [1887–1932 erschienen, vgl. Schlawe I, 86–90] und des ›Dürerbundes‹ [1902] von großer kulturerzieherischer Wirkung, als Dichter Eklektiker. Vor 1888 erschienen von ihm: ›Deutsche Lyrik der Gegenwart‹, Dresden, Ehlermann, 1882, ²1884, ›Wandern und Werden. Erste Gedichte‹. Zürich 1880, später Dresden, Ehlermann, ›Die Kinder von Wohldorf‹, Dresden, Ehlermann, 1887. Vgl. W/G 36–7; Int. Bibl. II, 1, 531–2.

57, 11 *Martin Greif:* [1839–1911], vgl. die Anm. zu S. VI, 22.

57, 24 f. *»Man kann ein guter lyrischer Dichter [...]«:* Schluß des Gedichts: ›So ist's!‹ von ARNO HOLZ, im ›Buch der Zeit‹, 2. A., Berlin, Fontane, 1892, S. 71 (die EA. 1886 war mir nicht zugänglich), wo die Strophe lautet: »Fällt mir der Nürnberger Trichter / Und Gei-

bels schöner Wahrspruch ein: / Man kann ein guter lyrischer Dichter / Und doch ein dummer Teufel sein!« GEIBELS ›Wahrspruch‹
steht in den ›Juniusliedern‹, Sprüche Nr. 24 [1848]: »O Freund,
man kann ein lyrischer Dichter / Und doch ein dummer Teufel sein«
(›Ges. Werke in 8 Bdn.‹, Stg., 1893³, II, 122).

57, 26 *Lingg:* vgl. die Anm. zu S. 49, 3.

57, 29 f. *»a noble wreck [...]«:* in BYRONS Drama ›Manfred‹ III, 4,
Z. 27–8. BYRON [1788–1824].

57, 30 f. *Grisebachs »Neuer Tanhäuser«:* EDUARD RUDOLF GRISEBACH
[1845–1906], Diplomat, Bibliophile und Editor; als Dichter Epigone, der in seinen anonym erschienenen Verserzählungen schwüle
Sinnlichkeit in formgewandten Versen brachte: ›Der neue Tanhäuser‹, Berlin, Reichardt und Zander, 1869 und die Fortsetzung ›Tanhäuser in Rom‹, Wien, Rosner, 1875. Vgl. W/G 455–7; Int. Bibl. II,
1, 566.

57, 32 *Lorm, Stephan Milow, F. v. Saar:* HIERONYMUS LORM, eig. HEIN-
RICH LANDESMANN [1821–1902], österr. Erzähler, Lyriker und
Essayist von sehr pessimistischer Grundhaltung. Vgl. W/G 811–2;
Int. Bibl. II, 1, 566.

STEPHAN MILOW, eig. STEPHAN VON MILLENKOVICH [1836–1915],
Freund u. Geistesverwandter von VON SAAR, pessimistischer Lyriker:
›Gedichte‹, Stg., Bonz, 1882. Vgl. Kosch² II, 1737, Brümmer IV,
475–6.

FERDINAND VON SAAR [1833–1906], sehr bedeutender österr. Erzähler und Lyriker, dessen Werke von vornehmer Müdigkeit und
stolzer Bescheidenheit erfüllt sind. Seine ›Gedichte‹ erschienen 1882,
Heidelberg, Weiß. Vgl. W/G 1075; Int. Bibl. II, 1, 714–5 u. II,
2, 1075.

57, 32 *Lipiner:* SIEGFRIED LIPINER, eig. SALOMO LIPINER [1856–1911],
Bibliothekar des österr. Reichsrats ab 1881. Seine unter dem Einfluß
RICHARD WAGNERS [1813–1883] entstandene lyrisch-epische Dichtung ›Der entfesselte Prometheus‹, Lpz., Breitkopf und Härtel,
1876 machte einen tiefen Eindruck auf NIETZSCHE [1844–1900]
(vgl. Werke, ed. K. SCHLECHTA, Bd. III [1966], S. 1143: Brief vom
18. 8. 77. an ERWIN ROHDE) und auf den jungen GERHART HAUPT-
MANN. Vgl. sein Buch ›Das Abenteuer meiner Jugend‹ [1937], in
den ›Sämtl. Werken‹, ed. H. E. HASS, Bd. VII [1962], S. 834, auch
S. 956 f. und 1011.

Vgl. zu LIPINER: Brümer IV, 279, und das Magazin, Jg. 56, 1887,
S. 157–8 (BLEIBTREU).

57, 35 *»Kain« von Kastropp:* GUSTAV AUGUST CHRISTIAN KASTROPP
[1844–1925], Epiker und Dramatiker. Seine epische Dichtung ›Kain‹

erschien 1880 in Stuttgart, bei R. Levi. BYRONS ›Cain. A Mystery‹ erschien 1821. Vgl. Kosch² II, 1228, Brümmer III, 415.

57, 36 *Fulda:* LUDWIG FULDA [1862–1939], Dramatiker, Feuilletonist und Übersetzer. Seine ›Satura. Grillen und Schwänke‹, erschienen 1884, Lpz., Reißner. Vgl. W/G 370–4; Int. Bibl. II, 1, 561.

57, 37 f. *Dialektdichter:* BLEIBTREU nennt hier nur bayrische Dialektdichter, die zu den Mitarbeitern der ›Gesellschaft‹ gehörten und vor allem im 1. und 2. Jg. [1885–1886] vertreten sind:

KARL STIELER [1842–1885]. Berühmt wurde sein ›Winteridyll‹, Stg., Bonz, 1885. Vgl. W/G 1237–8; Int. Bibl. II, 1, 678.

JOSEPH FELLER [1832–1915] veröffentlichte einige Gedichtbände in ›altbayrischer Mundart‹, wie ›Viel G'fühl, Gedichteln und Geschichteln‹, Lpz., Findel, 1886. Vgl. Kosch² I, 487 und Brümmer II, 198.

PETER AUZINGER [1836–1914] war Schauspieler und veröffentlichte humoristische Gedichte im oberbayr. Dialekt, so etwa: ›Es feit si' nix!‹, München, Fritsch, 1884. Vgl. Kosch³ I, Sp. 192 und Brümmer I, 93–4.

Noch einmal das Jüngste Deutschland

58, 4 *»Quartett«:* ›Quartett. Dichtungen. Unter Mitwirkung von Arthur Gutheil, Erich Hartleben, Alfred Hugenberg, hrsg. von Karl Henckell‹, Hamburg, O. Meißner, 1886. Vgl. zu den Mitarbeitern die Anm. zu S. 62, 28; 63, 10 und 63, 18.

58, 13 *O. v. Leixner:* eig. OTTO LEIXNER VON GRÜNBERG [1847–1907], reaktionärer Kritiker, volkstümlicher Literarhistoriker und Lyriker, leitete seit 1874 mit PAUL LINDAU [1839–1919] die Zeitschrift ›Die Gegenwart, eine Wochenschrift für Literatur, Kunst und öffentliches Leben‹ [1872–1931, vgl. Schlawe I, S. 14 f.] und seit 1883 die ›Deutsche Romanzeitung‹ [erschien 1864–1935, begründet von OTTO JANKE [1818–1887], enthielt viele Erstdrucke von RAABE, GUTZKOW, SPIELHAGEN u. A.]. Vgl. zu ihm: Kosch² II, 1499 und Brümmer IV, 224–5. Der Aufsatz: ›Unsere Jüngsten‹, eine Kritik der Mod. D., erschien in der ›Deutschen Romanzeitung‹, Jg. 1885, S. 139 ff., 207 ff., 281 ff. und war mir nicht zugänglich. BLEIBTREUS Schlüsselroman ›Größenwahn‹, Lpz., W. Friedrich, 1888 (vgl. BLEIBTREUS Aufsatz ›Größenwahn‹ im Magazin, Jg. 57, 1888, S. 148–151), zog ihm eine Klage OTTO VON LEIXNERS zu, »der nach einer abfälligen Kritik über BLEIBTREUS Arbeiten nicht mißzuverstehend in dem Buch gezeichnet wurde. Das Urteil lautete auf einen Monat Gefängnis, ein Beweis, welch scharfe Formen der literarische Kampf annahm« (HORST CLAUS, ›Studien zur Geschichte des deutschen

Frühnaturalismus‹, Halle, 1933, S. 65–66). Vgl. im Roman: Band III, S. 156: »Bei dem gefürchteten Rhadamantys, dem›vornehmen‹ Kritikus des ›Bunten Allerlei‹, war eine illustre Gesellschaft versammelt [...]. ›Man bemerkte‹ zuvörderst Ihn selbst, den Lord-Protektor und Pfadfinder großer Geister, Doktor Gotthold Ephraim Wurmb, mit seinem mieselsüchtigen Pfaffengesicht.« RHADAMANTYS: einer der strengen Richter in der griechischen Unterwelt.

59, 27 *»Aber,« frägt er [...]:* das Zitat nicht kontrolliert, weil die Zeitschrift unauffindbar war.

59, 34 *»des Kaisers neue Kleider«:* Märchen vom dänischen Dichter HANS CHRISTIAN ANDERSEN [1805–1875].

59, 37 *Geibel:* vgl. die Anm. zu S. 5, 2.

59, 38 *Tennyson:* ALFRED LORD TENNYSON [1809–1892], der hochgeehrte, offizielle Dichter (Poeta laureatus) des Viktorianismus in England, schrieb spätromantische, formal virtuose Dichtungen, wie die ›Idylls of the King‹ [1859–1885], eine Artus-Dichtung. Vgl. Epp. 499–500.

60, 8 *»Form«:* gerade die »Eklektiker, Epigonen, Opportunisten, Synkretisten«, wie ERNST ALKER, ›Die deutsche Literatur im 19. Jh., 1832–1914‹, Stuttgart, ³1969, S. 401 lieber sagt, als daß er die bekannte Bezeichnung »Münchener Dichterschule« benutzt, stellten die »Form« über den »Inhalt«.

60, 11 *Reinhold Lenz:* JAKOB MICHAEL REINHOLD LENZ [1751–1792], vgl. die Anm. zu S. 4, 6.

60, 11 f. *Uz und Ramler:* JOHANN PETER UZ [1720–1796] und KARL WILHELM RAMLER [1725–1798] gehören zu den sog. ›anakreontischen‹ Dichtern, deren gesellige, heiter-graziöse Lieder und Oden sich durch hohe Formvollendung auszeichnen. Vgl. zu Uz: W/G 1294–5; Int. Bibl. I, 1002; zu RAMLER: W/G 1002–4; Int. Bibl. I, 994–5.

60, 12 *Grabbe:* CHRISTIAN DIETRICH GRABBE [1801–1836], vgl. die Anm. zu S. 3, 55.

60, 12 f. *Jambentheatraliker:* BLEIBTREU denkt hier wohl an GRABBES Zeitgenossen IMMERMANN, GRIEPENKERL und RAUPACH: KARL LEBERECHT IMMERMANN [1796–1840] hatte als Dramendichter, etwa mit seinem ›Merlin‹ [1832] nur wenig Erfolg. Vgl. W/G 614–5; Int. Bibl. II, 1, 639–40 u. II, 2, 1068.

WOLFGANG ROBERT GRIEPENKERL [1810–1868], stark von GUTZKOW und BÜCHNER beeinflußt, schrieb Dramen wie: ›Maximilian Robespierre‹, Bremen, Schlodtmann, 1851, ›Die Girondisten‹, Bremen, Schlodtmann, 1852, usw. Vgl. Kosch² I, 730; Körner 379.

ERNST RAUPACH [1784–1852] hatte großen Erfolg mit seinen Rührstücken wie: ›Der Müller und sein Kind‹, Hamburg, 1835, weniger aber mit seinem 16-teiligen (8-bändigen) Zyklus ›Die Hohenstaufen‹, 1837, vgl. W/G 1005–7; Int. Bibl. II, 1, 668.

60, 20 *Platen:* AUGUST, GRAF VON PLATEN-HALLERMÜNDE [1796 bis 1835], vgl. die Anm. zu S. XV, 2.

60, 23 *Heine:* HEINRICH HEINE [1797–1856].

60, 28 *Platenidenschule:* die Nachfolger PLATENS, wie GEIBEL, vgl. die Anm. zu S. 5, 2 und HEINES Gedicht: »Plateniden« in den ›Sämtl. Werken‹, ed. E. ELSTER, Bd. I, 409.

60, 34 ff. *Gebrüder Hart:* vgl. die Anm. zu S. 55, 5 ff.

61, 1 *Wilhelm Arent:* vgl. die Anm. zu S. 55, 28.

61, 6 *Shakespeare:* WILLIAM SHAKESPEARE [1564–1616] schrieb über »innere Musik« (Z. 5) im ›Kaufmann von Venedig‹, V, 1, 54–65 und 67–88 (Lorenzo).

61, 11 *Hermann Conradi:* vgl. die Anm. zu S. X, 9.

61, 12 *seine Lyrik:* die Sammlung ›Lieder eines Sünders‹ erschien am 4. 2. 1887 in Lpz., bei W. Friedrich. Die Gedichte sind aber alle schon früher entstanden und lagen teilweise bereits gedruckt vor, in Zeitschriften usw. (vgl. Ssymank, S. CXXXVI). In den Mod. D. stehen seine Gedichte S. 91–110.

61, 16 *sein Freund J. Bohne:* JOHANNES BOHNE [1862–?], war schon in der Schulzeit mit CONRADI befreundet. Zusammen mit GEORG BLUME, BERNHARD MÄNICKE, GEORG GRADNAUER und einigen anderen Freunden gründeten sie 1880 einen »dramatischen Leseverein, der an Sonntagen ihre ›Meisterschöpfungen lesen, genießen wollte‹ und sich ›Eos‹ nannte. Später wurde ein neuer Verein, der ›Bund der Lebendigen‹, gegründet«. Vgl. Ssymank, S. LXX und S. LXXXI–II und auch: JOHANNES SCHLAF, ›Die Anfänge der neuen deutschen Literaturbewegung I. Der Schülerklub‹, im ›Berliner Tageblatt‹ vom 14. 7. 1902 (nach Ssymank, S. LXXX).
Zusammen mit CONRADI veröffentlichte BOHNE 1885: ›Faschings-Brevier für das Jahr 1885‹, Zürich, Verlagsmagazin, dem 1886 eine Fortsetzung in demselben Verlag folgte: ›Faschings-Brevier für das Jahr 1886‹. BOHNE, BLUME, MÄNICKE, GRADNAUER fehlen in allen Nachschlagewerken.

61, 17 *seine Prosa:* das »novellistische Erstlingsopus Brutalitäten« (vgl. Z. 32 ff.) erschien 1886 beim Verlagsmagazin in Zürich: ›Brutalitäten. Skizzen und Studien‹.

61, 22 *Arno Holz:* [1863–1929], vgl. die Anm. zu S. 55, 18. Seine ersten Werke waren: ›Klinginsherz! Lieder von Arno Holz‹, Berlin, Arendt, 1883; ›Emanuel Geibel. Ein Gedenkbuch. Hrsg. von Arno Holz‹, Berlin, Parrisius, 1884; ›Unterm Heiligenschein. Ein Erbauungsbuch für meine Freunde‹ [o. O.] [Hektographiert] [18]85;

und dann folgt das erste wichtige Werk: ›Das Buch der Zeit‹, Zürich, Verlagsmagazin, 1886 [schon 1885 ausgeliefert], die 2., verm. Aufl. erschien 1892, Berlin, F. Fontane. Nach dieser Ausgabe wird zitiert. Alle späteren Ausgaben weichen stark ab.

61, 28 *Schopenhauerei:* ARTHUR SCHOPENHAUER [1788–1860], pessimistischer Philosoph, dessen mit glänzender Beredsamkeit geschriebenes Werk einen großen Einfluß auf WAGNER, NIETZSCHE und viele Dichter der 2. Hälfte des 19. Jh. ausübte.

61,. 31 *die Leiden des vierten Standes:* vgl. etwa die Gedichte: ›Frühling‹, ›Ein Andres‹, ›Meine Nachbarschaft‹, die in den Mod. D. auf S. 137 f., 155 f., 157 f. stehen. Im ›Buch der Zeit‹² stehen sie auf S. 23 ff., 19 ff., 97 ff. Vgl. auch ›Phantasus‹, a.a.O., S. 479–510.

62, 3 *»Buch der Zeit«:* vgl. die Anm. zu S. 55, 18 und S. 61, 22.

62, 4 *Herwegh:* GEORG HERWEGH [1817–1875], vgl. die Anm. zu S. 55, 24. Das Motto zum ›Buch der Zeit‹, vgl. S. 5 der 2. A., ist von HERWEGH: ›Gedichte eines Lebendigen‹, Band 2: Str. 1 des Sonetts: ›Bei einem Gemälde von Cornelius‹, in: ›Werke‹, ed. H. G. WERNER, Berlin, 1967, S. 109.

62, 15 *Richard Wagner:* [1813–1883]: »das urigste Poetastergenie« in: ›Richard Wagner als Dichter‹, im ›Buch der Zeit‹², S. 413.

62, 16–17 *Scheffel, Dahn, Wolff:* SCHEFFEL im ›Buch der Zeit‹², S. 417: ›An Joseph Victor von Scheffel‹; DAHN: a.a.O., S. 418: ›Felix Dahn‹; WOLFF: a.a.O., S. 415: ›An die Wölfflinge‹. Vgl. zu diesen Dichtern die Anm. zu S. 5, 4; 21, 18; 53, 14.

62, 17 *Kretzer:* im ›Buch der Zeit‹², S. 416: ›An Max Kretzer‹; vgl. die Anm. zu S. 36, 14.

62, 21 *Schack:* a.a.O., S. 421: ›An Adolf Friedrich von Schack‹. Vgl. die Anm. zu S. 84, 34.

62, 22 *Geibel:* a.a.O., S. 129–149: ›Emanuel Geibel‹. Vgl. die Anm. zu S. 5, 2 und S. 61, 22.

62, 22–23 *Das nenn' ich Consequenz – o Oerindur:* Oerindur ist eine Gestalt aus der Tragödie ›Die Schuld‹ von ADOLF MÜLLNER [1774 bis 1829], der das Haupt der sog. Schicksalsdramatiker war. Besonders berühmt wurden die Verse, auf die hier BLEIBTREU anspielt: »Und erklärt mir, Oerindur, / Diesen Zwiespalt der Natur«, ›Die Schuld‹ II, 5. Vgl. zu MÜLLNER: W/G 905–6; Int. Bibl. II, 1, 110.

62, 25–6 *Wenn das am grünen Holz geschieht:* vgl. Lukas 23, 31: »Denn so man das tut am grünen Holz, was will am dürren werden?«

62, 27 *Karl Henkell:* KARL HENCKELL [1864–1929], vgl. die Anm. zu S. 55, 9.

62, 34 *»Quartett«:* vgl. die Anm. zu S. 58, 3.

63, 1 *frühere Gedichte:* KARL HENCKELLS ›Poetisches Skizzenbuch, Vorwort von Heinrich Hart‹, Minden, Bruns, 1885.

63, 10 *Arthur Gutheil:* eig. ARTHUR GUTHEIL-HARDT [1863–1924], Arzt und Schriftsteller, verfaßte anfangs Lyrik, später zahlreiche Romane und Dramen. Als Leipziger Student verkehrte er um 1886 mit CONRADI, HENCKELL, HARTLEBEN und anderen. Vgl. Ssymank, S. CXXI ff. und Kosch[2] I, 839, Brümmer III, 16–17.

63, 18 *Hartleben:* OTTO ERICH VON HARTLEBEN [1864–1905], schrieb formstrenge Lyrik, humoristische Novellen, so die ›Geschichte vom abgerissenen Knopfe‹, Berlin, Fischer, 1893, in der er seinen einstigen Lyrikerfreund ALFRED HUGENBERG verspottete, und naturalistische, geistreich-ironische Dramen. Gedichte von ihm in den Mod. D., S. 201–6. Vgl. W/G 502–3; Int. Bibl. II, 1, 571 u. II, 2, 1063.

63, 18 *Hugenberg:* ALFRED HUGENBERG [1865–1951] studierte Jura in Wien und veröffentlichte in den Mod. D.: Gedichte, S. 207–9. Vgl. auch die Biographie auf S. 303. Später war er der Gründer des riesigen Hugenberg-Konzerns, der den Scherl-Verlag, die Filmgesellschaft UFA, usw. umfaßte und einen großen Einfluß auf die öffentliche Meinung hatte. Er war ein antiparlamentarischer und nationalistischer Politiker, der seit 1918 als Sprecher des alldeutschvölkischen rechten Flügels der Deutschnationalen Volkspartei hervortrat und Mitbegründer der Harzburger Front wurde. 1933 noch kurze Zeit Wirtschaftsminister unter HITLER, verließ er aber Juni 1933 die Regierung und war seitdem ohne politischen Einfluß. FRANK WEDEKIND [1864–1918] verspottet ihn in den beiden Teilen des Dramas ›Erdgeist‹ [1895 u. 1904]. Das »ganz hübsche Bändchen der üblichen Lyrika«, das BLEIBTREU Z. 27–8 von ihm erwartet, ist nie erschienen.

63, 25 *Pindarische Manieren:* hier die Nachahmung der lyrischen Formen des griechischen Dichters PINDAROS, vor allem berühmt durch seine Oden. Er lebte: um 522–nach 446. Vgl. Epp. 63–4.

63, 33 *Jahn in Leipzig:* gemeint ist HERMANN EDUARD JAHN [1857 bis 1933], der in den Mod. D. auf S. 235–9 Gedichte veröffentlicht hat. Von ihm erschienen damals: ›Ich denke Dein! Ein Buch Lyrik‹, Rostock, Meyer, 1881; ›Verwehte Blätter. Dichtungen‹. Lpz., Rühle, 1882; ›Wegewart. Gedichte‹, Beerfelden, Meinhard, 1887, usw. 1881 bis 1885 studierte er in Leipzig. Vgl. zu ihm: Brümmer III, 337–8.

63, 33 f. *Jerschke in Strassburg:* OSKAR JERSCHKE [1861–1918], Redakteur der ›Straßburger Neuen Zeitung‹, arbeitete oft mit ARNO HOLZ [1863–1929] zusammen, so bei dem 1884 in Berlin bei O. PARRISIUS erschienenen Band ›Deutsche Weisen‹. Später auch im ›Traumulus. Eine Tragische Komödie‹, München, Piper, 1905, im Drama ›Frei! Eine Männerkomödie‹, München, Piper, 1907 usw. Seine Gedichte stehen in den Mod. D. auf S. 163–170 und in dem ›Nachtrag zu

S. 193‹ (soll sein: 163!) auf S. 290–296. Vgl. zu ihm: Brümmer III, 354–5.

63, 36 *Paul Fritsche:* [1863–1888], war Schriftleiter, u. a. der studentischen ›Kyffhäuserzeitung‹, 1883, der Berliner ›Gartenlaube‹ 1885 und der ›Frankfurter Oder-Zeitung‹ 1886. Mit seiner Broschüre: ›Die moderne Lyriker-Revolution‹, Frankfurt/Oder, Waldow, 1885, war er Wegbereiter der modernen Lyrik. Später hat W. FRIEDRICH, Lpz., das Buch übernommen. ANTON SCHMID (›Die deutsche Literatur in der Klemme‹, 1890, S. 10) und HEINRICH HART (in dem ›Tag‹, Ende Sommer 1903, Feuilletonreihe über ›Die deutsche Litteraturbewegung 1880–1900‹) zählen das kleine Buch zu den wichtigsten Kampfschriften des frühen Naturalismus neben der Schrift BLEIBTREUS. SSYMANK urteilt aber (S. CI) wie BLEIBTREU negativer; dieser spricht über ein »tragikomisches Schriftchen«: Magazin, Jg. 56, 1887, S. 555. Es ist mir nicht gelungen, ein Ex. aufzutreiben. FRITSCHE veröffentlichte auch 2 Gedichtbände: ›Mein Herzenstestament. Liedercyklus‹, Zürich, Verlagsmagazin, 1887 und das ›Bilderbuch eines Schwermütigen‹, Stolp, Hildebrandt, 1888, das von BLEIBTREU in der Ges. IV, 2, 1888, S. 847 f. besprochen wurde. Vgl. OSKAR WELTENS Nachruf im Magazin, Jg. 57, 1888, S. 738–9. Vgl. Kosch² I, 585 und Brümmer II, 291–2.

63, 37 *Gradnauer:* vgl. die Anm. zu S. 54,33. Die Zitate auf S. 64, 2–5 aus den Mod. D., S. 210–216.

64, 5–6 *Dies Licht unter den Scheffel stellen:* vgl. Matth. 5, 15.

64, 7–8 *der deutschdichtende Schotte J. H. Makay:* JOHN HENRY MACKAY [1864–1933], zunächst Lyriker im Stile OSSIANS, später von dem extremen Individualisten MAX STIRNER (eig. KASPAR SCHMIDT [1806–1856]; Hauptwerk: ›Der Einzige und sein Eigentum‹ [1844]) beeinflußt, dessen Biographie er 1898, Berlin, Schuster und Loeffler veröffentlicht. Er verbindet später Individualismus, Anarchismus und die Sozialauffassung des deutschen Naturalismus; so in seinem Roman ›Die Anarchisten‹, Zürich, Verlags-Magazin, 1891. Sein Idyll ›Kinder des Hochlands‹ erschien 1885 bei W. Friedrich, Lpz. Vgl. Kosch² II, 1608, Brümmer IV, 338; Int. Bibl. II, 1, 648.

64, 8 *Tennyson's Enoch Arden:* ALFRED LORD TENNYSON [1809–1889], vgl. die Anm. zu S. 59, 38. Sein episches Gedicht ›Enoch Arden‹ erschien 1864.

64, 15 *W. Arent:* [1864–?], vgl. die Anm. zu S. 55, 28.

64, 16 *»Moderne Dichtercharaktere«:* vgl. die Anm. zu S. 53, 10.

64, 19 *»Bunte Mappe«:* ›Berliner Bunte Mappe, hrsg. von Eugen Düsterhoff‹ [= W. ARENT], Berlin, Kamlah, 1885.

64, 22 *Julius Stinde-Buchholz:* JULIUS ERNST WILHELM STINDE [1841

bis 1905] verfaßte humoristische Romane aus dem Kleinbürger-
milieu des alten Berlin: 1883 erschien der Roman ›Buchholzens in
Italien‹ noch anonym, Berlin, Freund und Jeckel. Der Roman ›Die
Familie Buchholz‹, 3 Thle., Berlin, Freund und Jeckel, 1885–6 er-
schien unter seinem eigenen Namen und hatte einen Riesenerfolg.
Er verfaßte auch Volksstücke, Novellen und Humoresken. Vgl.
Kosch² IV, 2871, Brümmer VII, 80–81.

64, 23 »*Aeolsharfenkalender*«: ›Der Aeolsharfenkalender für 1886.
Hrsg. im Auftrage des Allgemeinen Deutschen Reimvereins von
Hunold Müller von der Havel. Mit Beiträgen von Florentine Bött-
cher [usw.]‹, Berlin, A. Haacke, 1885. Im Jahre 1888 und 1896 er-
schienen noch 2 Fortsetzungen: ›Der Aeolsharfenalmanach. Band 2.
Hrsg. im Auftrage des Allgemeinen Deutschen Reimvereins von
Hunold Müller von der Havel. [...]‹. Berlin, Freund und Jeckel,
1888. ›Der Aeolsharfenalmanach. Band 3. Hrsg. im Auftrage des
Allgemeinen Deutschen Reimvereins von Hunold Müller von der
Havel. [...]‹. Berlin, Freund und Jeckel, 1896. BLEIBTREU ist offenbar der Ansicht, JULIUS STINDE sei der Herausgeber; laut Auskunft
des Deutschen Literaturarchivs, Marbach, aber ist EMIL JACOBSEN,
zu dem ich keine Lebensdaten ermitteln konnte, der Herausgeber.
In einem Exemplar des Bandes 3, das der Mitarbeiter HEINRICH
SEIDEL [1842–1906, vgl. Brümmer VI, 397–9] 1896 FELIX LIEBES-
KIND schenkte und das sich jetzt in der UB Leipzig befindet und das
ich dankenswerterweise benutzen durfte, wird im Register versucht
[von LIEBESKIND?], die Pseudonyme der Mitarbeiter zu lüften. Daraus ginge hervor, daß jedes der zahlreichen Pseudonyme von mehre-
ren Mitarbeitern benutzt wurde und daß das Pseudonym MÜLLER
VON DER HAVEL sowohl von JULIUS STINDE wie von EMIL JACOBSEN
benutzt wurde. Nach diesen Angaben wären als Mitarbeiter zu nennen: JOHANNES TROJAN [1837–1915, vgl. Brümmer VII, 220–1],
FRIEDRICH KARL GOTTLIEB ERNST BEHREND [1851–1912, vgl. Brümmer I, 168–9], CHRISTIAN STEPHAN WAETZOLDT [1849–1904, Brümmer VII, 333–4], HEINRICH SEIDEL [1842–1906, vgl. Brümmer VI,
397–9]. Vgl. zu dem »Allgemeinen Deutschen Reimverein« noch den
von Kosch² IV, 2871 erwähnten Aufsatz: A. HEILBORN, ›Der Allgemeine Deutsche Reimverein‹, in: ›Velhagen und Klasings Monats-
hefte‹, Oktober 1940. Vgl. auch: A. LIEDE, ›Dichtung als Spiel. Studien zur Unsinnspoesie an den Grenzen der Sprache‹. 2 Bde., Berlin,
1963, bes. Band 2, S. 300 ff. Band 1 ist vor allem eine Parodie der
Goldschnitt- und Butzenscheibenlyrik und der unfreiwillig komischen Gedichte FRIEDERIKE KEMPNERS [1836–1904, vgl. die Anm.
zu S. 65, 2]. Band 2 parodiert die ›Modernen Dichter-Charaktere‹
und die ›Gesellschaft‹. Band 3 verspottet die Almanache, wie OTTO

JULIUS BIERBAUMS ›Musenalmanache‹, die 1893–4 erschienen [OTTO
JULIUS BIERBAUM: 1865–1910], zugleich aber auch Dichter wie PETER
HILLE [1854–1904], MAX DAUTHENDEY [1867–1918] usw.

64, 26 *Ballade à la Julius Wolff:* steht im ›Aeolsharfenkalender für
1886‹ in der »Rezension« des »Buches«: »Stylvolle Lieder von Guido
von Posematzky. Lpz., 1886, Verlag von Koch und Schlicker« in der
Rubrik: »Vom deutschen Parnaß« I, S. 66–72, verfaßt von HUNOLD
MÜLLER VON DER HAVEL, auf S. 69–70 und lautet genau: »Ottheinrich stund in der Kemenat, / Den Stirnrand voll kalter Tropfen, /
Er fuhr mit der Hand durch den Grisebart / Und dann durch den
grauen Schopfen. [...]«.

64, 27 *Johannes Köhnke:* laut ›Aeolsharfenalmanach III‹, S. 115 ist hier
EMIL JACOBSEN gemeint. Die »Rezension« von »Koehnke's Gedichten in Schüttelreimen. Berlin 1884. Im Selbstverlage des Verfassers«
steht im 1. Band S. 72–74 in der Rubrik: »Vom deutschen Parnaß«
II und ist verfaßt von »Arminius Conradin«. Vgl. Z. 31. Im 3. Band
wird S. 115–118 die »Fünfte vermehrte und verbesserte Auflage,
Berlin 1896« rezensiert und zwar von MÜLLER VON DER HAVEL.

64, 30 *»Nach berühmten Mustern«:* 1878 ließ FRITZ MAUTHNER [1849
bis 1923] seine Parodiensammlung: ›Nach berühmten Mustern‹ erscheinen. Vgl. die Anm. zu S. 39, 6.

64, 36–7 *»Ein Königswort« des verstorbenen H. Sylvester:* HECTOR
SYLVESTER, Pseud. für WILHELM WÖLFERT [1854–1925], Redakteur,
Erzähler und Bühnenautor. Vgl. zu ihm: Kosch² IV, 3427, Brümmer
VIII, 19. Das Epopö heißt: ›Ein Königswort. Von Hector Sylvester.
† [sic]. Hrsg. und eingel. von Max Stempel‹. Leipzig, Rust, 1886.

64, 38 *Max Stempel:* [1857–1929], Redakteur, hat lyrische und dramatische Werke veröffentlicht, etwa: ›Auf leichten Schwingen, Gedichte‹. Norden, Fischer, 1879, ›Paragraph sieben. Lustspiel‹. Cö-
then, Schettler, 1887, usw. Vgl. Kosch² IV, 2842 und Brümmer VII,
57–8.

65, 2 *Friderike Kempner:* FRIEDERIKE KEMPNER, der »schlesische
Schwan« [1836–1904], wurde durch ihre unfreiwillig komisch wir-
kenden Gedichte sehr bekannt; so etwa die ›Gedichte‹, 1873 im
Selbstverlag erschienen. Die 2. und die folgenden Auflagen erschienen in Breslau bei Woywod: 1882², 1884³, 1885⁴ usw. Die
8. Aufl. erschien noch 1903. Vgl. zu ihr: Kosch² II, 1252, Brümmer
III, 441–2; Körner 438. Sie wird im ›Aeolsharfenkalender‹ oft
zitiert und verspottet, auch in Band 2 und 3.

65, 11 *Paul Fritsche's Broschüre:* vgl. die Anm. zu S. 63, 36.

65, 14 *»schnell fertig mit dem Worte«:* Zitat aus SCHILLERS Drama
›Wallensteins Tod‹, II, 2: »Schnell fertig ist die Jugend mit dem
Wort; das schwer sie handhabt, wie des Messers Schneide«.

65, 21 *die grossen Stürmer der Göthe'schen Jugendzeit:* vgl. die Anm.
zu S. 4, 1.

65, 24 *Schmidt-Cabanis:* OTTO RICHARD SCHMIDT-CABANIS, eig. OTTO
RICHARD SCHMIDT [1838–1903], satirischer Schriftsteller, seit 1880
Schriftleiter des Witzblattes ›Ulk‹, das als Beilage des ›Berliner
Tageblatts‹ erschien. Das ›Berliner Tageblatt‹, eine liberale Zeitung,
erschien 1872–1931. Er verfaßte etwa: ›Auf der Bacillen-Schau!
Forschungen durch's satyrische Mikroskop‹. Dresden, 1885, Lpz.,
Dürselen. ›Brumm-Stimmen der Zeit. Lustiges und Unlustiges aus
Papa Kronos' Liederfibel‹. Berlin, Eckstein, 1886. ›Pessimistbeet-
Blüten jüngstdeutscher Lyrik‹. Berlin, Pfeilstücker, 1887. Vgl. Kosch²
III, 2529 und Brümmer VI, 239–41.

65, 25 *»Jungdeutschlands Klagebengel«:* wohl der Titel von SCHMIDTS
Aufsatz, (der mir nicht zugänglich war)?

65, 33 *Schubart:* CHRISTIAN FRIEDRICH DANIEL SCHUBART [1739 bis
1791], schwäbischer Dichter und Musiker, dessen volksliedhafte
Lyrik dem Sturm und Drang nahe steht. Er schrieb auch politisch-
aktuelle Gedichte und redigierte die gegen die Höfe und Kirchen
gerichtete kritische Zeitung ›Deutsche Chronik‹, 5 Jge., 1774–8. Vgl.
W/G 1175–8; Int. Bibl. I, 998–9.

65, 33 f. *jene biederen Schwaben über Schubart:* er wurde 1777 durch
eine List über die Württembergische Grenze gelockt und saß 1777–87
auf dem Hohenasperg in Württemberg gefangen. In seiner Autobiographie: ›Schubart's Leben und Gesinnungen. Von ihm selbst,
im Kerker aufgesetzt‹. 2 Tle. Stuttgart, Mäntler, 1791–3 erzählt er,
daß die Soldaten bei seiner Verhaftung sich heimlich ins Ohr raun-
ten: »Das ist der Schubart! der Malefizkerl! Man wird ihn 'nmal
den Grind herunterfegen.« Zitiert nach: GUSTAV HAUFF, C. F. D.
Schubart in seinem Leben und seinen Werken‹. Stuttgart, 1885,
S. 152–3. J. SCHERR erzählt genau dieselbe Geschichte in seinem
Buch: ›Deutsche Kultur- und Sittengeschichte‹⁴, Lpz., O. Wigand,
1870, S. 457.

65, 36 *Leixner:* vgl. die Anm. zu S. 58, 12. Das Zitat nicht kontrolliert,
weil mir der einschlägige Band der ›Romanzeitung‹ nicht zur Verfügung stand.

66, 19 *Grossmannssucht:* In der EA stand, gesperrt gedruckt, hier das
Wort »Grössenwahn« (a.a.O., S. 66, 15), der Titel von BLEIBTREUS
1888 erschienenem Schlüsselroman, vgl. die Anm. zu S. 58, 12. Dort
auch eine anschauliche Schilderung der ›Cliquen‹ aus Z. 23 ff.

66, 25 *Messias:* vgl. die Anm. zu S. 57, 32 und die dort genannte Literatur.

66, 30 *sein eigener Dalai Lama:* vielleicht meint BLEIBTREU hier das
Gedicht von ARNO HOLZ in den Mod. D., S. 143, Schluß des Ge-

dichtes ›Frühling‹: »Doch hascht ein Graukopf dich auf deinen Bahnen, / So ein vergilbter Langohr-Recensent, / Dann sprich zu ihm: ›Respect vor meinen Ahnen! / Mein Urtext steht im Sanskrit und im Zend!‹«. Auch im ›Buch der Zeit‹², 1892, S. 34. Im Gedicht: ›Präludium‹, ›Buch der Zeit‹², S. 293–315, nennen HOLZENS Freunde ihn auch »neuer Heiland« (S. 312).

67, 7 *Lyriker-Hochmuth:* vgl. auch die spöttischen Verse bei HOLZ, ›Buch der Zeit‹², 1892, S. 312–3, bes.: »Verse thun's heut freilich nicht: / Prosa, Freundchen, platte Prosa!«. Nach 1890 wird aber gerade in der deutschen Lyrik Großes geleistet!

67, 21 *das wohlklingende Pseudonym* »O. Ehrlich«: Das Pseudonym dieses »Bauchredners der socialen Revolution« habe ich nicht lüften können, es fehlt in allen Nachschlagewerken. Das Buch heißt genau: OTTO EHRLICH, ›Mene Tekel! Harmlose Reimereien eines Modernen‹. Zürich, Verlagsmagazin, 1886. Auch das Buch war nicht greifbar. Deshalb sind die Zitate 67, 27–31 und 68, 1–4 nicht kontrolliert worden.

68, 5 f. *ein getreuer Ekkard:* ein getreuer Eckart sein = ein Ratgeber, der vor Schaden bewahrt, schon bei JOHANN AGRICOLA, Sprichwörter [1584] erwähnt. Bei GOETHE: »Willst du der getreue Eckart sein / Und jedermann vor Schaden warnen« [...] in den ›Werken‹, Hamburger Ausgabe, Band I [1949], S. 318: ›Epigrammatisch: Vergebliche Müh'‹ (›Sprüche‹ Nr. 93).

68, 26 *»Lieder eines Modernen«:* Untertitel des Bandes: ›Buch der Zeit‹ von ARNO HOLZ, vgl. die Anm. zu S. 55, 18.

68, 30 *Kretzer:* MAX KRETZER [1854–1941], vgl. die Anm. zu S. 36, 14. Sein Roman ›Die beiden Genossen‹ erschien 1880 in Berlin, Karl Kohn.

69, 14 *Paul Heyse* [1830–1914], vgl. die Anm. zu S. XIV, 22 u. 23, 6.

69, 15 *fast noch Knabe:* HEYSES erstes Werk erschien anonym: ›Der Jungbrunnen. Neue Märchen von einem fahrenden Schüler‹. Berlin, Duncker, 1850. Unter seinem eigenen Namen erschien 1850 die Tragödie: ›Franzeska von Rimini‹, Berlin, Hertz.

69, 18 *»Lieblinge der Götter«:* hier meint BLEIBTREU die Dichter, wie etwa auch GOETHE den Ausdruck benutzt: »Der ich noch erst den Göttern Liebling war« in: ›Trilogie der Leidenschaft, Elegie‹, Z. 134 in ›Werke‹, Hamburger Ausgabe, Band I, S. 385, vgl. auch das Gedicht: ›Aus einem Brief an Gräfin Auguste zu Stolberg‹, Hamburger Ausgabe I, 142.

70, 4 *Erbitterung:* in den späteren kritischen Schriften BLEIBTREUS wird der Ton tatsächlich immer bitterer, so in der 1888 erschienenen Schrift: ›Der Kampf um's Dasein der Litteratur‹, Lpz., W. Friedrich. Noch viel stärker in dem 1903 erschienenen Buch: ›Die Verrohung der Literatur. Ein Beitrag zur Haupt- und Sudermännerei‹, Berlin, Schall und Rentel, wo die subjektiven Anschauungen BLEIBTREUS zu einer völligen Verzerrung der literarischen Realität führen.

70, 20–72, 8 *Unsre Literatur [...]:* Alle Namen der »Schichten«, die BLEIBTREU hier nennt, sind schon von ihm behandelt worden: GUSTAV FREYTAG [1816–1895], vgl. die Anm. zu 16, 19; PAUL HEYSE [1830–1914], vgl. die Anm. zu S. XIV, 22; 23, 6; 69, 14. GOTTFRIED KELLER [1819–1890], vgl. die Anm. zu S. 26, 4; FRIED-RICH SPIELHAGEN [1829–1911], vgl. die Anm. zu S. V, 22. GEORG EBERS [1837–1898], vgl. die Anm. zu S. XII, 5; FELIX DAHN [1834 bis 1912], vgl. die Anm. zu S. 21, 18; JULIUS WOLFF [1834–1910], vgl. die Anm. zu S. 21, 11; 53, 14. PAUL LINDAU [1839–1919], vgl. die Anm. zu S. 45, 27.

72, 31 ff. Diese klein gedruckte Ergänzung ist im Vergleich zur Erstauf-auflage stark gekürzt worden. Dort nennt er als einzigen Namen: C. ALBERTI: CONRAD ALBERTI, eig. CONRAD SITTENFELD [1862 bis 1918] und schreibt zu ihm auf S. 72 der EA: »Ein viel verspre-chendes Talent dieser Art ist der in vielen Sätteln gerechte C. Al-berti, ein kerniger Feuilletonist und Kritikus, der uns jedoch mit Funken prometheischen Feuers noch zu erleuchten gedenkt«. Vgl. die Anm. zu S. X, 11–12. Von CONRAD ALBERTI sind dann erschie-nen: ›Der Kampf ums Dasein. Eine Romanreihe‹. 1.–3. Abth.: 1. ›Wer ist der Stärkere? Ein sozialer Roman aus dem modernen Berlin‹, 2 Bde., 1888; 2. ›Die Alten und die Jungen. Sozialer Ro-man‹. 2 Bde., 1889; 3. ›Das Recht auf Liebe‹. 1890, alle Bände er-schienen bei W. Friedrich in Leipzig. 1888 erschien dort noch: ›»Brot!«, ein soziales Schauspiel in 5 Akten‹. Vgl. W/G 5–6.

Der deutsche Dichter und sein Publikum

Vorbemerkung: In der EA hatte dieses Kapitel noch den Titel: »Der deutsche Dichter und der Staat«. Es handelt sich um eine Bearbeitung des Aufsatzes: ›Das Preußentum und die Poesie, Berliner Briefe II‹, erschienen in der ›Gesellschaft‹, Jg. I, 1885, S. 329–335. Das Wort »Preußentum« galt seit den ersten Jahrzehnten des 19. Jh. »als arges Scheltwort angeblich undeutschen, rauhen und aufgeblasenen We-sens« (O. LADENDORF, ›Historisches Schlagwörterbuch‹, Straßburg, 1906, S. 250–4).

73, 4 *Fürst Bismarck:* OTTO FÜRST VON BISMARCK-SCHÖNHAUSEN, HERZOG VON LAUENBURG [1815–1898], Staatsmann, Gründer und erster Kanzler des Deutschen Reiches, 1890 von WILHELM II. ent-lassen. Vgl. Int. Bibl. II, 1, 499–501 u. II, 2, 1057. Vgl. auch HEIN-

175

RICH und JULIUS HART, ›Kritische Waffengänge‹, Heft 2, 1882,
S. 3–8: ›Offener Brief an den Fürsten Bismarck‹.

73, 4–5 *Brochüre über Kornzölle:* ›Bismarck und die deutsche Land-
wirtschaft. Vier Reden des Reichskanzlers über die Holz- und Kornzölle‹. Minden, Bruns, 1885. Es handelt sich um die Reden, die
BISMARCK am 10. und 12. Februar 1885 im Reichstag hielt und die
beiden, die sich daran anschlossen: am 14. und 16. 2. 1885 sprach er
über den Ostseehandel, über Stadt und Land und über dreiste Be-
hauptungen. Abgedruckt in: ›Fürst Bismarck als Redner. Vollständige Sammlung der Parlamentarischen Reden Bismarcks seit dem
Jahre 1847‹. Ed. A. DOVE, Stuttgart, Spemann. Band 14 [1891]:
S. 208–304. 1886 erschien auch noch: ›Bismarck und die Kunst. Ein
Wort zur Hebung des deutschen Nationalgefühls im Anschluß an
die Polendebatten im preußischen Abgeordnetenhaus‹. Görlitz,
Dünnhaupt, 1886.
BLEIBTREU hat später einen umfangreichen BISMARCK-Roman veröffentlicht: ›Bismarck. Ein Weltroman in 4 Bdn.‹, Bismarck-Verlag,
1915.

73, 24 *Bukle:* HENRY THOMAS BUCKLE [1821–1862], engl. Historiker,
Vertreter einer positivistischen Geschichtsauffassung. Vollendete nur
die 2-bändige Einleitung zu dem von ihm geplanten großen Werk:
›History of Civilization in England‹, das 14 Bände umfassen sollte.
In dieser hochbedeutsamen Einleitung [1857–1861] betrachtet er die
»civilization« in verschiedenen anderen Ländern. Deutsche Über-
setzung von ARNOLD RUGE [1801–1880, vgl. Brümmer VI, 78–9],
Leipzig/Heidelberg, C. F. Winter, 1860–2; [4]1870. Z. 23 spielt BLEIB-
TREU auf BUCKLES Kapitel XI im 1. Band an: S. 621–654: »The
Protective Spirit carried by Louis XIV into Literature« (in der dt.
Übersetzung[4]: Band I, 2, S. 157–190).

73, 26 *Shakespeare's Elisabeth:* vgl. die Anm. zu S. 10, 25.

73, 26 *Calderon's Philipp:* PHILIPP IV. VON SPANIEN [1605–1665; König
seit 1621], Förderer der Künste. Vgl. zu CALDERON die Anm. zu
S. 10, 26.

74, 2 *Cervantes:* MIGUEL DE CERVANTES SAAVEDRA [1547–1616], vor
allem berühmt durch seinen Roman: ›El ingenioso hidalgo Don
Quijote de la Mancha‹, entstanden 1605–15, eine Verspottung des
Ritterromans. Vgl. Epp. 222–4.

74, 5 *Ben Jonson:* [1572(?)–1637], engl. Dramendichter und Lyriker,
Grundleger der »Comedy of Humours«, wo jeder Charakter ein
übertriebener Vertreter eines bestimmten Typs ist. Epp. 240–1.

74, 6 *Dryden:* JOHN DRYDEN [1631–1700], engl. Dichter, Dramatiker
und Satiriker der Restaurationsepoche.

74, 7 *Congreve, Pope:* WILLIAM CONGREVE [1670–1729], engl. Lustspieldichter; ALEXANDER POPE [1688–1744], engl. Dichter und Essayist, vgl. die Anm. zu S. 11, 17.

74, 9 *Burns:* ROBERT BURNS [1759–1796], vgl. die Anm. zu S. 48, 20.

74, 10 *Byron:* GEORGE GORDON, LORD BYRON [1788–1824], vgl. die Anm. zu S. 10, 30.

74, 15 f. *Hirsch:* vgl. die Anm. zu S. 2, 7. Seine Bemerkungen zu den »indirecten Verdiensten Friedrich's des Grossen« stehen im 2. Band seiner ›Geschichte der Dt. Lit.‹, S. 652: »Und vielleicht ist diese kühle Stellung, die Friedrich zur deutschen Poesie einnahm, für die freie Entwicklung derselben von Vorteil gewesen«. Vgl. dort auch das Gespräch mit MIRABEAU.

74, 21 *Flötenblaser von Sanssouci:* FRIEDRICH DER GROSSE [1712–1786; König seit 1740] spielte gern Querflöte und komponierte auch. Vgl. zu ihm: Int. Bibl. I, 924. BLEIBTREU schrieb über ihn: ›Friedrich der Große bei Collin‹, Berlin, Luckhardt, 1888; ›Friedrich der Große im Lichte seiner Werke‹. Stuttgart, Lutz, 1907; ›Preußen gegen Europa (Friedrich der Große, 1757)‹, Berlin, Stilke, 1907.

74, 23 f. *sich mit Leuten wie Gottsched und Gellert ernstlich abzugeben:* JOHANN CHRISTOPH GOTTSCHED [1700–1766], der ganz im Banne des frz. Klassizismus stehende Gesetzgeber der Dichtung. Hauptwerk: ›Versuch einer critischen Dichtkunst vor die Deutschen‹, Lpz., 1730. Vgl. W/G 432–5; Int. Bibl. I, 928–9 u. II, 2, 1001. CHRISTIAN FÜRCHTEGOTT GELLERT [1715–1769], volkstümlicher Dichter des aufgeklärten Pietismus. Vgl. W/G 382–3; Int. Bibl. I, 925–6 u. II, 2, 1001. GOTTSCHED hat einige Male mit FRIEDRICH II. gesprochen, als dieser Leipzig besuchte. FRIEDRICH II. widmete ihm sogar ein Gedicht (nach der Unterhaltung vom 16. 10. 57.), in dem er ihn den »Schwan von Sachsen« nannte, vgl. die ›Ausgewählten Werke‹, ed. G. B. VOLZ, Berlin, 1916, Band II, 1, 226. GELLERT hatte am 11. 12. 1760 eine Unterredung mit FRIEDRICH, las ihm eine Fabel vor. Er berichtet darüber in seinem Brief vom 12. 12. 60 an ERDMUTHE VON SCHÖNFELD. Vgl. HIRSCH, a.a.O., II, S. 653–4 und J. SCHERR, ›Deutsche Kultur- und Sittengeschichte‹, Lpz., 1870, S. 452–3.

74, 25 *die rohe Form:* 1782 veröffentlichte der Schweizer CHRISTOPH HEINRICH MYLLER [1740–1807] die erste vollständige Ausgabe des Nibelungenliedes: ›Der Niebelungen Liet‹, Berlin, 1782, welches Buch er dem König überreichte. Er erhielt aber einen sehr bezeichnenden, ablehnenden Brief (vom 22. 2. 1784) als Antwort, den HIRSCH, Band I, a.a.O., S. 298–9 abdruckt.

74, 26 *die erste Goethe'sche Stürmerei:* in seiner Schrift ›De la littérature allemande‹ urteilt FRIEDRICH II. recht schroff über GOETHES Drama ›Götz von Berlichingen: »Mais voilà encore un Goetz de Berlichingen qui paroit sur la scène, imitation détestable de ces mauvaises pièces angloises [...]«, zitiert nach HIRSCH, a.a.O., II, 653. Vgl. auch die Edition von L. GEIGER, Berlin, 1902, S. 23. Die Wandertruppe von HEINRICH GUSTAV KOCH hatte den ›Götz‹ am 12. 4. 1774 zum ersten Mal in Berlin aufgeführt.

74, 31   *jene berühmte Prophezeiung:* am Schluß der Schrift: ›De la littérature allemande‹, zitiert bei HIRSCH, a.a.O., S. 655–6: »Ces beaux jours de notre Littérature ne sont pas encore venus; mais ils s'approchent. Je vous les annonce, ils vont paroître; [...]«. Vgl. die Edition von LUDWIG GEIGER, Berlin, 1902, S. 39.

75, 1   *Der Schlussvers jenes Gedichtes:* es steht in FRIEDRICHS II. Brief-wechsel mit VOLTAIRE, ed. R. KOSER u. H. DROYSEN, 4 Bde., Lpz., 1908–1917 [Reprint 1965–8] im 3. Band, S. 29: »Pour moi, menacé de naufrage, / Je dois, en affrontant l'orage / Penser, vivre et mourir en roi.«

75, 4 f.   *Oden der Ramler, Gleim und Klopstock:* zu RAMLER vgl. die Anm. zu S. 60, 11.

Gleim: JOHANN WILHELM LUDWIG GLEIM [1719–1803], führender Vertreter des anakreontischen Dichterkreises, verfaßte leichte, an-spruchslose Lieder, kraftvoll-volkstümliche ›Preußische Kriegslie-der‹ [1758] und korrespondierte mit allen Dichtern seiner Zeit. Vgl. W/G 406–10; Int. Bibl. I, 927 u. II, 2, 1001.

Klopstock: FRIEDRICH GOTTLIEB KLOPSTOCK [1724–1803]. Epoche-machend sein biblisches Hexameterepos ›Der Messias‹ [1748 ff.] und seine ›Oden‹ [EA: 1771]. Vgl. zu ihm: W/G 686–7; Int. Bibl. I, 955–9 u. II, 2, 1003.

75, 10   *der »brutale Corse«:* NAPOLEON I., urspr. NAPOLEONE BUONA-PARTE, frz. NAPOLÉON BONAPARTE [1769–1821], von 1804–1815 Kaiser der Franzosen. Speziell auf ihn war das Schimpfwort »Kor-senparvenu« geprägt worden, das nach O. LADENDORF, ›Historisches Schlagwörterbuch‹, Straßburg 1906, S. 69, auch von WILHELM II. benutzt wurde, vgl. MAXIMILIAN HARDEN [1861–1927]: ›Apostata‹, [1. Folge], Berlin, G. Stilke, 1892, S. 104–112: »Der korsische Par-venu«. Bei SCHERR, ›Blücher‹ II, 154: »der korsische Abenteurer«. Vgl. die Anm. zu S. 8, 6.

75, 13   *Ossian und Werther:* vgl. die Anm. zu S. 9, 15.

75, 14   *schrieb Novellen, Romane:* die ersten Novellen NAPOLEONS sind: ›Le Comte de Essex‹, ›Le Masque prophète‹, ›Clisson et Eugé-nie‹, später folgte noch: ›Le souper de Beaucaire,‹ 1793 in Lyon ver-faßt. Vgl. ›Écrits de Napoléon‹ ed. OCTAVE AUBRY, Paris, 1969, S. 12. »Der falsche Prophet« ist: ›Le masque Prophète‹.

75, 18   *Statuten:* am 15. 10. 1812 regelte NAPOLEON mit dem Dekret von Moskau die »Comédie française«, vgl. J. Scherr, Blücher II, 378, der auch, wie BLEIBTREU, »Théâtre français« schreibt.

75, 19 *Austerlitz:* die Schlacht bei Austerlitz fand am 2. 12. 1805 statt. Über die »ästhetischen Diskussionen« habe ich nichts ermitteln können.

75, 24 *Moniteur:* vgl. die Anm. zu S. 8, 26.

Bulletin: ›Bulletins de la Grande Armée‹, ed. PASCAL, Paris, 1841 bis 1844, 6 Bde.

75, 25 *St. Helena:* gemeint ist hier: ›Mémorial de Sainte-Hélène, ou Journal où se trouve consigné, [...] ce qu'a dit et fait Napoléon durant dix-huit mois‹, par le COMTE DE LAS CASES. Paris, 1823 (8 Bde.).

75, 32 *Corneille:* PIERRE CORNEILLE [1606–1684], frz. Dramatiker, sein ›Cid‹ war ein Markstein in der Geschichte der klassischen frz. Tragödie. Vgl. Epp. 271–2.

75, 35 ff. *seine Marschälle:* ANGEREAU: Druckfehler in allen Auflagen für AUGEREAU: PIERRE FRANÇOIS CHARLES AUGEREAU, HERZOG VON CASTIGLIONE [1757–1816].

Marmont: AUGUSTE VIESSE DE MARMONT, HERZOG VON RAGUSA [1774–1852].

Davoust: LOUIS NICOLAS DAVOUT (auch: DAVOUST, D'AVOUT), HERZOG VON AUERSTAEDT, FÜRST VON ECKMÜHL [1770–1832].

Ney: MICHEL NEY, HERZOG VON ELCHINGEN, FÜRST VON DER MOSKWA [1769–1815]. Vgl. BLEIBTREUS Studie: ›Napoleon und seine Marschälle‹, in: ›Das Geheimniß von Wagram und andere Studien‹. Lpz./Dresden, Pierson, 1887 und sein Buch: ›Marschälle, Generale, Soldaten Napoleons I.‹, Berlin, Verein der Bücherfreunde, 1899. Vgl. auch J. Scherr, Blücher II, 161 ff. über diesen »napoleonischen Adel«.

76, 1 *Staël, Chateaubriand, Lamartine:* vgl. zu MME. DE STAËL [1766 bis 1817] die Anm. zu S. 8, 20. Zu LAMARTINE [1790–1869] die Anm. zu S. 6, 1.

FRANÇOIS RENÉ VICOMTE DE CHATEAUBRIAND [1768–1848], Begründer der frz. Romantik, erregte durch einen Aufsatz (in der Zeitschrift: ›Mercure de France‹ vom 4. 7. 1807) und durch eine Rede in der Académie française am 20. 2. 1811 (über seinen Vorgänger MARIE JOSEPH CHÉNIER [1764–1811]) NAPOLEONS Ärger und wurde gezwungen, sich zurückzuziehen. Hauptwerke: die Erzählungen: ›Atala‹ [1801], ›René‹ [1805] und ›Le génie du christianisme‹, 5 Bde., Paris, 1802. Vgl. Epp. 435–6.

76, 2 *Spottdrossel Béranger:* PIERRE JEAN DE BÉRANGER [1780–1857], frz. Dichter, der mit seinen (politisch-liberalen) ›Chansons‹ [1815] großen Einfluß auf das frz. Volk hatte. Er hat »die Bourbons aus Frankreich herausgesungen«: J. SCHERR, ›Bildersaal der Weltliteratur‹, Stuttgart, 1884³, Bd. I, S. 233.

76, 3–5 *»tönendes Erz [...]«:* vgl. 1. Korinthier 13, 1.

76, 13 *»mehr wie Menschen«:* in LAMARTINES: ›Des Destinées de la Poésie‹ [1834], ›Œuvres‹, Bruxelles, 1848, Bd. I, S. 6: »certains hommes, plus hommes que le vulgaire«. Vgl. die Anm. zu S. 6, 1.

76, 13 f. *Gefässe der göttlichen Gnade:* vgl. Römer 8, ungenau wiedergegeben.

76, 18 *jenen grössten Dichter deutscher Nation:* gemeint ist GOETHE [1749–1832], dessen Unterredung mit NAPOLEON am 2. 10. 1808 stattfand. Vgl. die Anm. zu S. 2, 25, auch zu S. 9, 16. NAPOLEONS Worte über GOETHE (zu BERTHIER und DARU): »Voilà un homme!« in ›Goethes Gespräche‹, ed. W. HERWIG, Zürich 1969, Bd. II, S. 336.

76, 25 *Alexander [usw.]:* ALEXANDER DER GROSSE [356–323]; GAIUS JULIUS CAESAR [100–44]; PUBLIUS CORNELIUS SCIPIO AEMILIANIS [185–129], der Zerstörer Karthagos, großer Bewunderer der griechischen Kultur, deren Verbreitung in Rom er sehr gefördert hat; HANNIBAL [246–182]; AESCHYLOS [525–456].

76, 30 *Karl der Grosse, Theodorich, Otto der Grosse:* KARL DER GROSSE [742–814], seit 768 König, seit 800 Kaiser der Franken, THEODORICH [±456–526], seit 471 König der Ostgoten, seit 493 Herrscher in Italien; OTTO I., [912–973], seit 936 König, seit 962 Kaiser der Deutschen, gründete das »Heilige Römische Reich deutscher Nation«.

76, 34 *Hohenstaufen:* schwäbisches Fürstengeschlecht, deutsches Kaiserhaus [1138–1254]. Vielleicht kannte BLEIBTREU: A. BÖRCKEL, ›Die fürstlichen Minnesinger‹, 1881.

76, 37 *Richelieu:* ARMAND JEAN DU PLESSIS, HERZOG VON RICHELIEU [1585–1642], frz. Staatsmann, der unter LUDWIG XIII. eine führende Stellung in der Politik hatte.

77, 1 *Cromwell:* OLIVER CROMWELL [1599–1658], seit 1653 Lordprotektor von England, von BLEIBTREU sehr bewundert. Vgl. BLEIBTREUS Werke: ›Cromwell bei Marstin Moor‹, Lpz., W. Friedrich, 1889 und das Drama: ›Ein Faust der That‹, Lpz., W. Friedrich, 1889.

77, 4 *Milton:* JOHN MILTON [1608–1674], vgl. die Anm. zu S. 12, 2.

77, 4 *Waller:* EDMUND WALLER [1606–1687], engl. Dichter, der Lobgedichte auf die jeweiligen Herrscher, also auch auf CROMWELL schrieb.

77, 5 *Rafael's Zeichnungen:* RAFFAEL, eig. RAFFAELO SANTI [1483 bis 1520], vgl. die Anm. zu S. 93, 28 ff.

77, 9 ff. *Vater Blücher:* GERHARD LEBERECHT FÜRST BLÜCHER VON WAHLSTATT [1742–1819], preußischer Marschall in den Befreiungskriegen 1813–5. Vgl. J. SCHERR, Blücher, der die Anekdote auch erzählt, die Szene aber nach Dresden verlegt und als Datum 1. 4. 1813 angibt: Bd. III, 72. Das Zitat weicht ab.

77, 23 f. *die Astronomen Keppler und Herschel:* JOHANNES KEPLER

[1571–1630], dt. Astronom, der auch geistliche Lieder gedichtet hat, vgl. M. CASPAR, ›Kepler als geistlicher Liederdichter‹, in ›Blätter für Württ.Kunstgeschichte‹, 40 (zitiert nach Körner, S. 182–3). SIR JOHN FREDERICK WILLIAM HERSCHEL [1792–1871], engl. Astronom, hat SCHILLER und HOMER übersetzt.

77, 26 f. *»literarisch angehaucht«:* nach einem Wort BISMARCKS, vgl. BLEIBTREUS ›Berliner Briefe II‹, Gesellschaft I, 1885, S. 330: »Was die kritische Verurteilung Paul Heyse's anbelangt, so bezieht sich dies auf eine Aeußerung des großen Mannes [= BISMARCK] in Versailles. Derselbe nennt sich dort mit wohlthuender Naivetät ›litterarisch angehaucht‹, kann aber ›solches Zeug, wie diesen Feuilletonroman nicht lesen‹«. Quelle dieser Äußerung nicht ermittelt.

77, 28 *Pitt:* WILLIAM PITT DER JÜNGERE [1759–1806], engl. Staatsmann. Die BURNS-Anekdote nicht ermittelt, wohl apokryph? Vgl. zu BURNS die Anm. zu S. 48, 20.

77, 32 *Carlyle:* THOMAS CARLYLE [1795–1881], vgl. die Anm. zu S. X, 3; das Zitat nicht ermittelt.

77, 34 *die französische Revolution:* »Die »missvergnügten Literaten« sind: JEAN PAUL MARAT [1743–1793], Politiker, Pamphletist und der Verfasser philosophischer Essays; MAXIMILIEN ROBESPIERRE [1758–1794], vgl. die Anm. zu S. 12, 29; CAMILLE DESMOULINS [1760–1794] und GEORGES DANTON [1759–1794] gründeten den Club der Cordeliers, 1790, der besonders die untersten Volksschichten vertrat und April 1794 aufgelöst wurde. GABRIEL HONORÉ VICTOR RIQUETI, COMTE DE MIRABEAU [1749–1791] schrieb politische Pamphlete und Essays, vgl. die Anm. zu S. 27, 18.

77, 38 *Voltaire und Rousseau:* FRANÇOIS MARIE AROUET, DIT VOLTAIRE [1694–1778], vgl. die Anm. zu S. 10, 38; JEAN JACQUES ROUSSEAU [1712–1778], vgl. die Anm. zu S. 11, 29.

78, 15 *teutsche Nation:* die Form ›teutsch‹ diente häufig zur Verspottung der Deutschtümelei, vgl. die Anm. zu S. 4, 34.

78, 17 f. *Lessing, Goethe, Schiller:* GOTTHOLD EPHRAIM LESSING [1729 bis 1781], JOHANN WOLFGANG VON GOETHE [1749–1832], FRIEDRICH VON SCHILLER [1759–1805].

78, 21 ff. *Staatssubvention:* ausführlich spricht BLEIBTREU über die Frage, ob auch Dichter subventioniert werden sollten, im Aufsatz: ›Das Preußentum und die Poesie, Berliner Briefe II‹, in der ›Gesellschaft‹, Jg. I, 1885, S. 329–335, bes. S. 330 ff. Dieser Brief bildet auch die (ausführlichere) Grundlage zu diesem Kapitel.

78, 25 *kein erlernbares Handwerk:* vgl. die Worte, die die Brüder HART in ihren ›Kritischen Waffengängen‹, 2. Heft, 1882, S. 44 (im Aufsatz: ›Für und gegen Zola‹, S. 44–55) zitieren, welches Zitat sie LAWRENCE STERNE zuschreiben: »Ich behaupte, daß Poesie weder

Kunst ist noch Wissenschaft. Künste und Wissenschaften können ge-
lehrt werden [...], Poesie nicht.« Dasselbe Zitat auch bei GOETHE:
›Wilhelm Meisters Wanderjahre III. Aus Makariens Archiv‹: 143
(›Werke‹. Hamburger Ausgabe. Band VIII, 482), bei HART sehr
ungenau zitiert. Es stammt aus dem Werk: ›The Koran. The post-
humous works of a late celebrated genius deceased‹. 2 Bde. London,
1770–5, das lange dem berühmten englischen Dichter LAWRENCE
STERNE [1713–1768] zugeschrieben worden ist, in Wirklichkeit aber
von R. GRIFFITH stammt. Vgl. die Hamburger Ausgabe Bd. VIII,
S. 723.

78, 31 ›*modern priesthood of book-writers*‹: vgl. THOMAS CARLYLES
Wort: »Literary Men are the appointed interpreters of this Divine
Idea; a perpetual priesthood [...]« (über FICHTES Auffassungen:
JOHANN GOTTLIEB FICHTE [1762–1814]) in: ›Essays‹, Vol. I, p. 49,
London [o. J.] (›Works‹, Vol. III, 2). Der Aufsatz heißt: ›The
State of German Literature‹ [1827].

78, 37 *Prahlen mit »Dichtern und Denkern«:* Deutschland als »das
Volk der Dichter und Denker« finden wir laut G. BÜCHMANN, ›Geflügelte Worte‹[32], 1972, S. 172 zum ersten Mal bei KARL MUSÄUS
[1735–1787] im Vorbericht zu seinen ›Volksmärchen‹ [1782]. O. LA-
DENDORF, ›Historisches Schlagwörterbuch‹, Straßburg, 1906, S. 58
nennt als erstes Auftreten: SAUL ASCHER [1767–1822] ›Germano-
manie‹ [1815], S. 18: »die Dichter und Denker, welche Deutschlands
Kultur im 18. Jahrhundert auf eine hohe Stufe der Bildung empor-
gehoben«.

78, 37 f. *»was jehn Ihnen die jrienen Beeme an!«:* Zitat aus HEINRICH
HEINES ›Reisebilder III, Italien. Die Bäder von Lucca‹, Kapitel IV,
in: ›Sämtl. Werke‹, ed. E. ELSTER, Band III, S. 304, wo es genau
lautet: »Mutter, was gehn Ihnen die jrine Beeme an?«.

79, 3 *Der Reichskanzer beklagt sich:* Der Druckfehler in allen 3 Auflagen. Besonders in Band 14 der ›Reden Bismarcks‹, ed. ALFRED
DOVE, Stuttgart, Spemann, 1891, ist immer wieder die Rede von
Undankbarkeit dem Reichskanzler gegenüber, vgl. etwa die berüch-
tigte Debatte: »Das unrühmlichste Blatt in der Geschichte des deutschen Reichstags« am 4. 12. und 15. 12. 1884. Vgl. die Anm. zu
S. 73, 4.

79, 5 *der Michel:* der ›deutsche Michel‹, zufrühst 1541 bei SEBASTIAN
FRANCK [1499–1542 oder 1543] belegt, wurde vor allem in den Zei-
ten zwischen den Befreiungskriegen und der Revolution vom Jahre
1848 zur politischen Spottfigur: die stumpfsinnige, große Masse.
Vgl. etwa HEINE: ›Neue Gedichte: Zeitgedicht Nr. 22: Erleuchtung‹:
»Michel! fallen dir die Schuppen / Von den Augen?« in: ›Sämtliche
Werke‹, ed. E. ELSTER, Bd. I, 318, und auch die Sammlung: ›Der

deutsche Michel. Revolutionskomödien der Achtundvierziger‹, ed.
HORST DENKLER, Stuttgart, Reclam UB 9300–05 [1971].

79, 10 *»unproductiv«:* dieselbe Bemerkung auch in der Ges. I, 1885,
S. 335. Sonst nicht ermittelt.

79, 14 *andre Zeiten, andre Menschen:* vgl. bei HEINRICH HEINE: ›Atta
Troll‹, Kap. 27, Schlußvers: »Andre Zeiten, andre Vögel!«, Sämtl.
Werke, ed. E. ELSTER, Bd. II, 422.

79, 18 f. *»Das Alte stürzt [...]«:* aus SCHILLERS ›Wilhelm Tell‹, IV, 2
(Attinghausen).

79, 24 *Scherr:* JOHANNES SCHERR [1817–1886], Kultur- und Literarhistoriker und Erzähler. Vgl. Brümmer VI, 167–9. Seine ›Geschichte
der Englischen Literatur‹ erschien in Lpz., O. Wigand, 1854, die
3. Auflage bei demselben Verleger 1883. Die von BLEIBTREU zitierten Angaben stehen in der 3. Aufl. auf S. 10–11, Fußnote 14, weit
ausführlicher als bei BLEIBTREU. In der EA auf S. 13–14, Fußnote 15. Vgl. zum Problem der Autorenhonorare noch HERMANN
CONRADIS Aufsatz: ›Auch eine »zeitgemäße« Anregung‹, im ›Fa-
schingsbrevier für das Jahr 1886‹, Zürich, Verlagsmagazin, 1885
erschienen, jetzt in CONRADIS ›Gesammelten Schriften‹, ed. PAUL
SSYMANK und GUSTAV WERNER PETERS, München, 1911, Band III,
S. 226–230.
BLEIBTREU nennt hier folgende englische Dichter: LAWRENCE STERNE
[1713–1768], vgl. Epp. 307; LORD BYRON [1788–1824], der IV. Gesang des ›Childe Harold‹, erschien 1818; THOMAS MOORE [1779 bis
1852]: ›Lalla Rookh‹ [1817] sind vier orientalische Idyllen in einer
Rahmenerzählung, vgl. Epp. 426–7; ROBERT SOUTHEY [1774–1843],
romantischer englischer Dichter, Vertreter der sog. »lake school«,
Gegner BYRONS; WALTER SCOTT [1771–1832], vgl. die Anm. zu
S. 17, 30; ALFRED TENNYSON [1809–1892], vgl. die Anm. zu S. 59, 38.
Übrigens wurde SCHERR von BISMARCK recht unfreundlich beurteilt,
vgl. BISMARCKS ›Werke in Auswahl‹, ed. G. A. REIN u. A., Band IV,
Stuttgart, 1968, S. 633: »Scherr gelesen, ist doch nur ein verloge-
ner Geifersack«. Vgl. zu SCHERR noch: Kosch² III, 2451; Int. Bibl.
II, 1, 675.

Der Dichter an sich

80, 22 *der Quell Aganippe:* nach dem griechischen Mythos auf dem
Berg Helikon durch den Hufschlag des Pegasus entstanden.

81, 2 *Reinhold Lenz:* JAKOB MICHAEL REINHOLD LENZ [1751–1792],
vgl. die Anm. zu S. 4, 6.

81,7 *Byron's Klumpfuss:* vgl. die Anm. zu S. 10, 30. BYRON hatte tatsächlich ein verkrüppeltes Bein.

81,29 *Horaze Walpole:* HORACE WALPOLE, LORD ORFORD [1717–1797], eig. HORATIO WALPOLE, bedeutend vor allem durch seine überaus zahlreichen, dokumentarisch wertvollen Briefe; seine Mystifikation ›Schloß Otranto‹ [1765, dt. 1768] wurde das Vorbild des sog. »Schauerromans«.

81,29 *Chatterton:* THOMAS CHATTERTON [1752–1770], genialer Knabe, der seine Gedichte zum Teil als die Schöpfung eines mittelalterlichen Mönchs ROWLEY aus Bristol ausgab, wie vor ihm MACPHERSON und WALPOLE auch schon als Herausgeber von Mystifikationen aufgetreten waren (vgl. die Anm. zu S. 9, 15 u. S. 81, 29). Er wurde u. A. von WALPOLE als Fälscher entlarvt, endete 1770 in London durch Selbstmord. Vgl. Epp. 311–2.
E. H. W. MEYERSTEIN bestreitet in seiner grundlegenden und sehr umfangreichen CHATTERTON-Biographie, London, 1930, die These, WALPOLE sei die direkte Ursache von CHATTERTONS Selbstmord gewesen.

81,30 *»Singvögel dürfen nicht zu gut gemästet werden«:* dieser Ausspruch WALPOLES steht nur bei J. SCHERR, ›Geschichte der Englischen Literatur‹, Lpz., O. Wigand, 1854, S. 173, Fußn. 12: »Walpole, der mit Sinecuren gemästete Dilettant, schrieb in Beziehung auf Chatterton's an ihn ergangenes Unterstützungsgesuch an einen Bekannten die Worte: »Singvögel dürfen nicht zu gut gefüttert werden«.« Dieses Zitat nicht ermittelt, weder in WALPOLES Werken (›Works‹, ed. MARY BERRY, London, 1798), noch in den zahlreichen Editionen von WALPOLES Briefen.

81,33 *Anekdote, welche Berthold Auerbach erzählte:* diese Anekdote erzählt BLEIBTREU auch in dem Aufsatz: ›Neue Lyrik. Kritische Studie‹ in der ›Gesellschaft‹, Jg. I, 1885, S. 553–9, die Anekdote auf S. 554–5. Er fügt da noch hinzu: »Ein schönes Wort. Er schenkte es mir.« Also offensichtlich mündlich tradiert.
BERTHOLD AUERBACH [1812–1882], vgl. die Anm. zu S. 40, 4–5. Zu LENAU die Anm. auf S. 51, 15.

82,4 *Unser Paul Heyse:* PAUL (VON) HEYSE [1830–1914], vgl. die Anm. zu S. XIV, 22.

82,6 *Meraner Novelle:* die 5. Sammlung der ›Novellen‹ von PAUL HEYSE hieß: ›Meraner Novellen‹, Berlin, Hertz, 1864.

82,9 *wieviel »Welten« sie von einem Heyse »trennen«:* vgl. HEYSES ›Getrennte Welten‹, Schauspiel, Berlin, Hertz, 1886.

82,16 *Präsident der Schillerstiftung:* die Deutsche Schillerstiftung wurde am 10. 11. 1859 auf Anregung von FRIEDRICH JULIUS HAMMER [1810–1862, vgl. zu ihm: Kosch² I, 817–8; Brümmer III, 59 sagt, er habe 1855 schon den ersten Grund zu dieser Stiftung gelegt] gegründet, sie wollte deutschen Schriftstellern helfen. Vgl. R. GOEHLER, ›Geschichte der Schiller-Stiftung‹, 1918 (nach: Körner, S. 281).

82, 23 ff. *Hirsch:* vgl. die Anm. zu S. 2, 7. Das Zitat steht auf S. 769 im 3. Band der ›Geschichte der deutschen Litteratur‹. Es steht zwar auf der letzten Seite des Werkes, ist aber nicht der letzte Satz.

83, 5–6 *die ablehnende Aufnahme von Zola's »Germinal«:* vgl. die Anm. zu S. VII, 28 und die Literatur, die SIGFRID HOEFERT, ›Das Drama des Naturalismus‹, Stuttgart, 1968, S. 4–5 nennt.

83, 11 *»Faust«, »Kain«, »Rolla«:* hier meint BLEIBTREU das GOETHEsche Drama ›Faust‹, das BYRONsche Drama ›Cain. A Mystery‹ und ALFRED DE MUSSETS ›Rolla‹, ein Gedicht in Alexandrinern, das am 15. 8. 1833 in der Zeitschrift ›Revue des deux mondes‹ veröffentlicht wurde. EA Bruxelles, 1835. Auch dieses Gedicht ist eine für DE MUSSET typisch-romantische Dichtung, die eine enge Verbindung von Weltschmerz, Ironie und Gefühlsschilderungen zeigt. ALFRED DE MUSSET [1810–1857] ist einer der bedeutendsten Vertreter der frz. Romantik. Vgl. Epp. 444–5.

83, 19 *»Xenien«:* Titel des 13. Buches der Epigramme des römischen Dichters MARTIAL [um 40–um 104]. SCHILLER und GOETHE veröffentlichten in dem ›Musenalmanach für das Jahr 1797‹, Tübingen, 1796, 414 satirische Distichen, die einen heftigen literarischen Kampf zur Folge hatten. Vgl. dazu vor allem: EDUARD BOAS [1815–1853], ›Schiller und Goethe im Xenienkampf‹, 2 Bde., 1851.

83, 20 *»Sudelköchen von Weimar«:* JOHANN CASPAR FRIEDRICH MANSO [1760–1826], der zu der Gruppe um den Aufklärer FRIEDRICH NICOLAI [1733–1811] in Berlin gehörte, ließ 1797 anonym erscheinen: ›Gegengeschenke an die Sudelköche in Jena und Weimar von einigen dankbären Gästen‹. Vgl. ›Anti-Xenien in Auswahl‹, ed. WOLFGANG STAMMLER, Bonn, 1911.

83, 27 *verbürgte Anekdote:* nicht ermittelt.

83, 38 *Tyrtäos:* attischer Elegiker [7. Jh. v. Chr.], wurde während des Kampfes um Messenia nach Sparta geholt, wo er durch seine Kampflieder die Bevölkerung so zu begeistern wußte, daß die Spartaner schließlich siegten.

84, 9 *»Schillerpreis«:* vom Prinzregenten von Preußen (dem späteren Kaiser WILHELM I.) als Ehrenpreis für dramatische Werke gestiftet. Ab 9. 11. 1859 wurde der Preis alle 3 Jahre verliehen, zuletzt 1927. 1884 erhielten vom deutschen Kaiser diesen Preis (auch genannt »Dreitausendthaler-Prämium«): PAUL HEYSE für sein Drama: ›Getrennte Welten‹, erschienen 1886, vgl. die Anm. zu S. 82, 9, und ERNST VON WILDENBRUCH für sein Drama: ›Christoph Marlow‹, erschienen 1884, vgl. die Anm. zu S. 42, 27. Eine bissige Kommentierung zum Schillerpreis und zu der Uraufführung dieser Dramen in München steht in der Gesellschaft, Jg. I, 1885, S. 72: ›Münchener Mappe. Allerlei Betrachtungen von FRITZ HAMMER‹. Laut ›Inhaltstafel‹ zum Jg. II, 1886 ist FRITZ HAMMER das Pseud. für M. G. CONRAD, den Herausgeber der Zeitschrift. Vgl. zu MICHAEL GEORG CONRAD [1846–1927] die Anm. zu S. 32, 1.

84, 17–8 *Schillerstiftung:* vgl. die Anm. zu S. 82, 16.

84, 19 *Bohême:* eig. das genial-liederliche Treiben der Pariser Studenten und Künstler, von HENRI MURGER [1822–1861] in seinem 1851 erschienenen Buch ›Scènes de la vie de bohème‹ geschildert. BLEIBTREU ist einer der ersten gewesen, der den Begriff ›literarische Bohême‹ in Deutschland eingeführt hat, und zwar in der Ges., Jg. I, 1885, S. 330 und hier in der ›Revolution‹. Laut G. BÜCHMANN, ›Geflügelte Worte‹[32], Berlin, 1972, S. 428 f. war FANNY LEWALD [1811–1889] in ihrem Buch ›Villa Riunione‹, 1864 die erste, die den Begriff übernahm.

84, 26 *Reisestipendien bei den Skandinaviern:* vgl. BLEIBTREUS Aufsatz: ›Berliner Briefe II‹, in der Ges., Jg. I, 1885, S. 331, wo er ausführlicher, aber auch kritischer als hier, die skandinavischen Reisestipendien erörtert.

84, 34 *Graf Schack:* ADOLF FRIEDRICH GRAF VON SCHACK [1815–1894], Lyriker und kongenialer Übersetzer morgenländischer Dichtungen, in seiner Lyrik ein strenger Formkünstler, ein Pfleger des Priesteramtes der Kunst und in dieser Hinsicht gleichsam ein Vorläufer STEFAN GEORGES. Auch er wurde von König MAXIMILIAN II. nach München berufen. Vgl. zu ihm: HEINRICH und JULIUS HART, ›Kritische Waffengänge‹, 5. Heft: ›Graf Schack als Dichter‹, Lpz., O. Wigand, 1883. Vgl. auch: W/G 1086–7; Int. Bibl. II, 1, 673–4.

85, 5 *Grössere als Graf Schack:* immer wieder wird es SCHACK gleichsam übelgenommen, daß er Graf und wohlhabend war, keine Professur bekleidete und nicht in einer Dachstube hungerte, vgl. ERNST ALKER, ›Die deutsche Literatur im 19. Jahrhundert‹, Stuttgart, 1969[3], S. 423. Hier, bei BLEIBTREU, wird ihm auch noch vorgeworfen, daß er kinderlos war (vgl. Z. 14) und seinen »Kunstbrüdern« nicht half (Z. 15 ff.).

85, 30 *Pennbrüder:* Strolche, Vagabunden.

85, 34 *Preussenkönig:* FRIEDRICH DER GROSSE, vgl. die Anm. zu S. 74, 21. Das »stramme Wort« nicht ermittelt.

86, 2 f. *Das Schicksal Heinrich von Kleist's:* [1777–1811], sein Selbstmord 1811.

86, 17 *Süssholzraspler:* vgl. BLEIBTREUS Worte: »Ist das doch eben alles ideologische Süßholzraspelei«, Ges. I, 1885, S. 330, was das Urteil BISMARCKS über die Dichtung sein soll.

86, 32 *Zola's »Germinal«:* 1885 erschienen; vgl. die Anm. zu S. VII, 28 und 83, 5–6.

87, 1 *das Bild von Saïs:* FRIEDRICH VON SCHILLERS Gedicht: ›Das verschleierte Bild zu Sais‹ erschien 1795–6 in den ›Horen‹, SCHILLERS Zeitschrift [1795–7].

87, 2 *Weltschmerz:* der erste Deutsche, der dieses Wort benutzte, war JEAN PAUL [1763–1825] in seinem 1810 verfaßten, aber erst 1827 erschienenen Werk: ›Selina oder über die Unsterblichkeit der Seele‹, 1, 132. HEINE aber gab dem Wort den heutigen Inhalt: den Schmerz des Menschen über die Vergänglichkeit alles Irdischen und das Gefühl des traurigen Überdrusses an Welt und Leben, vgl. G. BÜCHMANN, ›Geflügelte Worte‹[32], Berlin 1972, S. 277 f.

87, 3 *Werther, René, Childe Harold:* Werther: ›Die Leiden des jungen Werthers‹ [1774], von JOHANN WOLFGANG VON GOETHE [1749 bis 1832]; ›René‹ von FRANÇOIS RENÉ, VICOMTE DE CHATEAUBRIAND [1768–1848; vgl. die Anm. zu S. 76, 1], erschien 1802; ›Childe Harold's Pilgrimage. A Romaunt‹, von GEORGE GORDON, LORD BYRON [1788–1824] erschien 1812–1818.

87, 16 ff. vgl. zu dieser Einteilung der Dichter die Einteilung auf S. 70–71.

87, 27 *Fritz Mauthner's Besprechung des »Germinal«:* FRITZ MAUTHNER [1849–1923], vgl. die Anm. zu S. 39, 6. Seine Besprechung erschien 1885 im ›Berliner Tageblatt‹ unter dem Titel: ›Zolas neuster Roman‹, abgedruckt in: ›Von Keller zu Zola. Kritische Aufsätze‹. Berlin, J. J. Heine, 1887, S. 131–143. Das Zitat steht auf S. 143, bildet aber nicht den Schluß des Aufsatzes! BLEIBTREU hat in der Ges., Jg. I, 1885, S. 464 ff. ausführlich aus der Rezension zitiert.

87, 36 *Hirsch »Sturm- und Drangperiode«:* wieder Anspielung auf Bd. III, S. 767 der ›Geschichte der deutschen Litteratur‹, vgl. die Anm. zu S. 82, 23 ff.

88, 9 *»Habt's a Schneid«:* Dieser »kernige Bajuvarenruf« stammt von KARL STIELER [1842–1885, vgl. die Anm. zu S. 57, 37 f.] und ist der Titel des Gedichtbandes: ›Habt's a Schneid. Neue Gedichte in oberbairischer Mundart‹. Stuttgart, Bonz, 1877. Vgl. auch BLEIBTREUS ›Berliner Brief III. Zola und die Berliner Kritik‹, in der Ges., Jg. I, 1885, S. 463–471, wo auf S. 471 dasselbe Wort STIELERS zitiert wird.

88, 12 *Cristaller:* ERDMANN GOTTREICH CRISTALLER (oder auch: CHRISTALLER) [1857–1922], Pfarrer, Schriftsteller und Verleger, wegen seines satirischen Romans ›Die Prostitution des Geistes‹, Ottenhausen, Selbstverlag, 1901, seines Pfarreramtes enthoben. Das Buch: ›Die Aristokratie des Geistes als Lösung der socialen Frage. Ein Grundriss der natürlichen und vernünftigen Zuchtwahl in der

Menschheit‹, erschien 1885 anonym bei W. FRIEDRICH in Lpz. In der Ges., Jg. I, 1885, S. 81–4 ließ er unter seinem eigenen Namen ein ›Résumé‹ erscheinen. Das Zitat Z. 14–26 steht auf S. 9, mit sehr unbedeutenden Abweichungen.

CRISTALLER hat regelmäßig Beiträge zur ›Gesellschaft‹ und zum ›Magazin‹ geliefert. Vgl. zu ihm: Kosch³ III, Sp. 604–5 und Brümmer I, 419.

88, 34 *Sansara:* auch Samsara: Begriff aus der indischen Philosophie: der ewige Kreislauf von Leben, Tod und Wiedergeburt. Vgl. den Titel bei JULIUS HART [1859–1930]: ›Sansara. Ein Gedichtbuch‹. Norden, Fischer, 1879. Und das Gedicht ›Sansara‹ von ARNO HOLZ [1863–1929] im ›Buch der Zeit‹², S. 406.

89, 13 *Krascewsky:* JÓZEF IGNACY KRASZEWSKI [1812–1887], der fruchtbarste polnische Schriftsteller der Neuzeit, der über 400 Bände mit Erzählungen und Romanen und über 200 andere Schriften veröffentlicht hat. Er verdrängte den frz. Roman (DUMAS, BALZAC usw.) zugunsten des polnischen Romans. Seine Novelle ›Der Dämon‹ erschien 1880 in der Übersetzung von PHILIPP LOBENSTEIN in Reclams UB, Nr. 1395–1396.

89, 32 *Th. Bukle:* HENRY THOMAS BUCKLE [1821–1862], vgl. die Anm. zu S. 73, 23; seine »praktisch-philosophische Anschauung« ist eine positivistische, historisch determinierte Geschichtsauffassung. (Vgl. auch Ruprecht, S. 199.)

89, 37 *»Romanzero«:* erschien 1851.

90, 15 *Tasso und Antonio:* Hauptgestalten aus GOETHES Schauspiel ›Torquato Tasso‹ [1790].

90, 24 *Tell:* FRIEDRICH VON SCHILLERS Schauspiel ›Wilhelm Tell‹ erschien 1804; die »vorhandene Sage« ist schon im 14. und 15. Jh. nachweisbar: das ›Tellenlied‹ aus Uri und die Chronik des FELIX HEMMELIN [1448]. Vgl. ELISABETH FRENZEL, ›Stoffe der Weltliteratur‹, Stuttgart 1970³, S. 723–6.

90, 25 f. *Chateaubriand und Musset:* vgl. zu CHATEAUBRIAND [1768 bis 1818] die Anm. zu S. 76, 1. Gemeint sind hier seine Erzählungen: ›Atala‹ [1801] und ›René‹ [1805]. Vgl. zu DE MUSSET [1810 bis 1857] die Anm. zu S. 83, 11. Gemeint sind etwa sein Epos ›Rolla‹ [1833] und sein Roman: ›La Confession d'un Enfant du Siècle‹ [1836].

90, 26 f. *Die Staël und G. Sand:* Vgl. zu MADAME DE STAËL die Anm. zu S. 6, 20. Gemeint sind ihre Romane: ›Delphine‹ [1802] und ›Corinne ou l'Italie‹ [1807].

GEORGE SAND, eig. AMANDINE LUCIE AURORE DUPIN, BARONNE DUDEVANT [1804–1876], frz. Romanschriftstellerin, vgl. etwa: die

Romane ›Indiana‹ [1832], ›Lélia‹ [1833], ›Jacques‹ [1834] usw.
Vgl. zu ihr: Epp. S. 520.

90, 29 *Cervantes:* vgl. die Anm. zu S. 74, 2. Er lebte 1547–1616.

90, 30 *Byron:* vgl. die Anm. zu S. 10, 30. Er lebte 1788–1824.

90, 35 *Shelley:* PERCY BYSSHE SHELLEY [1792–1822], vgl. die Anm. zu S. 56, 3.

90, 37 *Pope:* ALEXANDER POPE [1688–1744], vgl. die Anm. zu S. 11, 17 und 74, 7.

91, 1 ff. *»Pilger der Ewigkeit«:* gemeint ist BYRONS ›Childe Harold's Pilgrimage. A Romaunt‹ [1812–1818], welches Werk aber nicht BYRONS »erstes Werk« war. Das war: ›Hours of Idleness‹, Newark, 1807. Zuvor erschienen als anonyme Privatdrucke: ›Fugitive pieces‹ [Newark 1806] und ›Poems on various occasions‹ [Newark 1807].

91, 3 *uralte Sagen wie Kain, der Sündfluth, Don Juan:* gemeint sind: BYRONS ›Cain. A Mystery‹, 1821; ›Heaven and Earth. A Mystery‹, [1823]; ›Don Juan‹, Cantos I–XVI, verfaßt 1818–1824, erschienen 1819–1824, nicht vollendet.

91, 14 *»Hebräische Melodien«:* ›Hebrew Melodies‹, 1815. Die von BLEIBTREU genannten heißen auf englisch: ›Saul‹, ›Herod's Lament for Mariamne‹; ›By the Rivers of Babylon we sat down and wept‹; und ›Oh! Weep for those‹.

91, 15 f. Sardanapal: ›Sardanapalus. A Tragedy‹, 1821.

91, 18 f. *die Hauptpersonen:* BLEIBTREU spielt hier an auf BYRONS Ehescheidung und auf seine Liebe zu seiner »new Mistress«, der Gräfin GUICCIOLI: TERESA, DEI CONTI GAMBA-GHISELLI, seit 1818 mit dem Grafen ALESSANDRO GUICCIOLI verheiratet, war seit 1819 die Geliebte BYRONS. Sie hat BYRONS Werke ins Italienische übersetzt [1842] und veröffentlichte auch ›My recollections of Lord Byron‹, translated by H. E. H. JERNINGHAM, 1869, und: ›Lord Byron jugé par les témoins de sa vie‹, Paris 1868.

91, 23 *Epyllien:* kleine Epen.

92, 1 *Hellas:* einen großen Eindruck auf Europa machte der griechische Freiheitskampf 1821–1829 gegen die Türken unter der Führung des griechischen Generals in russischen Diensten ALEXANDER YPSILANTI [1792–1828; eig. ALEXANDROS IPSILANTIS]. 1822 wurde auf dem Kongreß in Epidauris die griechische Unabhängigkeit proklamiert. Große Begeisterung bei den konservativen und liberalen Philhellenen in Europa führte dazu, daß viele Freiwillige nach Griechenland reisten, so auch Lord BYRON, der 1824 in Missolonghi starb.

92, 5 *Lara:* ›Lara. A tale‹, 1814.

92, 5 *»Neues Leben blüht aus den Ruinen«:* aus SCHILLERS ›Wilhelm

Tell‹, IV, 2: »Das Alte stürzt, es ändert sich die Zeit / Und neues Leben blüht aus den Ruinen.«

92,9 f. *Ist das wahr?:* vgl. ›Childe Harold's Pilgrimage‹, Canto IV, 1818, Str. CXXX ff., vgl. auch a.a.O., Str. XLV ff.

92,14 *Manfred:* ›Manfred. A dramatic poem‹, 1817, ein ›faustischer‹ Stoff.

92,16 *»Marino Falieri«:* ›Marino Falieri, Doge of Venice. An historical Tragedy‹ erschien 1821 zusammen mit ›The Prophecy of Dante‹.

92,17 *»See-Gomorrha«:* vgl. ›Marino Falieri‹, V, 3: »Gehenna of the waters! thou sea Sodom!«

92,10 f. *»von Jugend an [...]«:* vgl. ›Childe Harold‹ IV, Str. XVIII: »I loved her from my boyhood; she to me / Was as a fairy city of the heart.«

92,21 *Palast der Moncenigo:* Palazzo MONCENIGO in Venedig, der mittlere von 3 Palästen am »Großen Kanal«, 1818 von BYRON bewohnt.

92,21 *»Doge«:* vgl. die Anm. zu S. 92, 16.

92,25 *»Foscari«:* ›The two Foscari. An historical Tragedy‹ erschien 1821 zusammen mit ›Sardanapalus‹ und ›Cain‹.

92,20 *Shelley:* PERCY BYSSHE SHELLEY [1792–1822], vgl. die Anm. zu S. 11, 38. Sein »Essay« ist: ›A Defence of Poetry‹, 1821 verfaßt, erschienen erst 1840 in: ›Essays, Letters from abroad, Translations and Fragments‹, ed. M. W. SHELLEY, 2 Bde., London, 1840. Der Schlußsatz, den BLEIBTREU hier zitiert, lautet: »Poets are the unacknowledgled legislators of the world.«

92,30 f. *»der schöne Wahnsinn«:* vgl. HORAZ, ›Oden‹ IV, 5: »Auditis an me ludit amabilis / Insania«.

92,35 *Oedipus:* Hauptperson in SOPHOKLES' Tragödie: ›Oedipus Tyrannis‹ [um 530 v. Chr.].

92,38 f. *L'art pour l'art ist ein Humbug:* immer wieder bekämpft BLEIBTREU den Ausspruch: »l'art pour l'art«; über dessen Entstehung vgl. G. BÜCHMANN, ›Geflügelte Worte‹[32], 1972, S. 423 f.

93,1 f. *Tennyson und Poe:* Vgl. zu TENNYSON [1809–1892] die Anm. zu S. 59, 38. EDGAR ALLAN POE [1809–1849], amerikanischer Dichter, Vertreter der Romantik. Vor allem wichtig: seine Verserzählungen und seine Kriminalerzählungen. Virtuoser Sprachartist und Formkünstler. Vgl. Epp. 432–3.

93,7 *Poeta nascitur, non fit:* der Ursprung dieses Sprichworts wohl bei LUCIUS ANNAEUS FLORUS [um 125 n. Chr.], Fragment VIII seines Werkes ›De Qualitate Vitae‹: »Consules fiunt quotannis et novi proconsules, / Solus aut rex aut poeta non quotannis nascitur.«

Vgl. Thomas Benfield Harbottle, ›Dictionary of Quotations (Latin)‹, London, 1909, S. 31.

93, 9 *unsicher:* in Byrons ersten Gedichtbänden, vgl. die Anm. zu S. 91, 1 ff.

93, 11 *das Allerheiligste:* eig. der innerste Raum der Stiftshütte im Alten Testament, vgl. 2 Mos. 2, 6 u. ö.

93, 13 *in »fremden Zungen«:* vgl. Apostelgeschichte 1, 4.

93, 16 *Ausgiesung des »heiligen Geistes«:* vgl. Apostelgesch. 2, 17 (= Joël 3, 1).

93, 20 *poetische Gnadenwahl:* vgl. Römer 11, 5: »Wahl der Gnade«.

93, 20 *Viele sind berufen […]:* vgl. Matth. 20, 16 u. 22, 14.

93, 21 *im Besitz der vollen »Gnade«:* vgl. Joh. 1, 14 und die Anm. zu S. 94, 10.

93, 28 *Raphael:* Raphael oder Raffael, eig. Raffaello Santi [1483 bis 1520], einer der größten bildenden Künstler der italienischen Renaissance.

93, 35 *»Genie ist Geduld« sagt Buffon:* Georges Louis Leclerc, Comte de Buffon [1707–1788], frz. Naturforscher und Schriftsteller. Das Zitat steht in seiner Antrittsrede in der Académie: ›Discours prononcés dans l'Académie françoise le samedi 25 août 1753‹, Paris, 1753: »Le génie n'est autre chose qu'une grande aptitude à la patience«, nach F. von Lipperheide, ›Spruchwörterbuch‹[4], Berlin 1935, S. 281.

93, 38 *Sixtina:* um 1513 schuf Raffael das Gemälde: Die Sixtinische Madonna, jetzt in Dresden; 1516 die Kartons zu den Wandteppichen der Sixtinischen Kapelle im Vatikan in Rom, ausgeführt in Brüssel.

94, 10 *die »Stunde der Gnade«, welche G. Sand so beredt schildert:* vgl. zu George Sand [1804–1876] die Anm. zu S. 90, 26 f. Über die »Stunde der Gnade« schreibt sie ausführlich in ihrer Autobiographie: ›Histoire de ma vie‹, IVme partie, Chapitre XV, in den ›Œuvres autobiographiques‹, ed. Georges Lubin, Paris, 1971, Vol. II, S. 161–4, bes. S. 163.

94, 14 *Trelawny:* Edward John Trelawney [1792–1881], vgl. die Anm. zu S. 33, 14. In den ›Recollections of the last days of Shelley and Byron‹, London, Moxon, 1858, findet sich diese Stelle nicht. Auf S. 183 sagt Byron, als ihn Trelawney während der Seereise nach Griechenland 1823 bittet, ein Gedicht aus dem Stegreif zu schreiben: »I must chew the cud before I write. I have thought over most of my subjects for years before writing a line«.

94, 22 *»Kain«:* 1821 erschien ›Cain. A Mystery‹.

94, 24 *Rafael:* vgl. die Anm. zu S. 93, 28 und auch zu S. 77, 5.

94, 30–32: *»Der junge Mann [...]«:* bei DE MUSSET [1810–1857], vgl. die Anm. zu S. 83, 11, nicht ermittelt.

95, 1 *Das Dämonische:* dieser Begriff spielt bei GOETHE eine große Rolle, so in seinem Drama ›Egmont‹ (vgl. ›Werke‹, Hamburger Ausgabe Bd. III, S. 400 f.) und in seiner Autobiographie: ›Aus meinem Leben. Dichtung und Wahrheit‹, vgl. die Hamburger Ausgabe, Bd. X, S. 175–7 und vor allem die Anm. zu dieser Stelle, S. 650.

95, 13 f. *das Gute ohne das Böse nie denkbar:* sehr oft in der Bibel, etwa: 1 Mos. 2, 9; Römer 7, 19.

95, 14 *der Zoroaster-Kampf:* ZOROASTER (oder ZARATHUSTRA) war ein großer religiöser Führer aus dem Osten Irans [um 700 v. Chr.? oder um 630–um 553?], in dessen Lehre der Kampf zwischen dem Guten (Ormuhzd) und dem Bösen (Ahriman) einen zentralen Raum einnimmt. Vgl. die altpersische ›Avesta‹ und Epp. S. 34–5.

95, 28 ff. Das Zitat steht in dem Mysterium ‹Cain›, II, 2, Schluß, wo Lucifer zu Cain sagt:

»Think and endure, – and form an inner world
In your own bosom – where the outward fails;
So shall you nearer be the spiritual
Nature, and war triumphant with your own.«

Als Druckvorlage diente das Exemplar der 3. Auflage der ›Revolution‹ aus der UB Utrecht [Signatur: C. D. B.: 256 E 49]. Dieses Exemplar wurde völlig unverändert, mit allen Fehlern, Flüchtigkeiten usw. abgedruckt. Auch alle orthographischen Eigentümlichkeiten BLEIBTREUS sind stehen geblieben, so daß der Druck ein genaues Bild der Vorlage gibt. In den Anmerkungen wird auf solche Flüchtigkeiten, die zu den charakteristischen Merkmalen des BLEIBTREUschen Textes gehören, nicht ausdrücklich hingewiesen. Nur eine Zeilenzählung wurde hinzugefügt, um die Kommentierung und die Benutzung des Kommentars zu erleichtern.

BLEIBTREUS ›Revolution‹ erschien in drei Auflagen; die erste im Januar 1886 bei WILHELM FRIEDRICH in Leipzig. Das Titelblatt des von mir benutzten Exemplars der UB Groningen [Signatur: Duitsche Broch. No. 897] lautet: / Revolution der Literatur / von / Carl Bleibtreu. / Motto: [...] / [Verlagsvignette] / Leipzig. / Verlag von Wilhelm Friedrich, / K. R. Hofbuchhändler. / 1886. / Diese Auflage zählt VI + 101 [+ 1] S. Auf S. IV–V steht das Gedicht: ›Das Ça ira der Muse‹, von HERMANN FRIEDRICHS. Dann folgt auf S. 1–95 der Text, schließlich steht auf S. 96–101 BLEIBTREUS Gedicht: ›Dichterloos‹. Auf S. [102] steht eine Anzeige des ›Magazins für die Litteratur des In- und Auslandes‹. Die Ausgabe wurde vom Verlag angekündigt im ›Magazin‹, Jg. 55, 1886, No. 4 vom 23. 1. 1886, S. 64.

Diese Erstausgabe war sehr rasch vergriffen, denn schon im ›Magazin‹ No. 11 vom 13. 3. 1886, S. 176 kündigt WILHELM FRIEDRICH in einer Anzeige an: »Soeben erscheint: Zweite stark vermehrte Auflage von Revolution der Litteratur von Karl Bleibtreu.« Der genaue Titel diese 2. Auflage lautet in dem von mir benutzten Exemplar [British Museum: 11825. d. 39. (6.)]: / Revolution der Literatur / von / Carl Bleibtreu. / Zweite verbesserte und vermehrte Auflage. / Motto: [...] / [Verlagsvignette] / Leipzig. / Verlag von Wilhelm Friedrich, / K. R. Hofbuchhändler. / 1886. /.

Diese Auflage zählt XXXIV + 95 [+ 1] S. Das Gedicht von HERMANN FRIEDRICHS fehlt, so auch das Gedicht: ›Dichterloos‹ von BLEIBTREU. Auf S. [96] steht jetzt die Anzeige des ›Magazins‹. BLEIBTREU hat eine sehr umfangreiche Einleitung: ›Vorwort zur 2. Auflage: De rebus omnibus.‹ verfaßt (S. V–XXXIV), datiert 16. 2. 1886. Auch den Text auf S. 1–95 hat er stark geändert. Allerdings hat der Drucker, C. G. RÖDER in Leipzig, den Satz der EA stehen lassen, wie die defekten Typen und bestimmte Druckfehler auf jedem Bogen in beiden Auflagen deutlich zeigen; BLEIBTREU hat offensichtlich nur die Möglichkeit gehabt, den Text zu ändern, wenn die Änderungen und Ergänzungen in dem schon stehenden Satz untergebracht werden konnten.

Diese 2. Auflage muß etwa im Mai 1887 vergriffen gewesen sein, denn im ›Magazin‹ Jg. 56, 1887, No. 25 vom 18. 6. 1887, S. 372 kündigt der Verleger in einer Anzeige an: »Ueberall vorräthig: Revolution der Litteratur von / Karl Bleibtreu. Dritte vermehrte Auflage.«. Diese 3. Auflage erschien mit folgendem Titelblatt: / Revolution der Litteratur / von Carl Bleibtreu. / Neue verbesserte und vermehrte Auflage. / Motto: [...] / [Verlagsvignette] / Leipzig. / Verlag von Wilhelm Friedrich. / K. R. Hofbuchhändler. / [o. J.] /. Sie zählt XXIII [+ 1] + 95 [+ 1] S. Auf S. [96] steht wieder dieselbe Anzeige des ›Magazins‹. Der Text der Seiten 1–95 ist genau derselbe wie der der 2. Auflage: mit Hilfe der beschädigten Typen und der Druckfehler auf jedem Bogen kann man ohne weiteres feststellen, daß der Drucker, C. G. RÖDER, denselben Satz wie bei der 2. Aufl. benutzt hat, nur sind hier manchmal die Typen noch stärker abgenutzt als in der 2., bzw. 1. Aufl. Nur die Einleitung auf S. V–XXIII ist völlig neu.

Der Umschlag stellt einen von Blitzen zerrissenen roten Himmel dar (Abb. bei A. SOERGEL – C. HOHOFF, ›Dichtung und Dichter der Zeit‹, Band I, Düsseldorf [1964], S. 48). In der 3. Auflage ist der rote Himmel jedoch grün geworden! In den USA gibt es 3 Exemplare, die auf dem Umschlag den merkwürdigen Vermerk: »2. u. 3. verm. Aufl. Leipzig, M. Altmann« tragen. Es handelt sich hier offenbar um Exemplare, die von FRIEDRICHS Nachfolger, MAX ALTMANN, ausgeliefert worden sind, obwohl der Verlagskatalog vom Mai 1903, also sehr kurz *vor* der Übernahme des Verlags durch ALTMANN, das Buch überhaupt nicht mehr erwähnt. Vgl. dazu: ›The National Union Catalog, Pre-1956-Imprints‹, Vol. 61, London/Chicago, 1969, S. 136; diese Exemplare befinden sich in der Bibliothek der University of Rochester, N. Y., in der des Wellesley College, Wellesley, und in der der Brown University, Providence. Ich habe das Ex. aus der UB Rochester benutzen dürfen und habe festgestellt, daß es sich bei diesem Ex. [Signatur: PT 345 B 64r 1887] um die 3. Auflage, unsere Druckvorlage, handelt. Das Exemplar zählt auch XXIII + 95 [+ 1] S. und ist dem von uns benutzten Exemplar völlig identisch. Nur der Umschlag ist neu: zwischen ›klassizistischen‹ Säulen und Girlanden steht hier:

Revolution / der / Literatur. / Von / Karl Bleibtreu. / 2. u. 3. vermehrte Auflage. / [Stern] / Leipzig. / Verlag von Max Altmann. / Auf dem Titelblatt steht noch Wilhelm Friedrich als Verleger.

Die UB Amsterdam [Signatur: 1272 A 10] und nach dem ›Union Catalog‹ auch die UB der Harvard University, Cambridge (Mass.) besitzen ein merkwürdiges Exemplar des Buches, das folgende Seitenzahlen aufweist: XXIII [+ 1] + 101 [+ 1] S. Ein genauer Vergleich des Amsterdamer Exemplars mit den 3 Auflagen zeigt, daß es sich hier um ein Exemplar handelt, das aus dem Vorwort der 3. Auflage besteht, dann aber den Text der Erstauflage enthält, so daß sogar das Gedicht ›Dichterloos‹ auf S. 96–101 nicht fehlt. S. [102] enthält wieder die Anzeige des ›Magazins‹. Offensichtlich hat der Binder Druckbögen der 3. und der 1. Auflage mit einander kombiniert; er verfügte also wohl noch über Druckbögen der 1. Auflage. Die Vorderseite des Originalumschlags ist beim Amsterdamer Exemplar erhalten geblieben und zeigt einen grünen Himmel und den Vermerk: »3. verbesserte und vermehrte Auflage.«.

Nach reiflicher Überlegung schien es mir am besten zu sein, die 3., also die letzte Auflage neu zu drucken und zu kommentieren. So hat man einerseits den überarbeiteten Text der 2. und 3. Auflage und andererseits zugleich das wichtige Vorwort zur 3. Auflage, wo BLEIBTREU ausführlich auf die Bemerkungen seiner Rezensenten eingeht. Man kann diese 3. Auflage also als »Ausgabe letzter Hand« betrachten. Leider fehlte der Raum, das umfangreiche Vorwort der 2. Auflage mit abzudrucken, das allerdings auch nicht so aufschlußreich wie das der 3. Auflage ist. Auch war es leider unmöglich, die zahlreichen Varianten der Erstauflage mit abzudrucken. In der 3. Auflage hat BLEIBTREU außer dem neuen Vorwort einen Text geliefert, der seinen Absichten besser entsprochen haben dürfte, als der Text der Erstauflage. Er schreibt im ›Vorwort zur 2. Auflage‹ [S. V]: »Diese Auflage ist sehr wesentlich verbessert, umgeändert, erweitert. Einiges ist gemildert, manche Lücke ausgefüllt.«. Auch diese Worte BLEIBTREUS rechtfertigen den Abdruck der 3. Auflage.

Personenregister

Vorbemerkung

Aufgenommen wurden alle Personennamen, sowohl aus dem Text Bleibtreu wie aus dem Anhang; jedoch mit folgenden Ausnahmen:

1. Alle Verlegernamen aus dem Anhang wurden aus Raumgründen fortgelassen; aufgenommen wurden jedoch die Verleger, die im Text vorkommen oder im Anhang ausführlicher erörtert werden (etwa: Wilhelm Friedrich).

2. Die Namen der Verfasser derjenigen Schriften, die im Abkürzungsverzeichnis S. 111–112 genannt werden, erscheinen nur einmal im Register. Sie werden im Anhang so oft genannt, daß die Aufnahme aller Erwähnungen nicht möglich war.

Erwähnungen im Anhang sind *kursiv* gesetzt. Wenn im Text Buchtitel, Zitate o. Ä. ohne den Namen des Verfassers erscheinen, stehen die Seitenzahlen zwischen runden Klammern.

Pseudonyme [Ps.] wurden, wenn möglich, aufgelöst, und der Dichter erscheint im Register unter seinem wirklichen Namen. War das Pseudonym nicht mit Sicherheit aufzulösen, so erscheinen die Seitenzahlen hinter dem Pseudonym.